济宁市关心下一代工作委员会　组织编写

圣地魂

——济宁市青少年学党史学国史教育读本

杨宪福　主编

山东大学出版社
SHANDONG UNIVERSITY PRESS
·济南·

图书在版编目(CIP)数据

圣地魂:济宁市青少年学党史学国史教育读本 / 杨宪福主编.—济南:山东大学出版社,2015.9(2022.12 重印)
ISBN 978-7-5607-5379-9

Ⅰ.①圣… Ⅱ.①杨… Ⅲ.①中国共产党—地方组织—党史—济宁市—青少年读物②济宁市—地方史—青少年读物 Ⅳ.①D235.523-49②K295.23-49

中国版本图书馆 CIP 数据核字(2015)第 230207 号

责任编辑 张彩芸
文案编辑 朱若翌
封面设计 王秋忆

圣地魂
SHENG DE HUN
——济宁市青少年学党史学国史教育读本

出版发行 山东大学出版社
社　　址 山东省济南市山大南路 20 号
邮政编码 250100
发行热线 (0531)88363008
经　　销 新华书店
印　　刷 山东成信彩印有限公司
规　　格 787 毫米×1092 毫米 1/16
19.25 印张 267 千字
版　　次 2015 年 9 月第 1 版
印　　次 2022 年 12 月第 2 次印刷
定　　价 56.00 元

《圣地魂》编委会

序

为深入贯彻落实习近平总书记关于“学习党史国史是把党和国家各项事业继续推向前进的必修课”的重要指示精神，按照山东省关工委关于在青少年中开展党史国史教育活动的要求，济宁市关工委充分挖掘地方优秀传统文化和红色文化资源，组织编写了《圣地魂》这本青少年党史国史教育简明读物，这是一件很有意义的事情。

济宁素以“孔孟之乡、礼仪之邦”著称，自古文脉兴盛、先贤圣哲辈出，是轩辕黄帝的诞生地和孔子、孟子、颜子、曾子、子思子五大圣人的故乡，是中华文明的重要发祥地和儒家文化发源地。在这片厚重的文化沃土上，孕育了开辟鸿蒙的始祖文化、博大精深的儒家文化、忠义刚烈的水浒文化、融南汇北的运河文化、流传千年的梁祝文化、秘藏真传的佛教文化，各种文化和合共生、交相辉映，广为流传、影响深远。在革命战争年代，这里又涌现出许多可歌可泣的英雄人物。济宁作为文化圣地和红色革命老区，历代圣贤鸿儒、大批仁人志士和无数革命英烈，都从不同方面彰显了圣地之魂，也为开展青少年党史国史教育留下了丰富而宝贵的资源。

国史励志，党史壮魂。青少年一代是党和国家事业发展的生力军，是祖国和民族的未来。在青少年中开展党史国史教育，对于青少年了解祖国的悠久历史和党的光辉历程，培养爱党、爱国、爱家乡的思想情感，树立正确的人生观、世界观、价值观，自觉为实现中华民族伟大复兴的“中国梦”贡献力量具有重要意义。近年来，市关工委以关心、教育、培养青少年健康成长为己任，不断拓宽工作领域，创新活动载体，健全组织体系，壮大队伍力量，在加强社会主义核心价值观教育、青少年法治教育和关爱弱势青少年群体等方面，做了大量富于创新、卓有成效的工作，有些方面的工作走在了全省全国前列，为广大青少年健康成长做出了重要贡献，赢得了社会各界的广泛赞誉和广大青少年的衷心爱戴。

《圣地魂》一书，概述了济宁的悠久历史和璀璨文化，介绍了济宁历史文化名人和英雄模范人物，回顾了革命战争年代发生在孔孟之乡的重大事件，内容丰富，脉络清晰，文笔洗练，具有较强的思想性和可读性，适合青少年阅读，易于青少年接受。希望各级教育部门和学校结合正在开展的党史国史教育活动，组织青少年进行学习阅读，切实发挥好对青少年的教育作用。

2015年9月

（中共济宁市委书记、市人大常委会主任　马平昌）

目　录

一、济宁概览

济宁文化昌盛，人杰地灵，在绵延数千年的历史长河中，孕育了以孔子为代表的一批圣贤鸿儒和无数历史名人，近现代以来，在中国共产党领导下又涌现出一大批舍生取义的革命先烈和成绩卓著的先进模范，发生了许多影响中国历史进程的可歌可泣的重大事件。这些人物和事件，在济宁历史上，在中国共产党历史上，在中华人民共和国历史上，在中华民族历史上都是值得大书特书的。下面简要介绍济宁的基本情况和文化特点。

济宁古称“有仍”“任国”“任城”等，地处鲁西南平原，京杭大运河中段，有“孔孟之乡”“运河之都”的美誉。

济宁因古代的济水而得名。济水发源于河南省济源市王屋山，在历史上是中国北部最重要的四条大河之一。据《礼记·王制》记载，古代的天子祭祀天下名山大川，选择的是“五岳”与“四渎”。五岳是中国五大名山的总称，即东岳泰山（位于山东）、西岳华山（位于陕西）、北岳恒山（位于山西）、中岳嵩山（位于河南）和南岳衡山（位于湖南）。四渎则是我国古代对四条独流入海的大江大河的称谓，即“江、河、淮、济”，就是长江、黄河、淮河和济水。唐代称大淮为“东渎”，大江为“南渎”，大河为“西渎”，大济为“北渎”。淮河、济水古时候也独流入海，故得与长江、黄河并列。后来黄河多次决口泛滥，淮河、济水入海口先后被黄河改道所夺。淮河下游淤塞后改变河道，汇入长江，而济水则逐渐消失。济宁就坐落在济水故道上，寓意为“居济水，得水利而无水患，永保安宁”。

济宁位于山东省西南部，东邻山青水秀的临沂市，西与牡丹之乡菏泽市接壤，南面是枣庄市和江苏省徐州市，北面与泰安市交界，西北角隔黄河与聊城市相望。全市总面积 11187 平方千米，其中耕地面积占 54.6%。根据山东省第七次全国人口普查公报，截至 2020 年 11 月 1 日，济宁市常住人口 835.8 万人，位居全省第六。

济宁地处黄淮海平原与鲁中南山地交接地带，地形以平原洼地为主，地势东高西低，地貌较为复杂。东部山峦绵亘，丘陵起伏。西部为冲积平原和黄泛平原。

济宁在东亚季风气候区，属暖温带季风气候，四季分明，拥有充裕的光能资源。

济宁历史悠久，是中华文明的重要发祥地之一。早在1万年前，济宁已有人类生息繁衍；距今7000年左右，进入原始社会母系氏族公社时期；距今6000～5000年前，发展到父系氏族公社阶段。中华民族的始祖黄帝就诞生在济宁市曲阜古城东北的寿丘，炎帝、伏羲、少昊等中华民族的祖先都曾在济宁留下生活的足迹。

夏商时，济宁为“任国”（或称“仍国”，古汉语中“任”“仍”二字相通）。周代，济宁属鲁国。秦始皇统一中国后，设立任城县，延续至宋代。公元518年（北魏神龟元年），任城县建治于今市区驻地，同时设任城郡。这是济宁现在的城区成为县治、郡治的开端。唐代，任城已发展为东鲁地区的一个重镇。金代，济州由巨野徙治所于任城。公元1271年（元朝至元八年），置济宁府，治任城，“济宁”之名开始出现。明初设济宁府，后降为济宁州。清代为直隶州。

中华民国时，先后设立济宁县、济宁道、山东省第一区行政督察专员公署、鲁南第一行政专员公署等。

中华人民共和国建立后，先后设立济宁县、济宁专区、省辖市、县级市、济宁专区、济宁地区等，1983年8月30日，经国务院批准，撤销济宁地区，升格为省辖地级市——济宁市。

目前，济宁市下辖2个市辖区（任城区、兖州区），7个县（微山县、鱼台县、金乡县、嘉祥县、汶上县、泗水县、梁山县），代管2个县级市（曲阜市、邹城市），并设有济宁国家高新技术开发区、太白湖新区、济宁经济开发区、曲阜文化建设示范区等多个功能区。

济宁市人文旅游资源丰富，曲阜孔庙、孔府、孔林和流经本地的京杭大运河被联合国教科文组织列入世界遗产名录。孟庙、孟府、水泊梁山、微山湖、宝相寺、峄山、少昊陵等19处为全国重点文物保护单位，还有曲阜尼山、曲阜石门山、邹城峄山和泗水泉林等4座国家森林公园。拥有曲阜师范大学、济宁医学院、济宁学院等高校,以及世界儒学研究与交流中心——孔子研究院。2018 年 10 月,获得“国家森林城市”称号。2020 年 10 月 20 日,被评为全国双拥模范城(县)。2020 年 11 月,济宁市、曲阜市分别入选第六届全国文明城市地级市和县级市名单。

济宁是中华文明的重要发祥地和儒家文化的发源地,孕育了开启鸿蒙的始祖文化、博大精深的儒家文化、流传千古的孝贤文化、独具特色的石刻文化、秘藏真传的佛教文化、忠义刚烈的水浒文化、融汇南北的运河文化、感天动地的梁祝文化、启迪古今的军事文化、丰富多彩的革命文化等,多种文化密集沉淀、交映生辉,使济宁成为中华优秀传统文化、革命文化和社会主义先进文化的重要代表性城市。

1.始祖文化

济宁位于东夷部落和中原华夏部落的交汇地带,是古代农业发达的富庶地区,生产技术、生活技能和文化思想均处于领先地位。远古的济宁大地呈现一派繁荣昌盛的景象。

“自从盘古开天地,三皇五帝到于今。”一般认为,三皇指伏羲、燧人和神农,五帝指黄帝、颛顼、帝喾、唐尧和虞舜。中华民族古老传说中的这些英雄人物有许多在济宁留下了生活的足迹。

伏羲位居“三皇”之首,其母亲华胥曾在泗水县一带生活。华胥是上古时期母系氏族社会杰出的部落首领,相传华胥踩雷神脚印,感应受孕,生下伏羲和女娲。经历上古大洪水后,伏羲、女娲绵延了人类血脉,成为华夏族的祖先。作为伏羲和女娲的母亲,华胥也因此成为华夏民族的始祖母。泗水县华村镇是著名的“华胥故里”,至今留有华胥山、华胥池、华村、伏羲庙等地名和遗址。

伏羲氏又称太昊,是东夷部落联盟的首领,早期活动中心在泗水县泗河上游一带,后来向西进入中原。据史书记载,伏羲“仰观天文,俯察地理”,“画八卦”,“正五行,以定人道”,又发明五十弦琴及乐器陶埙,为人类社会的进步做出了重大贡献。

少昊是继伏羲(太昊)之后东夷部落联盟的又一位杰出首领,活动中心在今天的曲阜。因他“执太昊之法,故名少昊”。今曲阜城东存有少昊的陵墓。少昊陵呈“复斗状”,号称“中国的金字塔”,外表以青石覆盖,俗称“万石山”,又称“万寿陵”。墓前有宫殿、配房、牌坊等建筑,古柏森森,庄严肃穆,整个陵园占地 125 亩,是全省重点文物保护单位。

曲阜少昊陵

文献记载,炎帝曾在曲阜建立国都,济宁一带成为炎帝部族活动的中心区域。《补史记·三皇本纪》载:“炎帝神农氏,姜姓……以火德王,故曰炎帝。”炎帝“初都陈,后居曲阜”。专述帝王世系、年代及事迹的史书《帝王世纪》说:“炎帝初都陈,又徙鲁。”陈即今河南睢阳。有学者认为,炎帝徙都曲阜之后,因先后与蚩尤、黄帝部族作战,后败退西部,其部族也随之迁于姜水流域,成为姜姓的始祖。

黄帝位居“五帝”之首,生于寿丘,寿丘即今曲阜城东旧县村。北宋真宗皇帝为了纪念“黄帝生于寿丘”,于北宋祥符五年(1012 年)下诏改曲阜县为仙源县,县城也迁往寿丘;并下圣旨建起了 1320 楹的森森黄帝庙，名为“景灵宫”，以供春秋奉祀。

“五帝”中名列第二位的颛顼也是东夷部落的著名首领。他所处的时代在少昊之后、虞舜之前，山东龙山文化就是颛顼、虞舜等东夷部族的物质文化遗存。颛顼，又称颛顼帝，为高阳氏，其部落活动范围与少昊相同，中心区域在鲁南，是济宁人的先祖之一。先秦邾国（即邹国，古代“邾”“邹”同音、同义）就是颛顼后裔曹侠建立的诸侯国，其国都先在邹城城南，春秋时期鲁文公十三年（前614年）迁至峄山之阳，今邹城东南纪王村有邾国故城遗址。

“五帝”中的最后一位是虞舜，又名“重华”，是夏代之前虞氏部族最有名的首领，故称“虞舜”。舜是人们心目中的圣人，尧、舜、禹禅让的故事传为千古佳话。《孟子·离娄下》说：“舜生于诸冯，迁于负夏，卒于鸣条，东夷人也。”诸冯在今济宁东邻平邑县境内，靠近泗水县泉林镇。负夏在今兖州城区西北20公里的新驿镇顿村，秦之后这里是瑕丘县县城。《史记·五帝本纪》记载：“舜耕历山，渔雷泽，陶河滨，作什器于寿丘，就时于负夏。”意思是说，舜曾在历山耕地，在雷泽捕鱼，在河滨制作陶器，在寿丘制作工具及工艺品，在负夏做生意。以上五个古代地名均在济宁境内，历山在今泗水县泉林镇历山村；雷泽即泉林镇历山脚下的洼地，老百姓至今仍称之为“雷夏泽”；河滨即今泗水县柘沟镇，自古就是制陶中心；寿丘在曲阜城区东，今名旧县村；负夏即上文提到的今兖州城区西北顿村。因此，舜年轻时的活动范围在今济宁地区，舜成年后，入主中原，继承了尧的帝位，成为海内各部族推举的“盟主”，是中华民族发展史上的一位重要人物。

济宁孕育了光辉灿烂的文化，诞生了众多的始祖级伟大人物，不愧是中华民族古老文明的发祥地之一。

轩辕黄帝像

2.儒家文化

曲阜市位于山东省的西南部、济宁市的东北部，是一个孔姓人口非常多的县级市，更是有着5000多年悠久历史的“东方圣城”。“千年礼乐归东鲁，万古衣冠拜素王。”曲阜因为与孔子的名字密切相连而闻名于海内外。

孔子作为世界上最伟大的思想家、教育家之一，是中国儒家学派的创始人，被称为“大成至圣先师”。孔子的思想内涵非常丰富，主要包括“仁”“忠恕”“礼”“和”“中庸”等。“仁”的中心是“仁者爱人”，要求统治者体察民情，反对苛政。要实现“爱人”，就要遵循“忠恕”之道，做到“己所不欲，勿施于人”和“己欲立而立人，己欲达而达人”。“礼”是“克己复礼”，要克制自己，使自己的言行符合“周礼”的要求。孔子还主张“和”，他说：“礼之用，和为贵。”“礼”以“和”为贵，是“和”的体现。制度化的“礼”与精神性的“和”，两者刚柔相济，不可或缺。孔子的另一重要思想是“中庸”。“中庸”的表面意思是“中不偏，庸不易”，即不偏不倚，恰到好处，不走极端，无过无不及，目的是教育人们自觉地进行自我修养、自我监督、自我教育、自我完善，把自己培养成为具有理想人格，达到至善、至仁、至诚、至道、至德、至圣的要求，创造出“太平和合”的境界。

后人对孔子给予了很高的评价。西汉司马迁在《史记·孔子世家》中称孔子为“至圣”：“天下君王至于贤人众矣，当时则荣，没则已焉。孔子布衣，传十余世，学者宗之。自天子王侯，中国言六艺者折中于夫子，可谓至圣矣！”近代学者柳诒徵在《中国文化史》中高度评价了孔子在中国文化发展史上的重要地位：“孔子者，中国文化之中心也。无孔子则无中国文化。自孔子以前数千年之文化，赖孔子而传；自孔子以后数千年之文化，赖孔子而开。”

曲阜市的孔府、孔庙和孔林，统称为“三孔”，是中国历代纪念孔子、推崇儒学的象征，并以深厚的文化沉积、悠久的历史、宏大的规模和丰富的文物珍藏，以及科学艺术价值而闻名世界。“三孔”因其在中国历史和世界文化史中具有的举足轻重的地位，于1994年12月被正式列入《世界遗产名录》，曲阜也被世人称为世界三大圣城(耶路撒冷、麦加和曲阜)之一。

孟子继承发扬了孔子学说，被称为“亚圣”。孟子思想博大精深，政治上倡导“民为贵，社稷次之，君为轻”，主张具仁心，施仁政；经济上提出恢复井田制度，授田于民，轻徭役，薄赋税，不误农事，制民之产的富民经济观；哲学上提倡性善论，主张天人合一；强调道德修养是“齐家治国平天下”的根本；重视道德教育和意志的锻炼，主张因材施教；此外，孟子关于“知人论世”“以意逆志”“知言养气”的文艺思想对后世的影响也很大。唐宋以后，人们逐渐把儒家学说由“周孔之教”改称“孔孟之道”，孟子的地位不断上升。

在中华文明几千年的历史长河中，儒家文化逐渐发展为中国的正统文化，并影响到东北亚、东南亚各国，成为整个东方文化的发展源泉。今天，儒家文化经过传承、发展和不断创新，对建设和弘扬社会主义核心价值观仍具有重大现实意义。

2013 年 11 月 26 日，习近平总书记到曲阜考察。当看到《孔子家语通解》和《论语诠解》两本书时，习近平总书记拿起来翻阅，说："这两本书我要仔细看看。"在同专家学者代表座谈时，习近平总书记指出：中华民族有着源远流长的传统文化，也一定能创造中华文化新的辉煌。研究孔子和儒家思想要坚持历史唯物主义立场，坚持古为今用，去粗取精，去伪存真，因势利导，深化研究，使其在新的时代条件下发挥积极作用。习近平总书记的讲话为我们学习、研究、发展和弘扬儒家文化指明了方向。

世界儒学大会对传承和弘扬中华优秀传统文化，增进不同文明之间的对话与交流，促进人类社会和平、和谐、发展，具有重要意义。在孔子故里济宁曲阜举办的世界儒学大会是由中华人民共和国文化部和山东省人民政府联合主办的世界性儒学盛会，从 2008 年举办第 1 届起，到 2017 年已经成功举办了 8 届。

圣地济宁的另一大文化盛事是国际孔子文化节。从 1984 年举办第 1 届起，每年公历 9 月 28 日(孔子诞辰纪念日)，孔子文化节都在济宁曲阜隆重举行。孔子文化节已成为弘扬中华文化的重要舞台，对外开放的重要窗口，增进交流合作的重要平台，连接四海友谊的重要桥梁。

从 2020 年开始，国际孔子文化节、世界儒学大会正式更名为"中国(曲阜)国际孔子文化节、尼山世界文明论坛"。尼山世界文明论坛与中国(曲阜)国际孔子文化节融为一体，实现了两个重要文化品牌的强强联合。

2021 年 9 月 27 日至 28 日，2021 中国(曲阜)国际孔子文化节、第七届尼山世界文明论坛在孔子诞生地——山东曲阜举行，海内外政要、专家、学者围绕"文明对话与全球合作"展开交流。

儒家代表人物丝绸画 孔子像

3.孝贤文化

"孝"的观念产生较早。东汉许慎《说文解字》解释为:"孝,善事父母者。从老省,从子,子承老也。""贤"的本义是管理钱,后引申为有才能、有德行的人。总起来说,"孝"是精心侍亲,"贤"是德才兼备。孝是为人处世的根本,贤是孝的一种表现形式。孝贤成为中华民族传统文化的内在基因,是中华民族优秀传统文化的一个重要组成部分,在济宁表现得更为突出。

出生于济宁西部嘉祥县的"宗圣"曾子,撰写了流传千古的《孝经》。《孝经》是中国古代政治伦理著作,为儒家十三经之一,相传为孔子弟子曾参所作,唐玄宗李隆基亲自作注。《孝经》指出,孝是诸德之本:"夫孝,天之经也,地之义也,民之行也。""人之行,莫大于孝",国君可以用孝治理国家,臣民可以用孝立身理家。《孝经》首次将孝与忠联系起来,认为忠是孝的发展和扩大,并把孝的社会作用推而广之,认为"孝悌之至"就能够"通于神明,光于四海,无所不通"。

《孝经》主张把"孝"贯穿于人的一切行为之中,"身体发肤,受之父母，不敢毁伤”，是孝之始；“立身行道，扬名于后世，以显父母”，是孝之终。同时，《孝经》宣扬的孝道把维护宗法等级关系与为君主服务联系起来，认为“孝”要“始于事亲，中于事君，终于立身”。《孝经》奠定了中国孝文化的基石，影响深远。

济宁南部的鱼台县被誉为“孝贤文化的发源地”，在这里诞生了二十四孝故事中“芦衣顺母”的主角闵子骞。孔子曾对闵子骞大加称赞，说：“孝哉，闵子骞！”在鱼台县，还世代流传着“三贤”“三进士”的动人故事。“三贤”指闵子骞、樊子迟、宓子贱，他们都是孔门七十二贤中人，孔子去世后，他们回乡授徒，居住在相距不到五里的地方，因此被称为“五里三贤”。“三进士”指明清时期的鱼台人王四聪、刘芳声、朱之玉，他们三人贤能孝亲，为世人广泛赞誉，又居住在相距不远的地方，被称为“五里三进士”。进入近现代，鱼台又涌现出革命烈士马霄鹏、郭耕夫、赵紫生，学问大家、文化名人屈万里、金灿然、董小吾，当代著名作家李贯通、诗人郭路生、歌唱家苏小明等，为孝贤故里增添了光彩。

鱼台县孝贤阁

近年来，鱼台县充分挖掘历史文化资源，对孝贤文化进行升华，赋予其新的时代内涵，先后成功举办了 3 届中国（鱼台）孝贤文化节和孝贤文化研讨会，出版了《孝贤故里论坛》论文集，拍摄了大型音乐电视剧《孝贤闵子骞》，编印了《孝贤故里孝贤故事》连环画册，创办开通了孝贤故里网，规划建设了孝贤文化主题公园，建成七条“孝贤文化街”。在“百孝村”——鱼台县张黄镇常李寨村设立了孝贤文化教育基地，建起“感恩墙”和“孝贤壁”。在县城繁华地段建设孝贤文化广场，建立标志性建筑——“孝贤阁”。

“孝贤文化”在济宁大地上洋溢着浓郁的芳香，浸润着每一位济宁人的心田。

4.石刻文化

山东是全国文物最多的省份之一，济宁是山东省文物最多的地级市之一。在济宁众多的文物之中，石刻占有重要地位。目前全国仅存汉碑70余通，济宁市就有39通，占到全国汉碑存量的一半以上，流传着“天下汉碑半济宁”的行话。济宁还保存有我国最早的石刻文字之一《秦峄山刻石》(又名“李斯碑”)、被誉为魏碑三大流派之一的《四山摩崖刻经》等。这些石刻是历史留给济宁人民乃至整个中华民族的一笔巨大的文化遗产。

石刻艺术是石刻文化的最重要载体，几乎遍布全市，尤以嘉祥、曲阜、任城、邹城等地最为著名。

嘉祥的武氏祠是国家级重点文物保护单位。武氏祠位于嘉祥县城南10公里的纸坊镇武翟山北麓，是我国保存完整且具有代表性的家族墓地石刻建筑群，是研究中国历史的一部“百科全书”，被联合国教科文组织视为人类共同的历史文化遗产。武氏祠由阙室、武氏祠画像石陈列室和西长廊三部分组成，主要文物有汉画像石46块、汉碑2通、清碑11通，汉石狮、石阙各1对。武氏祠汉画像雕刻精湛，取材广泛，内容丰富，是汉代石刻艺术的代表之作，也是研究汉代政治、经济、文化、艺术、社会生活不可多得的珍贵资料。

曲阜、任城的两汉碑刻为后人研究历史、书法、雕刻艺术的发展提供了宝贵的实物资料。现藏于曲阜孔庙的西汉《北陛刻石》《五凤刻石》使我们观察到汉字由篆入隶的发端；现藏于济宁博物馆的《穰盗刻石》（又名《金乡西郭庄刻石》）所刻字体是一种古朴的、带有浓厚篆意的古隶；为世人熟知的《乙瑛碑》《礼器碑》《史晨碑》（均藏曲阜孔庙）等虽然风格迥异，却都是隶书成熟时期的代表，被历代视为学写隶书的典范；在济宁市北郊萧王庄发掘的东汉任城孝王墓，存有《任城王墓题记刻石》，共有单体刻石800多块、4000多字，是目前我国已知汉墓出土刻石文字数量之最，刻石上的文字为隶书，向世人展现了区别于正规碑版隶书风格的汉代民间书法的独特风貌，有着很高的学术价值和艺术水平。

嘉祥武氏祠石刻

邹城是邹鲁文明的重要发祥地，文化积淀丰厚，文物资源富集，汉画像石、摩崖刻经、石碑等石刻文物内容丰富、门类繁多，虽历经千年岁月的磨砺，依然光彩夺目。特别是被誉为“中国书法艺术瑰宝”的北周时期铁山、岗山、葛山、尖山“四山”和峄山摩崖石刻，规模宏大，意境高古，不仅丰富了佛教传播的形式，成为佛教史上的一种文化现象，而且在中国书法史上也占有重要位置，是探寻古代书法变化的珍贵资料，在国内外有着重要影响。

邹城石刻博物馆是一座集保护、展示、研究于一体的石刻博物馆，以集中保护、深入研究这些独具特色的石刻文物为宗旨，既是现代社会文明进步的重要标志，也是保护和利用石刻文物资源、弘扬历史文化的重要载体，对于保护传承历史文脉，提升城市形象品位，弘扬中华优秀传统文化，满足市民的精神文化需求发挥了重要作用。

在济宁，林林总总的碑碣成了凝固的历史，让人们在品读中华文化的同时也在赏鉴中华书法艺术的珍品。有一种说法，“汉字”意为“汉代的字”，汉碑上的文字对研究我国书法艺术起到不可或缺的作用。济宁汉碑书法风格一碑一奇，或朴厚，或娟秀，或典雅，或奇崛。“老桧曾沾周雨露，断碑犹是汉文章”是对济宁地区丰富多彩的石刻艺术的真实写照。

石刻文化吸引了许多游客和国内外专家、学者前来济宁观览考察。历代书法家通过研习石刻艺术，提高了书法技艺。贯穿我国隶书产生、发展、演化全过程的济宁石刻艺术作为优秀的历史文化遗产已得到有效保护。这些石刻珍品像一颗颗璀璨的明珠在济宁这块具有丰厚文化积淀的沃土上熠熠生辉。

秦峄山石刻

5.佛教文化

汶上县古称“中都”，历史悠久，文化灿烂，儒家文化、佛教文化、运河文化在这里交相辉映，享有“千年佛都”“儒释圣地”的美誉。近年来，随着大批佛教文物的出土和佛教设施的建设，汶上县成为著名的佛教文化胜地。

汶上县城西北隅的宝相寺，原名昭空寺，始建于北魏，北宋咸平五年（1002 年）由宋真宗敕封为宝相寺，成为皇家寺院，被誉为“北朝最初名胜，东土第一道场”，1000 多年来，香火旺盛，声名远播。1994 年春，在修葺宝相寺佛塔——太子灵踪塔时，意外发现了地宫，出土了北宋皇家瘞藏的佛牙、舍利等 141 件佛教圣物，经鉴定均为国家一级文物。这一发现轰动了全国，震惊了世界。“太子灵踪”特指佛教创始人释迦牟尼佛的舍利。佛经上记载，佛祖释迦牟尼出家以前，是古印度释迦族迦毗罗卫国的王太子，因而，“释迦太子”成为佛祖的尊号之一。舍利则是佛祖释迦牟尼火化后留下的遗骨和宝石状生成物，又称佛骨、舍利子。《建正法藏殿记》记载，佛舍利是“稀有之灵踪”，也就是说，“太子灵踪”是举世罕见的如来佛舍利。

1995 年起，宝相寺开始恢复重建，相继完成供奉殿、塔宫、中都珍宝馆和大雄宝殿建设，天王殿、文殊殿、普贤殿、山门殿、钟鼓楼、僧舍寮房和礼佛广场相继竣工，宝相寺建筑群落成。宝相寺前，建起了长 960 米、宽 150 余米的礼佛大道。宝相宫规模宏大，按照佛家阿育王塔外形特点，融合了中国古建筑元素和汶上佛教文物特色，集礼佛、弘法、旅游、文化交流等功能为一体，是供奉和瞻仰佛祖舍利的道场。宝相宫主塔高 116 米，裙房高 18 米，东西宽 132 米，南北长 172 米，外部采用中国传统建筑文化元素进行细部装饰，四周为四座花塔，中间莲花宝座上托七宝水晶瓶，突出了汶上佛教文化的特色。

为纪念佛教圣物面世，弘扬传统文化，发展旅游事业，打造“中国佛都”品牌，从 2004 年起，每年农历 3 月 15 日前后举办为期 1 周的太子灵踪文化节大型系列文化活动。“太子灵踪文化”的内涵十分丰富，主要包括以佛陀精神为核心的佛的说法、慈悲、智慧、和谐、平等的思想。“太子灵踪文化”是佛教文化的一个重要分支，也是中华优秀传统文化的有机组成部分。

汶上宝相寺太子灵踪文化节举办的主要活动包括文化节开幕式、系列民俗文艺演出、做功德募捐活动、系列大法会、中都素食文化节、宝相寺佛光庙会、中都书画展暨捐赠作品拍卖会、宝相寺路企业形象及产品展示会、“放灯放生”祈福求运系列活动等。太子灵踪文化节的成功举办，取得了良好的经济效益和社会效益。文化节吸引了大量国内外的僧侣、居士、游客来汶礼佛朝圣观光。特别是节庆期间反复出现的“佛光”成为吸引佛教界和广大游客的祥瑞奇观，打造了济宁旅游产业的精品项目，推动了汶上县中都佛苑的建设，加快了旅游业的发展。

汶上县宝相寺

6.水浒文化

因古典文学名著《水浒传》而闻名天下的梁山位于山东西南部、济宁西北部，本名良山。因汉文帝之子梁孝王在此围猎，死后葬于山麓，故改名梁山。梁山由四主峰七支脉组成，主峰海拔200米。历史上与梁山为邻的黄河多次溃堤决口，水汇山麓，围成大泽，水面辽阔，形成“八百里水泊梁山”的壮观景象。北宋末年，宋江广结英雄豪杰，凭借水泊天险，劫富济贫，声震天下。

水泊梁山有着丰富的人文景观以及独特的自然景观。梁山大寨的建筑主要包括忠义堂、断金亭、黑风口、水浒寨以及一关和二关等景观，宋江寨墙、扭头门、宋江井、疏财台以及试刀石等历史遗迹均映衬出《水浒传》中耳熟能详的英雄故事。同时，还建有左寨七英、双雄镇关、花荣射雁以及逼上梁山等技术精湛的巨型石雕，再现了《水浒传》中梁山好汉当年的风姿。在这里，最著名的要数被誉为“当代三大水浒艺术珍品”的大型唐三彩壁画《水浒英雄聚义图》、三十六天罡星雕像和大型摩崖石刻《水泊梁山记》。其中，《水泊梁山记》是著名书画大师范曾先生于2002年专门为水泊梁山风景区撰写，形成了南有《岳阳楼记》、北有《水泊梁山记》的文化格局。《水泊梁山记》与《岳阳楼记》异曲同工，文中对民族精神的弘扬与“先天下之忧而忧，后天下之乐而乐”的忧国忧民情怀一脉相承，是范曾跨越时空同其先祖范仲淹的精神对话。范曾先生写道：

> 迤逦梁山，荦确延岱宗脊脉；浩淼水泊，波澜接黄河源头。千秋云走，史乘载铮铮人杰；万里风飙，水浒传凛凛鬼雄。盖凡河岳阔峻、草木萧森之地，必有万千气象在焉，所谓水土养人，斯之谓欤。
>
> 梁山故地，夏商归于兖州，自古多激扬赴义之士。商纣暴虐，国祚已尽，微子兴悲，良有以也。周室衰而群雄起，礼崩始于庙堂，乐坏被于江湖。孔子著《春秋》倡仁，孟子既起而倡义。所谓君子之怀，蹈仁义而弘大德者也。富贵不能淫，贫贱不能移，威武不能屈，遂为大丈夫懿范。梁山以一隅之地而名彪青史，岂偶然哉？
>
> 上溯九百年，北宋衰微，大厦毁于白蚁，山崩起于朽壤。宋江兴师除奸，威名动天地，纵横十郡，所向披靡。元末有施耐庵者，

网罗放矢旧闻，汇为《水浒传》，以生花之妙笔，演绎史迹，写梁山一百单八将传奇故事，石破天惊，气干霄汉，六百年来为天下所共赏。梁山英雄“替天行道”云者，亦处江湖之远则忧其君之大德使然也。伫立八百里水泊之涯，古今骚人，皆慨然而太息，有不为天地大德之运行而忧思难忘者乎？吁噫，以德治天下，正兴国之本欤。

辛巳春范曾撰文并书于北京

水浒文化是梁山最靓丽的文化瑰宝之一。梁山作为水浒故事的发祥地，积淀了豪迈奔放、博大精深的文化底蕴。一次起义造就出无数英雄，一部奇书树立了一座座丰碑。战火与硝烟随着时空的转换已经散去，文化与精神却在历史的积淀中丰富发展起来。八百年沧桑，八百年洗炼，水浒文化以顽强的生命力、恢宏的气势丰富了中华民族的文化宝库，不仅体现了中华文化和中国精神的基本内容，而且更具有自己的鲜明特色：正义诚信、豪迈直爽、乐善好施的忠义精神，不畏权势、爱憎分明、奋起抗争的造反精神，勇敢向上、一往无前、不怕艰险的进取精神，胆肝相照、荣辱与共、协作配合的团队精神。

水泊梁山忠义堂

水泊梁山

在济宁这片神奇的土地上，诞生了高山仰止的儒学思想，又孕育了忠义豪放的水浒文化。曲阜、梁山，相互辉映，东文西武，相得益彰。水浒文化源远流长，内涵丰富，在人类历史的进程中闪耀着永不磨灭的光辉。

7.运河文化

京杭大运河是世界上开凿最早、距离最长的运河，被世界公认为与万里长城、埃及金字塔和印度佛加雅大佛塔齐名的最宏伟的古代四大工程。从元代开始，京杭大运河从济宁穿过，造就了济宁别具特色的运河文化。

元代的京杭大运河始建于至元十八年(1281 年)，至元三十年(1293 年)全线通航，历时 12 年。元代大运河北起北京，南达杭州，全长 1789 千米，沟通了东西流向的海河、黄河、淮河、长江和钱塘江五大江河，流经北京、天津、河北、山东、江苏、浙江六个省市。京杭大运河的长度相当于苏伊士运河的 10 倍多、巴拿马运河的 22 倍，是世界上最长的人工河流，也是历史上最古老的运河之一。她与万里长城并称为我国古代的两项伟大工程，闻名于世界，是中华民族文明的标志和象征。难能可贵的是，京杭大运河既是中国南北水运交通的大动脉，又是一条集通航、灌溉、防洪、排涝于一体的综合性水利工程。

济宁城区古运河

大运河开通之后，济宁成为“水陆交汇、南北冲要之区”“河渠要害”之地，经济地位和政治地位显著上升，许多部门在济宁建府立衙，主要有元代政府设立的济宁路、中书省分省，中书省分省又设置兵、刑、工、户四部，形成“济宁七十二衙门”的独特景象。

元、明、清三代都把治理运河的最高机构设在济宁，负责对运河全线进行整治和督理，因而，济宁被誉为“运河之都”。在济宁市博物馆，现今仍保存着一门清代的铁炮，炮筒上赫然铸有“河道总督署造”字样。

运河是中国古代最重要的沟通南北的交通运输线，造就了济宁历史上一派商贾云集的繁华景象，济宁也因此被称作江北“小苏州”。“济宁人称小苏州，城面青山州枕流。宣阜门前争眺望，云帆无数傍人舟”就是当时的真实写照。编写于清康熙年间的《济宁州志・艺文志》记载：“济宁当南北咽喉，子午要冲，四百万漕艘皆经其地。士绅文舆舟如织，闽广吴越之商持资贸易者，又鳞萃而猥集，即负贩之夫，牙侩之侣，亦莫不希余润以充口实。冠盖之往来，担荷之拥挤，无隙晷也。”作为国家运输动脉，大运河促进了济宁商品经济的繁荣，闽、广、吴、越的商人争相来此做生意，使济宁成为运河沿岸七大商埠之一，发展为重要的工商业城市。

航运的畅通，贸易的繁荣，手工业的发达，刺激了城市建设规模的扩大，也造就了济宁的运河文化特色。原济宁运河文化研究会会长张自义先生认为，运河文化的内核在于它的开放性、商业性和融汇性。当时全国 20 多个省在这里建立了会馆，全国各地的商贾云集济宁，商业发达，盛极一时。济宁作为孔子的故乡、儒家文化的发源地，由于运河商业的影响，人们的思想打破了儒家文化的束缚，形成了开放性和多元化的特点。

始建于明朝洪武年间的东大寺是济宁运河文化发达的一个标志。这座著名的清真寺坐落在济宁城南小闸口段老运河的西街，因处济宁 9 座清真寺之东，故简称“东大寺”。又因寺门面向东边的古大运河，故俗称“顺河东大寺”。明朝成化年间进行扩建，清康熙、乾隆年间大兴营造，始具今日之规模，建筑面积达到 4134 平方米，与济宁西大寺、南京净觉寺、西安化觉寺、兰州桥门街大寺并称“全国五大古清真寺”，尤其以济宁东大寺最为壮观。2006 年经国务院批准，东大寺成为第六批全国重点文物保护单位。

济宁东大寺

运河文化体现了融汇南北文化精华的特点。它以齐鲁文化为基础，吸纳了吴越文化、荆楚文化和燕赵文化的精髓，融合了秦晋文化及海外文化的特色，具有十分显著的多元性。按照伍波先生的研究，济宁运河文化具有如下几个显著特点：领先的治水科技、空前繁荣的工商贸易、兴盛发达的手工业、蓬勃兴起的农业商品经济、城市的崛起与建筑文化、较为集中的风情与民俗文化、融汇南北的饮食文化、富有特色的地名文化、丰富多彩的艺术文化等。位于济宁老运河南岸、长约1公里的竹竿巷见证了明清时期济宁手工业、商业的辉煌，反映了济宁运河文化融汇大江南北的鲜明特色。

光绪二十七年（1901年），清政府宣布漕粮折银，罢河停运，运河废而不治。济宁随着运河的废弃也逐渐衰落。1911年，开始修筑津浦铁路支线兖（州）济（宁）铁路，济宁才获得了新的生机。

研究运河文化对于总结济宁“因河而兴，因河而衰”的历史经验教训，对于当前调整经济结构、转变经济发展方式、提高发展质量具有重要的参考价值。

济宁竹竿巷

济宁古运河

8.梁祝文化

《梁山伯与祝英台》与《孟姜女》《白蛇传》《牛郎织女》并称为中国古代四大传说。梁山伯与祝英台的爱情故事，在国际上也享有很高的知名度，被欧美人士称为东方的“罗密欧与朱丽叶”。一曲小提琴协奏曲《梁祝》令人销魂，一段流传千古的化蝶传说缠绵美丽。

在人们以往听到、看到的梁祝传说，包括小说、戏曲、电影、电视以及有关梁祝文化研究的资料中，大多认为梁祝传说发生在南方，特别是20世纪50年代《中华人民共和国婚姻法》颁布后，为倡导婚姻自由、男女平等，梁祝传说经过重新整理和改编，被拍成越剧电影搬上银幕在全国放映后，更是进一步加深了很多人心目中梁祝传说发生在南方的印象。然而，2003年10月在微山县马坡乡的一个新发现却使大家对梁祝传说有了全新的认识——故事发生地不在南方，而是在北方。孔孟之乡——山东济宁才是梁祝传说的真正发源地，是梁祝文化的传播中心。

微山发现了梁山伯和祝英台的墓碑。2003年10月27日，一块立于明朝正德年间的梁祝墓碑在微山县马坡乡出土，为这一问题的讨论提供了新的资料。该墓碑长180厘米、宽24厘米。出土的墓碑碑额刻有“梁山伯祝英台墓记”8个篆字，碑文831字。根据碑文记载，明朝正德十一年（1516年），作为朝廷钦差大臣的南京工部右侍郎、前督察院右副都御使崔文奎视察河道时，途经微山马坡，发现已破败不堪的梁祝墓，决计重修。其认为重修梁祝墓“推之可以为忠，可以为孝，可以表俗”。碑文还记载了祝英台女扮男装，与梁山伯同在邹县（现邹城市）峄山读书学习三载，后二人因思念而死，合葬在泗河西马坡的史实。据专家介绍，这是中国十处梁祝墓中唯一有文字记载梁祝故事且内容比较详细的墓碑，也是刻立时间较早的一块墓碑。而原来在浙江宁波发现有明朝嘉靖丁未年（1574年）腊月的墓碑，比马坡墓碑晚了近 60 年，而且碑文只有“晋奉，义妇冢”寥寥五个字，根本没有提及梁山伯、祝英台二人的名字。

梁祝是孔孟故里人。梁祝墓碑碑文记载了梁祝故事发生的时代背景和过程：济宁九曲村祝员外因没有儿子，不能通过读书光宗耀祖，整日“嗟叹不已”，女儿祝英台为解父忧，“冒为子弟”与邹邑西居（今微山县两城镇）梁山伯同窗学习，产生了感情，后梁山伯“疾终于家，祝英台悲伤而死”。两人合葬的原因是“乡党士夫，谓其令节，从葬山伯之墓”。整个记载没有化蝶等神话色彩和艺术加工，而是民间发生的真实事件。

另据济宁市文物局梁祝研究专家樊存常先生的考证，梁山伯祝英台的传说很久之前就在孔孟故里广为流传。《邹县志》《峄山志》《陶庵梦忆》等历史文献中都有关于孔孟之乡梁祝传说的记载。在地方曲艺南路山东琴书《梁祝下山》的演唱中，也有关于梁山伯祝英台家在孔孟故里，二人同在邹县（今邹城市）峄山读书念文章，因相互思恋而死，死后合葬在邹县马坡（现属微山县）的唱词。

邹城、微山等地的许多遗址也是梁祝故事源于孔孟故里的有力佐证。邹城市的峄山上有梁祝读书处、梁祝读书洞、梁祝泉等多处遗址；在微山县马坡，梁祝故居村庄仍在，家族后裔尚存。只是由于历史的原因，梁山伯祝英台传说源于孔孟故里的历史事实没有得到应有的宣传，使这一历史真相未被世人了解。

梁山伯祝英台读书处所在地峄山

2009 年文化部在其网站上正式公示的首批 501 项国家非物质文化遗产推荐名单上，“梁祝传说”赫然由宁波鄞州、杭州、上虞、宜兴、济宁和汝南 4 省 6 地共同拥有，并因此成为首批申遗项目中的特例。

虽然这次申报国家首批非物质文化遗产名录梁祝传说为 4 省 6 地共同拥有，但从中也说明“梁祝”是中华民族共有的文化遗产，是中华民族共同的精神财富。

9.军事文化

金乡军事文化历史悠久，源远流长，内容博大精深、门类齐全、丰富多彩，具有很高的军事价值和历史价值。

在历史的长河中，金乡这方古老的土地上曾爆发过大大小小、性质不同、类型各异的众多战事。这些战事既有谋求统一、抵御外敌侵略和反抗封建主统治的正义战争，也有统治集团维持地方割据、进行侵略掠夺、镇压人民起义的非正义战争。东汉初平三年(192 年)，一代枭雄曹操曾在金乡西北部设置治所，在羊山脚下大战黄巾军，杀何曼，擒黄劭，并由此发兵东击青州军，南袭徐州城，与吕布大战淮阳，连战连捷，为统一北方奠定了基础。唐五代时期，藩镇割据。唐昭宗大顺二年(891 年)十月，太平镇所属曹州都将郭铢杀死刺史郭词，投降了宣武镇节度使朱全忠，引发了一场丁会、张霸与朱瑾在金乡的大战，结果朱瑾大败，所率将士全部被杀或被俘，朱瑾只身逃命。明朝英宗正统年间以后，政治黑暗腐败，土地兼并加重，人民流离失所，阶级矛盾激化，各地农民起义不断。正德四年(1509 年)九月，爆发了刘六、刘七起义；正德六年(1511 年)三月，起义于山东的杨虎、白英会同刘六所部攻占金乡，率众入城，之后又占领曲阜、济宁等地。明末，宫文彩聚众两万多人，以羊山、满硐为根据地，举起义旗，除恶霸、斗地主，并接受李自成农民起义军的封号，高举大顺旗帜，在金乡、嘉祥、巨野等地与清军作战。

至晚清时期，金乡战事频发，连绵不断，人们熟知的就有太平军攻占金乡城、捻军攻取金乡、捻军羊山大捷、捻军鱼山突围等四大战役。抗日战争时期有据可查的有金乡保卫战、攻打尚庙战斗、夜袭羊山集、平息杆子会暴乱、突破日军铁壁合围、收复金乡县城等六次战事。

解放战争时期在金乡发生的大小战斗更是不计其数，意义深远、影响巨大的当属刘邓大军1947年在此打响的羊山战役。刘邓大军经过18天的浴血奋战，将驻守在羊山集的国民党精锐66师一举全歼，俘获中将师长宋瑞珂、少将参谋长王开石等高级军官以下9228人，毙伤官兵5000人，为跃进大别山打开了通道，揭开了中国人民解放军从战略防御到战略进攻的序幕，开启了中国革命战争史上的伟大转折。

众多的战争、战役孕育了金乡丰富的军事文化。《孙子兵法》和《孙膑兵法》是我国著名的军事理论著作，而将这些理论著作、军事思想总结概括成谈兵论战军事典籍的，主要有两位军事将领——南朝刘宋大将檀道济和清朝总兵周一德。檀道济，南朝刘宋时期金乡县卜集镇檀庄人。东晋末年，檀道济跟从刘裕攻后秦，屡建战功，官至征南大将军。元嘉八年(431年)攻魏，粮尽退兵，敌不敢追。檀道济智勇兼备、处变不惊、屡建奇功，被后人称为“国之长城”和“兵神”。特别是他根据多年的战争经验，总结编撰了军事著作《三十六计》，更为世人所称道。《三十六计》按照计名排列共分六套，即胜战计、敌战计、攻战计、混战计、并战计、败战计。每套又各包含六计，共三十六计。每计名称后的解说，均依据《周易》中的阴阳变化之理及古代兵家刚柔、奇正、攻防、彼己、虚实、主客等对立关系相互转化的思想推演而成，富含朴素的军事辩证法因素。《三十六计》与《孙子兵法》堪称是我国古代谋略家的双璧，是中国古代军事战术理论和战略理论的精华。《三十六计》的社会影响已远远超出军事学领域，备受各国政治家、外交家、经济学家、企业家的青睐。

近年来，金乡县倾力打造红色军事文化基地，建立了鲁西南战役纪念园、王杰纪念馆和金乡军事文化馆，尤以金乡军事文化馆最具特色。军事文化馆围绕“一条主线、五条辅线、八个主要节点”，充分展示了金乡及羊山一带从古至今发生的军事事件、周边地区的军事地位以及主要朝代的军事建制、军事人物、风俗民情、传说故事，让人不禁感叹于军事文化的繁盛。金乡军事名将彭越、檀道济、郗鉴、李燧、周一德等一个个高大形象浮现在人们的眼前。金乡军事历史及其人物、故事让人们在震惊、感叹之余，增强了对中华民族优秀军事文化的了解，报效祖国的责任心油然而生。

10.革命文化

济宁是一片红色的热土，是鲁西南著名的革命老区，具有光荣的革命传统。从 1926 年夏天“中国共产党山东省立第二师范支部”在曲阜诞生以来，济宁人民在党的领导下，投入到轰轰烈烈的革命斗争中，形成了独具特色的革命文化。

新中国成立以来，尤其是改革开放和党的十八大以来，济宁市加大了建设、保护、修葺革命陵园、纪念碑、纪念园等设施的力度，使红色文化建立在扎实厚重的载体之上。目前，全市共建设了 12 处烈士陵园，占地面积 970 余亩，安葬着 1.5 万余名各个历史时期的烈士。其中，邹城、梁山、嘉祥和曲阜等地的陵园，别具特色。微山湖抗日英烈纪念园、羊山革命烈士陵园等最为壮观。

微山湖抗日英烈纪念园是著名的山东省国防教育基地、济宁市爱国主义教育基地、济宁市反腐倡廉教育基地。抗日战争时期，微山县是铁道游击队等抗日武装的故乡。以微山湖为根据地的“微湖大队”“运河支队”“铁道游击队”等革命武装，出没在千顷芦苇荡里，活跃于津浦铁路线上，创造了许多可歌可泣的英雄业绩。长篇小说《铁道游击队》和著名歌曲《微山湖上静悄悄》红遍大江南北、长城内外。20 世纪40年代的微山湖位于华东至延安的地下交通线上，刘少奇、陈毅、罗荣桓、萧华等领导同志都曾从此路过，微山湖因此被誉为“湖上小延安”。陈毅元帅过微山湖，还写下诗句：“横越江淮七百里，微山湖色慰征途。鲁南峰影嵯峨甚，残月扁舟入画图。”

微山县注重红色文学创作，编辑出版《微山湖区革命历史讲座》《微山湖区淮海战役的支前工作》《微山湖抗日纪实》《走进微山湖》等多部专著、画册、丛书。通过不断挖掘、开发利用，该县的红色文化资源逐渐成为弘扬革命精神、开展红色教育的宝贵财富。

金乡县军事文化底蕴深厚，孕育了剽悍、刚烈、勇敢的民风。抗日战争时期，金乡县3000多名民工协助抗日军队在金乡县城修筑工事，抵御日寇进攻，最后大部分壮烈牺牲。解放战争时期，金乡县4000余名青壮年参加人民解放军，近千人牺牲在前线成为革命烈士。金乡人民为中国革命做出了巨大贡献，为世人留下了宝贵的精神财富，同时也留下了众多的革命遗址遗迹。

金乡县红色文化资源丰富，著名的有鲁西南农村第一党支部、鲁西南工委、十二烈士纪念碑、兴隆交通站、羊山革命战斗地、王杰村、刘少奇过金乡等革命旧址7处，杨一辰、周冠五、秦和珍、王杰等革命历史人物故居4处，鲁西南战役纪念馆、王杰纪念馆、李目辉纪念馆等大型纪念建筑3处，其中羊山革命烈士陵园2001年被列为第四批全国重点烈士纪念建筑物保护单位，羊山革命战斗地被评为省级文物保护单位，王杰纪念馆是第一批省级重点烈士纪念建筑物保护单位。目前，全县共有全国重点文物保护单位1处，省级重点文物保护单位12处。

金乡县加大对革命历史文献和资料的收集整理，编撰出版了《中共金乡地方史》《中共金乡地方史重要纪念地》《羊山鏖战亲历录》《英雄王杰》等书，拍摄了《血浴羊山》等电影专题片。

金乡县充分利用羊山特有的红色文化资源，以军事题材和羊山独特的地质地貌、自然景观为依托，全面整合羊山旅游资源，倾力打造羊山古镇国际军事旅游度假区。度假区总规划面积15平方千米，详细规划2平方千米，规划建设主题文化纪念区、古镇文化体验区、战役模拟区、拓展运动区、地质公园区、农业生态休闲区六大功能分区。目前一期工程已完工，王杰纪念馆、鲁西南战役纪念馆、军事文化馆等三大纪念馆分别于2010年、2011年、2012年对外开放。羊山景区先后被评为全国红色旅游经典景区。

此外，泗水县、曲阜东部和邹城东部建立了较为稳固的抗日根据地。梁山、汶上等地进行过较大规模的对日战斗，消灭了大量日军。兖州是兵家必争之地，解放战争时期，国共两党在此进行了激烈的争夺。可以说，济宁市的每一寸土地上都流淌过革命烈士的鲜血，革命烈士的鲜血凝结了济宁壮烈的红色文化。

济宁人民充分发挥烈士陵园、革命遗址、名人故居等爱国主义教育基地的作用，在每年的清明节、建党节、建军节、国庆节等传统节日、纪念日前后，精心组织开展“缅怀先烈、永在我心”等爱国主义教育活动，组织广大干部、群众和学生，通过瞻仰革命旧址、旧居，祭扫烈士墓、烈士纪念塔，举行入党宣誓，邀请老党员讲革命英雄故事，访问革命烈属等形式，进行革命传统教育、爱国主义教育和廉政教育，让广大干部群众和学生了解革命先烈、先辈们在济宁大地上英勇斗争的事迹和伟大精神，缅怀他们的丰功伟绩，学习他们的高尚品德和感人事迹，激发干事创业、建设美丽济宁的豪情壮志。

铁道游击队纪念碑

二、光照千秋的圣贤鸿儒

济宁物华天宝，人杰地灵，在漫长的历史岁月中，涌现出众多的政治家、思想家、军事家、文学家和科学家，培育了无数民族英雄、仁人志士和能工巧匠。与其他各地不同的是，济宁作为儒家文化的发源地，出现了一大批光照千秋的圣贤鸿儒，他们为中华民族光辉灿烂的历史谱写了浓墨重彩的篇章。

1.周公吐哺，天下归心

周公(？～前1105)，姓姬名旦，周文王的儿子、周武王的弟弟、周成王的叔父，先后辅佐文王、武王和成王，西周初期杰出的政治家、军事家、思想家、教育家，儒学的先驱，被后世尊称为“元圣”。

周公是我国古代治国理政的典范。周王朝建立后不久，周武王就去世了，即位的周成王年龄小，由周公代为处理国家大事。新建立的周王朝面临着严重的困难，内部不团结，外部被推翻的商朝旧贵族不甘心失败，更严重的是两股势力勾结起来，发动了大规模的叛乱。周公亲自带兵东征，花了三年时间终于平定了叛乱，稳定了政局，使周王朝成为西起渭水流域、东至大海、南到淮河流域、北达辽东的泱泱大国。

周公对周王朝忠心耿耿，对年幼的周成王给予无微不至的关怀。有一次，成王病得厉害，周公很焦急，就剪了自己的指甲沉到大河里，对河神祈祷说：“年幼的成王还不懂事，如果有什么错误的话，都是我的过错；如果要死的话，就让我代替成王死吧。”巧合的是，不久以后，成王恢复了健康。周公摄政七年后，成王长大成人，于是周公归政于成王，自己回到大臣的位子。后来，有人在成王面前说坏话，挑拨成王与周公的关系。周公非常害怕，怕国家出现动乱，老百姓又要遭殃，就逃到偏僻的地方躲避起来。有一次，成王翻阅府库中收藏的文书，发现了自己生病时周公的祷辞，被周公忠心为国的品质感动得流下眼泪，立即派人将周公迎回来，委以重任。

周公回来以后，日夜为国操劳，呕心沥血，鞠躬尽瘁。周王朝分封周公为鲁国（以曲阜为中心）国君。周公因为要在首都镐京辅佐周成王，不能赴任，就派长子伯禽前去治理鲁国。临行前，周公谆谆告诫伯禽说："我是文王的儿子、武王的弟弟、成王的叔父，还担负着治理国家的重任，在全天下人看来，我的地位不算低了。但是，为了接待有才能有道德的人，我洗一次头曾经三次握起头发，吃一顿饭曾经三次吐出正在咀嚼的食物（'一沐三捉发，一饭三吐哺'）。即使这样做，还恐怕失掉天下的贤人。你到鲁国之后，千万不要因为有分封的国土而骄慢啊。"看到这段感人肺腑的话，没有人不受到震撼的。东汉末年的政治家曹操把周公礼贤下士、求贤若渴的做法概括为"周公吐哺，天下归心"。

曲阜周公庙

周公对中华文明的发展做出了重大贡献，后世对他给予了高度评价。西汉初年的思想家贾谊评价周公说："周文王有美好的德行而没有建立功业，周武王建立了功业而没有治理好国家，周公集大德大功大治于一身，是孔子之前、黄帝之后，对华夏民族的发展壮大发挥重大作用的伟人。"

儒家学派的创始人孔子把周公作为自己人生追求的最高典范，终生倡导周朝初年实行的仁政和周公制定的礼乐制度。

2.周公不以小节干大政

公元前 11 世纪，商朝的纣王暴虐无道，残害百姓，众叛亲离。而渭水中游的周部落逐渐发展起来。到姬昌时，对内重用姜尚、散宜生、太颠、闳夭、南宫适等一批贤臣，国力日益强盛；对外宣扬德教，积极调停各方国之间的争端，使诸侯纷纷依附，形成了“天下三分，其二归周”的局面。

姬发继承了父亲姬昌的事业，称为周武王。公元前 1046 年，周武王在周公等人的辅佐下，命令姜尚率领战车 100 辆、甲士 45000 人，渡过黄河的重要渡口孟津，来到了商朝首都殷郊外的牧野，准备与商纣王的军队展开决战。

二月五日凌晨，周武王召开誓师大会，把事先准备好的檄文在阵前发布，声讨纣王的罪行，表明周朝军队是代表上天对纣王进行惩罚，号召各路军队奋勇向前，打败敌人。在这关键时刻，周武王的袜带突然掉了下来。周公等大臣都在身边陪侍，也都看见了这个情况，但是没有一个人肯上前替周武王把带子系上，也没有一个人告诉周武王。就这样，周武王继续盟誓，周公等大臣站在一旁，保持着肃穆威严的姿态，一言不发，一动不动。周武王宣布完誓词，左手放下白羽，右手放下黄钺，自己费力地把带子系上了。后来，有人问周公：“你为什么不帮助武王系上袜带，或者告诉武王一声呢？”周公说：“我是辅助周武王打天下的大臣，不是给他系袜带的人。况且，在发布誓言的关键时刻，让这点小事干扰国家大事更是错误的。”

武王得知后，对周公这种干大事不拘小节的态度大加赞赏。孔子听到这件事后说：“这正是周公等人的伟大之处，这样的人才能成为帝王的得力辅臣啊。”

3.孔子"入太庙，每事问"

孔子(前551～前479)，名丘，字仲尼，春秋时期鲁国陬邑(今属山东省曲阜市)人，我国著名的思想家、政治家、教育家。孔子主张"有教无类"，开创了私人讲学的风气，是儒家学派的创始人。

孔子自幼勤奋好学，15岁时就树立了远大的志向，开始走上自学的道路。他不仅刻苦努力，认真读书，而且虚心好问，许多知识都是他随时随地向别人请教得来的。他请教过有名的学者，如苌弘、师襄、老聃，也询问过普通的农夫；他向白发苍苍的老人请教，也虚心听取梳着小辫子的孩童的意见。最难得的是，他认为"三人行，必有我师焉"，因此主动向不如自己的人请教，做到了"不耻下问"。

有一次，孔子有机会进入鲁国的太庙。太庙是鲁国国君祭祀祖先的地方，里面陈列着许多文物古器，还经常举行祭祀活动，在这里，可以了解历史和有关的典章制度。孔子进太庙后，就下功夫认真地进行考察，对每一件不明白的事，都向别人请教。从庙里陈列的一件件文物古器到举行仪式时伴奏的音乐，样样都要找人问个究竟。活动结束后，他还拉住别人的衣袖，继续问一些自己不明白的问题。他这样做，曾被人看不起。有个人就说："谁说这个年轻人懂得礼呢？他跑进太庙，什么事情都要问一问。"孔子听了后，不但没有生气，还坦白地说："不懂就问，这就是礼啊！"

古书上记载的"子入太庙，每事问"的故事，激励后人谦虚好学，不懂就问，绝不能不懂装懂。毛泽东同志也很赞成孔子的做法，他说：我们要学习孔夫子的"每事问"，因为这种虚心好学的精神是学好文化科学知识所必须具备的良好习惯。

孔子像

4.孔子师项橐，不耻下问

传统启蒙教材《三字经》上说："昔仲尼，师项橐；古圣贤，尚勤学。"这里讲的是"孔子不耻下问，以七岁的孩子项橐为师"的故事。

春秋时期，孔子带领学生们周游列国，宣传儒家的政治主张。有一天，正在驾车行进的过程中，一个小孩在大路当中堆碎瓦片玩，挡住了他们的去路。这个小孩就是聪明伶俐的项橐。

为孔子驾车的子路头戴盔，身披甲，手执长鞭，嘴里不断地喊："驾！驾！"猛然看见一个小孩蹲在路中间玩，就大声吆喝："闪开！闪开！"项橐若无其事，照样玩他的。子路没办法，只好停下车。下车后，子路满脸怒气，伸手就要打项橐，被孔子制止了。孔子走下车，客气地问道："你这小孩在干什么啊？"项橐回答说："我在建造一座城。"孔子又问："你看到有车过来，为什么不让路啊？"项橐坦然地说道："我听从前的圣人说过：一个聪明的人，上知天文，下知地理，中知人情。自古以来，只有车躲城，还没有听说过城躲车的道理。"孔子一时语塞，弟子们也哑口无言，只好绕"城"而过。

项橐看到这些人文质彬彬，知书达理，就问他们是什么人，从何处来，到何处去。当得知眼前之人就是大名鼎鼎的孔夫子的时候，项橐丝毫不示弱，反而发起了挑战，他说：“我有三个问题，正想请教夫子。”孔子觉得项橐这小孩很有意思，于是笑道：“你尽管问吧。”

项橐问的第一个问题是：“天地人为三才，夫子可知天上有多少星辰、地上有多少五谷、人有多少根眉毛？”

孔子一听，摇摇头说：“我还真的不知道。”项橐得意地说：“我来告诉你吧，天有一夜星辰，地有一茬五谷，人有黑白两种眉毛。”

项橐又问道：“请教您什么水没有鱼？什么火没有烟？什么树没有叶？什么花没有枝？”孔子答道：“江河湖海，水中都有鱼；柴草灯烛，是火就有烟；没有叶不成树，没有枝又哪里有花呢？”项橐听后晃着脑袋说：“不对，不对。井水没鱼，萤火没烟，枯树没叶，雪花没枝。”孔子和弟子们开始佩服小项橐了。

项橐接着问道：“什么山上无石？什么车子无轮？什么牛无犊？什么马无驹？什么男人没有妻子？什么女人没有丈夫？”孔子感到项橐提出的问题很难回答，只好老老实实地说不知道。项橐告诉孔子说：“土山无石，轿车无轮，泥牛无犊儿，木马无驹儿，神仙无妻，仙女无夫。”

孔子心中敬佩这个七岁的孩子，于是向项橐行礼。孔子对弟子们说，这个小孩年龄虽小，却懂得道理，也使我们看到了自己的不足，真是后生可畏啊。

孔子师项橐

5.孔子学弹琴，精益求精

学问学问，一方面要勤奋学习，另一方面要勤于发问。孔子“入太庙，每事问”及向年幼的项橐请教的故事反映了孔子虚心学习、不耻下问的优秀品质，下面讲的孔子向师襄子学习弹琴的故事使我们看到了孔子勤学苦练、精益求精的学习态度。

为了提高音乐素养，孔子拜鲁国的乐师襄子为老师，学习弹琴。师襄子教了孔子一首曲子，但没有告诉他曲子的名字。孔子一连练习了十天还没有停止，也不要求学习新曲子。师襄子对他说：“可以增加学习内容了。”孔子说：“我已经熟悉乐曲的形式，但还没有熟练掌握弹奏这首曲子的方法。”过了一段时间，师襄子说：“你已经学会弹奏的技巧了，可以增加学习内容了。”孔子说：“我虽然学会了弹奏的技巧，但还没有领会曲子的意境。”又过了一段时间，师襄子说：“你已经领会了曲子的意境，可以增加学习内容了。”孔子说：“我领会了曲子的意境，但还不了解作者的气质、特点和为人。”又过了一段时间，孔子神情俨然，仿佛进到新的境界：时而神情庄重，若有所思；时而放眼远望，意志深远。孔子对师襄子说：“老师，我知道这首曲子的作者是谁了。那人皮肤黝黑，身材高大，眼光明亮，志向远大，像个统治四方诸侯的王者。若不是周文王还有谁能撰写出这首乐曲呢？”师襄子听到后，赶紧起身拜了两拜，回答道：“我的老师也认为这是周文王所作的乐曲《文王操》。”

师襄子对孔子这个学生油然而生敬意，情不自禁地说：“您学习时精益求精，我也应该向您学习啊。”

孔子学琴

6.孔子好读书，韦编三绝

孔子的一生是勤奋好学的一生，到了晚年，还手不释卷，坚持学习。成语“韦编三绝”讲的就是孔子晚年读《周易》的故事。

传说《周易》是我国古代几位圣人——黄帝、周文王、周公等相继写成的一部著作。这部著作是我国最古老的文献之一，被儒家尊为“六经”之首，记载了中国古典文化中的哲学和宇宙观，是中华民族智慧的结晶，被誉为“大道之源”。

孔子生活在春秋时期，当时的书主要是以小刀为书写工具、以竹简为承载物，把字刻在一支支竹简上。一支竹简多则刻几十个字，少的只能刻十几个字，或者几个字。一部书要用许多竹简，通过牢固的绳子按次序编连起来才最后成书，用于阅读。这些书用丝线编连的叫“丝编”，用麻绳编连的叫“绳编”，用熟牛皮绳编连的叫“韦编”，其中以熟牛皮绳最为结实。像《周易》这样厚重的书，当然要用许许多多竹简通过熟牛皮绳编连起来。

孔子晚年的时候，十分喜爱《周易》这部书，花了很大的精力，反反复复读了很多遍，又附注了许多内容。孔子就这样把《周易》翻开来又卷回去，不知阅读了多少遍。孔子这样读来读去，把连接竹简的牛皮绳子也给磨断了好几次，不得不多次换上新的再使用。

孔子读《周易》时勤于思考，不但认真阅读而且写了好多心得，后人把这些心得称为《易传》，作为《周易》的一个重要组成部分。孔子读书到了这样的地步，还谦虚地说："假如让我多活几年，我就可以完全掌握《周易》的文与质了。"

"韦编三绝"的故事体现出孔子活到老、学到老的求知欲望和学而不厌、精益求精的钻研精神，成为后人学习的榜样。

7.孔子因材施教育英才

孔子是一位伟大的教育家，最早提出"有教无类"的思想：无论贵族与平民，不分国界与民族，只要有心学习，都可以到他那儿入学受教。因此，各地前来向孔子拜师学习的很多，据说孔子一生中教过的学生有3000人之多，这在当时可不是一个小数目。这些学生的情况千差万别，孔子因此又提出了"因材施教"的教育方式，就是要根据不同对象的具体情况，采用不同的教育方法，不仅知道学生的长处，而且知道学生的短处，使学生全面发展、不断提高。

《论语·先进》记载了一件有趣的故事，说明孔子十分注意因材施教方法的运用。孔子的两个弟子，一个叫子路，一个叫冉有，两个人在政治方面都颇有成就。有一天，孔子的另一个弟子公西华亲眼看到了孔子运用因材施教的方法教育子路和冉有。这一天，子路前来向孔子请教一个问题："听到了一件好的事情就要马上实行吗？"孔子回答说："不行，有父亲和兄长在世，要首先征求父亲和兄长的意见，怎么能听到了就马上实行呢！"于是，子路就出去了。过了一会，冉有走过去，向孔子提出了同一个问题："听到了一件好的事情就要马上实行吗？"孔子很肯定地回答说："听说了就要马上实行！"

孔子截然相反的回答使旁边的公西华大惑不解，于是就问孔子："老师，为什么同样一个问题，在您那儿就有两个不同的答案呢？"孔子说："求（冉有）也退，故进之；由（子路）也兼人，故退之。"意思是"冉有比较懦弱，所以我就鼓励他，推他走快一点，让他鼓起勇气，敢作敢为；而子路个性好胜，遇事不假思索，所以我就有意抑制他，让他缓和一些"。

孔子因材施教，为社会培养了大批人才。人们常说，孔子有弟子3000人，掌握了礼、乐、射、御、书、数小"六艺"和《诗》《书》《礼》《易》《乐》《春秋》大"六艺"的贤能之士有72位。道德高尚、行为端正的代表有颜渊、闵子骞、冉伯牛、仲弓等；善于辞令、能办理外交事务的有子我、子贡等；通晓政事、懂得治国理政的有冉有、季路等；文学素养高、通晓诗书礼乐等古代文献的有子游、子夏等，真可谓人才济济，桃李满天下。

孔子讲学图

8.孔子观欹器，宣扬中庸

孔子认为，中庸之道是道德修养的最高准则，"过"和"不及"都是不对的，主张处理事情要不偏不倚，恰到好处。孔子参观鲁桓公庙里一种叫"欹器"的器物的时候，向弟子们形象地阐发了这一思想。

孔子带领弟子们到鲁桓公的庙中去参观，见到一种倾斜易覆的器具。孔子问看守庙宇的人："这是什么器具？"守庙的人回答说："这叫欹器，是放在座位右边用来提醒人们言语行为要谨慎的一种器具。”经守庙人一提醒，孔子恍然大悟，马上想到了这种器具的来历和含义。孔子说：“我听说，这种器具空着的时候保持倾斜的状态，装了一半水的时候才能悬挂在正当中，而装满水的时候就会翻倒，把里面的水都倾倒出来。是不是这样啊？”守庙人点点头表示同意，同时也很佩服孔子的学问和见识。

征得守庙人同意后，孔子让弟子们向欹器里倒水，亲眼看一看是不是这样。弟子们很好奇，兴致勃勃地提来水，灌到欹器里。欹器里的水灌到一半的时候，欹器果然端正了。继续往里面加水，直到装满。欹器里的水刚刚装满，奇怪的事情就发生了：欹器马上翻倒了，里面的水全部倾泻了出来，然后，欹器又保持倾斜的状态了。

孔子观欹器，宣扬中庸之道

孔子叹了口气，意味深长地说：“天下怎么会有满了而不倾覆的器皿和事情呢？”

欹器显示的“中而正，满而覆，虚而欹”的道理，是用物理现象演绎社会哲学的典范，是对孔子中庸之道最形象的阐述，比起古希腊德尔菲神庙里刻着的“认识你自己”的箴言显得更含蓄、更耐人寻味。

9.汶上有只夫子履

春秋时期,汶上县被称作中都邑。公元前501年,孔子担任了中都邑的长官,叫中都宰。任职期间,孔子提出“器不雕伪”的主张,要求出卖的产品必须名实相符,坚决反对假冒伪劣,严厉惩治不法商人,维护百姓利益,得到人们衷心拥护。

当时,中都邑有个叫沈犹氏的商人,专靠贩羊骗人为业。他用很低的价格收购瘦羊,买回家以后,用盐水拌草料饲喂。羊吃了食盐口渴,便大量饮水,体重增加很多。沈犹氏将肚子鼓胀的羊赶到集市,外行人认为是膘肥体壮,争相购买,沈犹氏则高价出售。这样,一只羊一夜之间便可增重十多斤,沈犹氏因此发了财。然而,买主把羊买回家后,不出三五天,这只羊必死无疑。一年来,沈犹氏用这一招,不知坑害了多少善良的穷苦人。

有人把这件事告诉了孔子,孔子决定设法惩治沈犹氏。这天又到了中都邑集市的日子,孔子安排一个仆人到集市上分别向沈犹氏和另外一位商人各买下一只羊,然后把赶集的人招呼到一片空地上,要看一看这两只羊有什么不同。孔子让一个屠户杀掉了向沈犹氏购买的羊,然后剖开这只羊的肠胃,从羊的肠胃里流下的盐水盛满了一个大盆。孔子令人称了一下盐水的重量,足足有12斤重。杀掉另一只羊后,肠胃里却只流下了一点血水。孔子对沈犹氏说:你从事贩羊的生意有一年了,卖出了几百只喂盐水的羊,每只多卖出12斤,合起来就是很大的一个数目。况且,喂过盐水的羊大多无法活下去,这个损失就更大了。你知道自己犯下的罪过吗?

这时候,围观的人们义愤填膺,纷纷要求重重惩罚沈犹氏。有人说:“先重责四十大板,然后充军发配,令其永世不得贩羊害人!”有位青年人说:“向沈犹氏腹中灌进12斤盐水,令其活活胀死,为那些屈死的羊伸冤报仇!”青年人的主意引起了一阵哄笑。一位老人说:“沈犹氏贪财而做出这种不讲仁义的事情，十分可恶。做这样的事情的人一旦多起来，就会演变成一种不良风气，那就更可怕了。应该把这件事作为一个典型，重重处罚沈犹氏，并通告全国，教育他人。”

孔子听了老汉的一番议论，十分高兴，当场宣布说：“对沈犹氏罚款五千，通告全邑，以彰其咎，若有再犯者，加倍惩处。”

一件贩羊行骗的案件就这样干净利落地断明了，在场百姓无不赞叹。这件事很快传遍了鲁国全国，诡诈商贩无不收敛，中都邑和鲁国渐渐形成了公买公卖的良好社会风气。

孔子任中都宰一年，发展经济，注重教化，褒扬善事，惩治坏人，人民安居乐业，四方的诸侯都派人前来学习。鲁国国君知道后，就把孔子调到鲁都曲阜，先任命为大司空，后又提升为掌管司法大权的大司寇。

孔子离开中都到曲阜上任时，中都邑的老百姓沿途相送，依依不舍。孔子说：“希望大家遵循礼范，长此下去中都必然万世安泰，我人虽去，脚印还留在这里。”孔子边说边脱下脚上穿的一只靴子，说：“留下这只靴子，表示我永远立足中都。大家既然拥戴我，我走后请继续按照我倡导的原则行事吧！”孔子走后，人们在城东门楼上专门修建了一座楼阁，供放他的那只靴子。

这就是“中都有只夫子履”的佳话。后来，清官离任脱靴、留靴的美举，就是孔子在汶上任中都宰时开的头。

10.孔子夹谷会盟挫强齐

孔子是儒家学派的创始人，一生大部分时间以教书为业，有人就以为孔子只是一位坐而论道的文人。其实，孔子还是一位有勇有谋的勇士和指挥若定的将军。任大司寇时，孔子陪同鲁定公在夹谷会盟中挫败了强大的齐国，维护了鲁国的尊严和利益。

公元前500年，齐景公邀请鲁定公在夹谷这个地方会盟，企图利用会盟的机会要挟鲁国。当鲁定公接到会盟的邀请后，有些犹豫犯愁。齐强鲁弱，齐国以前多次侵占鲁国的土地，而这次竟主动和好结盟，分明是黄鼠狼给鸡拜年，没安好心。万般无奈之下，鲁定公只好把时任大司寇的孔子请来拿主意。

孔子告诉鲁定公，齐国要求会盟，不去就是示弱，齐国会变本加厉地欺负我们；去的话，也存在着危险。但是，只要我们从文的和武的两方面做好充分的准备，就不怕齐国要什么花招。孔子请鲁定公安排两位将军各率兵车五百乘远远跟从，再派一位大夫率领兵车三百乘紧紧跟随，防备齐国。

会盟开始的时候，一切顺利。然而，齐国却暗地里唆使俘虏手执兵器，鼓噪喧哗，想要劫持鲁定公。当此危急之际，孔子立即登上阶梯，走向前，扶着鲁定公退下坛来。随后，孔子对鲁国的卫士们说："你们可以拿起兵器杀了他们。我们两国君主结盟，战败的外族俘虏竟敢拿着兵器闹事，破坏两国友谊，这不是齐君对待别国诸侯的道理。如果这样做，从神明的观点来说就是不祥，从道德的观点来看就是违反道义，从人与人交往的观点来看就是失去应有礼节。齐君必定不会这么做。"

听了孔子一番义正词严的话，齐景公很惭愧，于是挥了挥手让外族俘虏退避下去。会盟继续进行。

过了一会儿，齐国人又演奏起宫中的音乐，还让歌舞杂技的艺人嬉戏于前，以此戏弄鲁定公。孔子见了，立刻上前，登阶而上，还有一个台阶来不及登上便高声说道："平民敢有迷惑、侮慢诸侯的，论罪当杀，请掌管此事的人员赶快行刑吧。"于是斩杀了杂技艺人的领头者。齐景公没有料到会有这样的结果，紧张起来，脸上露出了羞愧的表情。

齐国看到孔子做事果断勇敢，言辞有理有据，并且已经做好了抵抗齐国进攻的准备，占不到什么便宜，就改变做法，设宴款待鲁国君臣，还主动归还了过去侵占的鲁国田地。

11.孔子论苛政猛于虎

春秋时期，各国政令严酷，苛捐杂税名目繁多，老百姓生活困难，有些人只好举家逃离，到深山、荒野、沼泽去住，那里虽然环境恶劣，缺吃少穿，可是“天高皇帝远”，官府管不着，兴许还能活下来。

孔子常常乘着马车，带着学生，到各处去游历，可以让学生增长见识，也借此了解民情。有一天，他们经过泰山附近的荒郊，看见有个妇女坐在一座新堆起的坟墓旁边哭泣，哭得非常伤心。孔子看了这样的情景，心里很同情，就叫他的学生子路去慰问那位妇女。

子路走到坟前，对那位妇女说：“大嫂，您哭得这样伤心，好像心里有很大的怨气。”妇女一边哭一边说：“是呀！几年前，我的公公被老虎咬死了。前年，我的男人也被老虎咬死了。如今，我的儿子又被老虎咬死了。”

孔子听到这里，忍不住问道：“这儿常常有老虎伤人，您为什么不搬到别处去呢？”妇女回答说：“这儿虽然有老虎，但是不受官家管，不用给官家当差，也不用给官家交税。”

孔丘叹了口气，回过头来对他的学生说：“孩子们，记着吧，苛政比凶猛的老虎还残暴、还厉害啊！”

后来，人们就用“苛政猛于虎”这个成语来形容反动政府对人民的沉重压迫和剥削。

12.孔子赞渔夫朴实无华

孔子主张“器不雕伪”，反对表里不一，赞扬朴实无华。

孔子周游列国来到了楚国，遇见一位打鱼人，两个人谈得很愉快。临走的时候，这位渔夫献给孔子一些鱼。孔子不接受，说：“无功受禄，寝食不安。我没有做出什么事情，怎么能接受你的馈赠呢？”打鱼人说:“现在天气炎热,距离市场又很远,已经无法卖了,我想,把这些鱼扔到粪堆上去,还不如献给君子,所以决定把这些鱼进献给您。”

孔子听后,改变了注意,接受了这些鱼,并向这位渔夫道谢。渔夫走后,孔子让弟子们把地打扫干净,准备用这些鱼作为祭品祭祀神灵。弟子们大惑不解,说:“打鱼人本来要扔掉这些鱼,而老师却要用来祭祀,这是为什么呢?”孔子说:“我听说,怕食物变质而把它送给别人的人,是仁人。哪有接受了仁人的馈赠而不祭祀的呢?”

孔子用这件事教育自己的弟子说:“一个人说话、做事要实实在在、朴实无华,不应该虚情假意。这位渔夫就是很好的榜样。”

13.颜回箪食瓢饮不贰过

颜回(前521～前490),字子渊,春秋末期鲁国都城(今山东省曲阜市)人。颜回是孔子最得意的门生,位列“孔门七十二贤”之首,被后世帝王尊称为“复圣”,与“宗圣”曾子、“述圣”子思子、“亚圣”孟子并称为“四配”而居首位。在孔门诸弟子中,颜回的思想与孔子基本一致,所以孔子对他称赞最多,不仅赞扬其“好学”,而且还以“仁人”相许,尤其赞叹颜回“箪食瓢饮不改其乐”的处世态度和“不迁怒,不贰过”的优秀品质。

颜回一生追随孔子,没有当过官,家境贫寒,过的是“一箪食一瓢饮”的生活。孔子称赞颜回说:“颜回多么有修养啊!饿了,就吃一个小竹筐里的饭;渴了,就用一个瓜瓢舀水喝。这是一般人难以忍受的穷困状况啊,但是颜回却不改变他自有的快乐心态。颜回真是有修养啊!”(“贤哉,回也!一箪食,一瓢饮,在陋巷,人不堪其忧,回也不改其乐。贤哉,回也!”)颜回的表现与孔子所说的“疏食曲肱”有异曲同工之妙。孔子在讲到自己对待贫穷富贵的看法时说:“吃粗糙的饭,喝生冷的水,弯着胳膊当枕头,快乐就在其中了。我绝不会放弃对仁义的追求,放弃原则而得到的富贵对我来说就像天上的浮云一样。”(“饭疏食饮水,曲肱而枕之,乐亦在其中矣。不义而富且贵,于我如浮云。”)

孔子、颜回的这种做法被后人概况为“孔颜乐处”，成为人们坚持信仰、安贫乐道的象征。

孔子还特别赞赏颜回“不迁怒，不贰过”的品质。颜回生活艰苦，29岁的时候，头发全都白了，像个小老头，41岁时就过早地去世了。孔子为颜回的死哭得非常伤心，说：“自从有了颜回，弟子们更加亲近我。颜回的去世是老天爷对我的惩罚啊，是老天爷对我的惩罚啊！”在回答鲁哀公的提问时，孔子说明了他最赞赏颜回的原因：“我有个叫颜回的学生最爱好学习，他从来都不把自己的怒气转移到别的人身上，不重复犯同样的过错，但他不幸早死。颜回死了，再也没有这么优秀的学生来继承、传播我的思想了。”

由此可见，“不迁怒，不贰过”是一项多么重要的优秀品质啊。

曲阜复圣庙

14.天赐颜回一锭金

颜回虽然家境贫寒，但是坚守道德底线，决不贪图不义之财。

相传，孔子门下弟子中，有一些富家子弟，他们看不起颜回，有时还借故羞辱他。颜回从不和这些同学计较，坚持早来晚走，一心一意用功读书。

有一天，有个同学的钱丢了，就怀疑是颜回偷去了。虽然大家都在颜回面前旁敲侧击，颜回依然镇静自若，不理不睬。这样，同学们更加怀疑是他偷的了。

这天放学后，有些学生就到孔子面前说颜回偷了钱，开始孔子不相信，可告状的多了，孔子就生气了，没想到自己门下竟会出现偷儿，就要把颜回赶出学堂。孔子转念一想：颜回偷钱又没人当面抓住，假如不是他，不是白白冤枉了一个好孩子吗？孔子想出了一个试探颜回的办法。他拿出一锭金子写了几个字，心里想："那就考验考验他吧！"

饭后，又是颜回第一个来到学堂。刚一进门他的脚就被一个硬东西碰了一下。颜回穿的是草鞋，疼得他弯腰按摩脚指头，忽然看见脚下有个白布包。颜回心想，啥玩意儿这么硬，打开一看，竟然是一锭金光闪闪的黄金，布包上还写着一行字："天赐颜回一锭金。"

颜回看到金子和布包，笑了笑，取出笔也在上面写了几个字，又把金子包好放回原处，然后走到自己的座位上，取出书本，阅读起来。

过了一会儿，有人趁颜回不注意，把那布包拿走交给了孔子。孔子打开一看，布包上又多了几个字："外财不发命穷人。"

曲阜复圣殿

孔子看了默不作声，那些诬赖颜回的弟子们都低下了头。后来，丢失的钱也找到了，那个丢钱的同学向颜回道歉，颜回只是微微一笑。

从此，孔子和同学们更加敬重颜回。颜回因高尚的品德和勤奋好学的精神，赢得了后人的高度赞誉，成为中国儒家的五大圣人（"至圣"孔子、"亚圣"孟子、"复圣"颜回、"宗圣"曾参和"述圣"子思）之一。

15.陈蔡绝粮赞颜回

孔子为了实现自己的政治主张，曾经周游列国十四年，历尽颠沛流离之苦。孔子的弟子颜回一直跟随老师，即使在最困难的时候，也不离不弃，无怨无悔。在陈蔡绝粮的危难时刻，还发生了一件孔子冤枉颜回的小故事。

周游列国的时候，孔子离开了陈国，想前往楚国。陈国的一个大夫害怕孔子辅佐楚王而使楚国更强大，不利于陈国，便派兵胁迫孔子改道，不让孔子去楚国。孔子在蔡国一个叫幽谷的地方被陈国的军队包围了。

围困到第七天的时候，孔子的弟子子贡突破重围，出去跟当地的居民要了一些粮食。大家请最有德行的颜回去煮粥。在煮粥的过程中，水蒸气慢慢增多，那个房子十分破旧，房顶上的泥土被水蒸气湿润以后，"嘭"的一声掉下一块来，正好落在锅里。颜回看到后，马上用勺子把那块泥土舀了起来，不然这一锅粥就毁掉了。颜回看着勺子里带泥土的粥，心想，这个粥得来不容易，丢了太可惜了，可是给师兄师弟吃，又委屈了他们，于是他自己把它喝了。结果就在颜回喝下去的那一刻，被子贡看到了。子贡很生气，以为他偷粥喝，便跑去告诉了孔子。

子贡问孔子说："老师，那些仁人志士，遇到困境会不会改变他的气节？"孔子说："不会的。"子贡又问："那颜回是不是仁人志士呢？"夫子说："我观察很久了，颜回可以称得上仁人志士。"子贡反问道："那他为什么还偷喝粥呢？"

孔子对子贡的话将信将疑，就找来颜回问个究竟。孔子说：“颜回啊，我昨天梦到我的祖先，我想一定是祖先要来帮助我们了，所以我想先拿这个粥去祭祀祖先，然后咱们再吃。”孔子很清楚，颜回非常敬重祖先，只要这个粥喝过了就不能再拿去祭祀了，不管他是因为什么原因喝的。这么一问就问出真相了。颜回马上紧张起来，说：“老师啊，这个粥不能祭祖了。因为在煮粥的时候有一块土掉到了锅里，我就用勺子把土连同一点粥舀了出来，又不忍心把带土的粥丢掉，就把它喝了。”这个时候，孔子点点头说：“嗯，好，那就不要祭祀祖先了。”

颜回出去后，孔子环顾了一下子贡和身边的弟子，告诫他们说：“怎样才算看到了真相？只有看到了对方的内心世界才是真正看到了真相。我们可不要轻易怀疑别人啊。”

从此以后，大家更加信赖颜回了。

16.曾子一生重孝道

曾子(前505～前435)，名参，字子舆，春秋末期鲁国南武城(今山东省济宁市嘉祥县)人。曾子参与了编写《论语》，著有《大学》《孝经》《曾子十篇》，是孔子学说的主要继承人和传播者。他上承孔子之道，下开思孟学派，在儒学发展史乃至中华文化史上均占有重要地位，被后世尊奉为“宗圣”，是配享孔庙的“四配”之一。

有一天，孔子闲居在家，曾参在孔子的坐席旁陪侍着。孔子对曾参说：“从前，圣德的帝王都具有忠孝仁爱的思想、至高无上的美德，以及不偏不倚的礼仪，用这些至德要道治理天下，才能顺应天下百姓的心，使百姓能和睦相处，相亲相爱，君、臣、民上下一心，才不会有不满怨恨之心。你知道这些至德要道的核心是什么吗？”

曾子听了这段话，感到道理很深奥，不觉肃然起敬，离开他的座位站起来，向孔子请教说：“学生曾参很鲁钝，不聪敏，怎么能够知晓这样深奥的道理呢？请老师指教。”

孔子说:“孝道,是一切德行的根本,所有的教化都是从孝道衍生出来的。回到座位上去吧,我告诉你。人的躯干、四肢、毛发、皮肤,都是从父母那里接受来的,不敢使它们受到损伤,这是实施孝道的开始。修养自身,推行道义,扬名于后世,使父母尊贵,这是施行孝道的归宿。孝道,从侍奉父母开始,以服侍君主作为继续,成就自己忠孝两全是孝道的最终归宿。”

这样看来,孔子所讲的孝,最低标准是保护好自己的身体,避免受到伤害,以免让父母操心、难过;最高标准则是做出一番为国为民的事业,使父母感到光荣。

曾参牢牢记住了孔子的话,并身体力行。到了晚年,曾子生了重病,就把弟子们招到病床前说:“你们看看我的脚!再看看我的手!都好好地没有受到伤害吧?《诗经》上说:‘战战兢兢,如临深渊,如履薄冰。’从今以后,我知道自己是可以免除祸害了!学生们啊,记住我的话!”

曾子即将离开人世的时候,还一心想着孝道,想着保护好自己的身体不受伤害。他之所以这样做,一方面表现了自己对孝道的终生奉行,另一方面用自己最后的行为教育弟子遵守孝道。

17.曾子受杖悟孝道

大家都知道曾子大力提倡孝道,但可能不知道他年轻时由于一味地愚孝而受到孔子严厉批评。

有一天,曾参与父亲曾皙一同在瓜地里劳动,曾参稍不留神,斩断了瓜苗的根。曾皙看到儿子做事不谨慎,拿起一根木棒就向曾参的背部打过去。

曾参见父亲因自己做错事而生气,心里很惭愧,也不逃避,就跪在地上受罚,可是身体承受不住,晕倒在地,不省人事,过了很久才慢慢苏醒过来。

曾参刚睁开眼睛，就想到了父亲。为让父亲安心，他欢欢喜喜地爬了起来，整理好衣冠，快步走到父亲面前，恭恭敬敬地行礼后，问道："父亲大人，刚才孩儿犯了大错，使得父亲费了很大的力气来教育我，不知您的身体有没有不舒服的地方？"

曾皙见儿子似乎没有什么大碍，才放下心来。问候完父亲，曾参退回到自己的房间，拿出琴高声弹唱起来，他希望欢快的音乐与歌声能传到父亲的耳中，让父亲更加确认自己身体没有受到什么伤害。

听到这件事的人都很敬佩曾参对父亲的孝顺，可孔子听说后反而不高兴，对弟子们说："曾参来的时候，不要让他进门。"

弟子们有些奇怪。曾参知道后，更是惶恐不安，老师如此生气，一定是自己有做得不好的地方，可仔细检点反省，却又认为自己没有什么过错。于是，曾参就请其他同学去向老师请教。

孔子向前来请教的弟子说道："你难道没有听说过舜的事情吗？从前，有一位瞽瞍，他有一个儿子名叫舜。舜在侍奉他父亲的时候非常尽心，每当瞽瞍需要舜时，舜都能及时地侍奉在旁边；可是当瞽瞍要杀他的时候，却没有一次能找到他。当瞽瞍责罚舜的时候，如果用的是小棍棒，舜感到能承受就等着受罚；如果用的是大棍棒，舜就远远地躲开了（'小杖则受，大杖则走'）。这样，瞽瞍就没有犯下为父不慈的罪过，舜既保全了父亲的名声，也尽了孝子的本分。而如今，曾参侍奉他的父亲，却不知爱惜自己的身体，轻弃生命直接去承受父亲的暴怒，就算死也不回避。倘若真的死了，那不是陷父亲于不义么？哪里还有比这更不孝的呢？曾参难道不是天子的子民吗？杀了天子子民的人，他的罪过不是应该受到惩罚吗？"

弟子们听了老师的开导恍然大悟。当曾参知道孔子讲的道理后，也一下子醒悟过来，感叹地说："我真是犯了大错啊！"

通过这件事，曾参对孝道的理解更深刻了。

嘉祥曾子庙

18.曾子杀猪不欺子

曾子杀猪不欺子的故事流传很广，成为人们讲诚信、不相欺的典范。

有一天，曾子的夫人要到集市上去，他们的儿子哭着闹着要跟着一起去。曾夫人于是对孩子说："你先在家待着，待会儿我赶集回来杀猪给你吃。"到了下午，曾夫人从集市上回来后，发现曾参正在磨刀，准备杀猪。曾夫人大吃一惊，就劝止说："我只不过是跟孩子开玩笑罢了，你怎么就当真了？"曾参说："可不能拿信用跟孩子开玩笑啊！小孩子年龄小，没有思考和判断能力，要向父母学习，听从父母的教导。现在你欺骗他，这是教孩子骗人啊！母亲欺骗儿子，儿子就不再相信自己的母亲了，更不会相信其他人了。这不是教育孩子的正确方法啊。"

曾夫人听了，点了点头，认为曾子说得对。曾子拿起刀把猪杀了，妻子煮了肉给孩子吃。

19.曾子无功不受赐

曾子性情沉静，举止稳重，待人谦恭，为人谨慎。他的修齐治平的政治观，省身慎独的修养观，以孝为本的孝道观，“吾日三省吾身”的修养方法，影响中国两千多年，至今仍具有极其宝贵的社会价值。

曾子，严于律己，终于成为一位有道德有学问的君子，受到当权者的敬重，许多人都想与他交往。

有一天，曾子穿着很破旧的衣服在耕田，因为他在当时已经很有名气，所以鲁国的国君觉得这样的名人穿如此破旧的衣服在田里耕作，有失曾子的面子，也有失鲁国的体面。于是，鲁国国君就派人对曾子说，国君看到您这位大名鼎鼎的学者却穿着这么破旧的衣服劳作，要封给您一块采邑，权且当作给您添置几件衣服吧。可是，曾子并不领情，坚决不接受国君的馈赠。没办法，国君派的人只好回去复命。国君又让他再送来，曾子还是不受，来来回回反复多次，曾子坚决不接受。使者不理解，就劝告曾子说：“这又不是先生您向人要求的，是别人献给您的，您为什么不接受啊?”曾子的回答出乎使者和一般人的意料，成为一段经典的话语流传下来。曾子说：“我听说，接受别人馈赠的人就会害怕得罪馈赠者；给了人家东西的人，就会对接受东西的人显露骄傲的神色。那么，就算国君赏赐我采邑而不对我显露一点骄色，但我能不因此害怕得罪国君吗?”(“受人者畏人，予人者骄人。纵子有赐，不我骄也，我能勿畏乎?”)最终，曾子也没有接受鲁国国君的馈赠。

后来，这件事让孔子知道了，孔子很赞赏曾子的做法，说：“曾参的话，是足以保全他的节操的。”

20.曾子赞不食嗟来之食

齐国出现了大饥荒，有个叫黔敖的富人，决心要做点好事。他准备了一些食物，摆放在路边，等待饥饿的人来吃。

有一个老人，衣着破烂，面黄肌瘦，用衣袖遮着脸，拖着鞋子，晕晕乎乎地走了过来，黔敖左手端着食物，右手端着汤，大声冲他吆喝说：“喂！来吃吧！”没想到那人却瞪视着黔敖，说：“我就是不吃嗟来之食才饿成这个样子的。”说完这句话，这位老人头也不回地走了，最终饿死在路边。

不久，又来了一位中年人，走路踉踉跄跄，说话少气无力，一副马上就要死去的样子。黔敖走向前，又吆喝道：“喂！来吃点东西吧！”谁知这个中年人连看都不看，就走过去了，最终也饿死在路边。

黔敖对这些人“不食嗟来之食”的做法很不理解，说：“你们已经饿成这个样子了，不吃东西就要失去性命，还计较什么态度呢？”

曾子却不这样认为，他说：“嗟来之食不可食，绝不能低三下四地接受别人的施舍。哪怕是饿死，也不能失去做人的骨气。”

21.子思居卫议钓鱼

子思（前483～前402），姓孔名伋，字子思，又称“子思子”，是孔鲤的儿子、孔子的孙子。子思是曾参的学生，“四书”之一《中庸》的作者。他上承曾参，下启孟子，对后世学术思想产生了重大影响，在孔孟“道统”的传承中具有重要地位。北宋时，子思被追封为“述圣公”，后人由此尊称他为“述圣”。

子思善于从日常生活的小事阐发高深的道理。他居住在卫国时，看到有人钓到一条大鳏鱼，就阐述了鱼类因为贪图饵食而丧失生命、人类因为有非分之想而招致灾祸的道理。

子思居住在卫国的时候，有个卫国人在河里钓鱼，钓到一条鳏鱼，那鱼大得可以装满一辆车子。子思问他道：“鳏鱼是很难得到的，您是怎么钓到的呢？”卫国人回答说：“我开始下钓时，垂下一条鲂鱼做诱饵，鲂鱼比较小，鳏鱼经过时看都不看，没有上钩；后来，我再换上半只猪的身体，鳏鱼就开始撕咬小猪，一同把钓钩吞下去了，于是成为我的猎物。”

子思喟然叹息道：“鳏鱼虽然难得，却死在贪图诱饵上；有些人虽然懂得道理，却死在贪图俸禄上。贪婪的鳏鱼经不住大的诱饵的诱惑，逃脱不了身死人手的命运；贪婪的人经不住功名利禄的诱惑，逃脱不了身败名裂的下场。”

22.子思坚持原则受敬重

俗话说:“谁人背后不说人,谁人背后无人说。”这句话道出了一般人的通病。而子思坚持不背后议论人,受到世人的敬重。

子思跟随曾参学习,很快成为一位有名的思想家,人们经常向他请教一些问题。一天,鲁国国君鲁穆公向子思询问道:“我听说庞间氏的儿子不孝顺,他的行为怎么样?”子思回答说:“君子尊重贤人来崇尚道德,提倡好事来给民众做出表率。至于错误行为,那是小人才会记住的,我不知道。”子思说完就出去了。

这时,一个叫子服景伯的来晋见鲁穆公,鲁穆公又问他庞间氏儿子不孝顺的事,子服景伯见国君问起别人的过失,感到说别人坏话的机会到了,于是接连不断地说了庞间氏儿子的许多过错,都是鲁穆公不曾听说过的。

鲁穆公虽然从子服景伯那儿听到许多新鲜事,但却看不起他的这种乐于宣扬他人过错的做法。

孔林子思墓

23.孟母三迁择邻处

《三字经》里说:“昔孟母,择邻处,子不学,断机杼。”这里讲的是孟子的母亲为了使孩子拥有一个良好的成长环境,煞费苦心,曾两迁三地,教育孟子成才的故事。

孟母(前 392～前 317),即孟子的母亲仉氏,战国时邹国(今山东省邹城市)人。孟子很小的时候,父亲就去世了,母亲守节没有改嫁,一个人担负起抚养、教育孟子的重任。开始的时候,孟母与儿子住在一个墓地旁边,孟子就和邻居的小孩一起学着大人跪拜、哭嚎的样子,玩起办理丧事的游戏。孟母看到后,皱起眉头说:“这儿不适合孩子成长,我不能让我的孩子住在这里了。”

孟母就带着孟子搬到集市旁边去住。到了集市,孟子又和邻居的小孩学起商人做生意的样子,一会儿鞠躬欢迎客人,一会儿招待客人,一会儿和客人讨价还价,表演得像极了! 孟母知道后,又皱起了眉头,说:“这个地方也不适合我的孩子居住!”

于是,他们又搬家了。这一次,他们搬到了一所学校附近。孟子开始变得守秩序、懂礼貌、喜欢读书了。这个时候,孟母才满意地点着头说:“这才是我儿子应该住的地方呀!”

后来,大家就用“孟母三迁”来表示父母要为孩子的成长选择一个良好的环境。

邹城市城西庙户营村孟母三迁祠

24.孟母断织教子世代传

孟母三迁以后，为儿子的成长创造了良好的环境，但并没有认为这样就万事大吉了。她认为，如果主观上不勤奋努力，还是成不了才的。所以孟母抓紧对儿子进行教育，督促他勤奋学习。在孟子逃学的时候，孟母就砍断正在纺织的布匹，教育他不可荒废学业。

有一天，孟子放学回到家，他的母亲正在织布，看到孟子回来，就问道："今天的学习怎么样了？"孟子漫不经心地说："跟过去一样。"孟母见他无所谓的样子，十分恼火，就拿起一把剪刀剪断一匹即将织好的布。孟子害怕了，就问母亲这样做的原因。孟母说："你荒废学业，如同我剪断这布匹一样。有德行的人学习是为了增长知识，提高能力，树立好的名声，这样平时才能安宁，做起事来才可以避免祸害。你年纪小的时候荒废了学业，将来就免不了要做下贱的劳役，而且很难避免祸患。"

孟子还是不明白其中的道理，感到学习与织布不是一回事。孟母就继续说道："织布与学习是一样的道理。织布如果半途而废，就不可能织出一匹完整的布匹，就不能用来做被子、做衣服。种田如果半途而废，就不可能生产出粮食，就不能养家糊口。学习如果半途而废，就不可能增长学问和修养德行，最后就会出现不做强盗小偷就做奴隶的悲惨后果。"

孟子听了母亲的教诲，深感惭愧，开始明白其中的道理。从此以后，孟子就把孔子的孙子子思当作老师，从早到晚勤奋学习，发愤用功，丝毫不敢松懈，终于成为有大学问的人，被后人称为仅次于孔子的"亚圣"。孟母也成为做母亲的楷模，世代传颂。

25.孟子舍生取义称亚圣

孟子（前 372～前 289），名轲，字子舆，战国时期邹国（今山东省邹城市）人。孟子是我国古代著名思想家、政治家、教育家，战国时期儒家代表人物，著有《孟子》一书。孟子继承并发扬了孔子的思想，成为仅次于孔子的一代儒学宗师，有“亚圣”之称，与孔子合称为“孔孟”，儒家学说也因此被称为“孔孟之道”。

孟子继承了孔子“杀身成仁”的观点，提出了“舍生取义”的思想，对后世产生很大影响。

孟子说：“为了大义，我们可以牺牲自己的生命。鱼是我想要的，熊掌也是我想要的，如果这两种东西不能同时都得到的话，那么我就只好放弃鱼而选取熊掌了。生命是我所喜爱的，大义也是我所喜爱的，如果这两样东西不能同时都具有的话，那么我就只好牺牲生命而选取大义了。生命是我所喜爱的，但我所喜爱的还有胜过生命的东西，所以我不做苟且偷生的事；死亡是我所厌恶的，但我所厌恶的还有超过死亡的事，所以有的灾祸我不躲避。”

孟子认为，决不能为了优厚的俸禄、安逸的生活而丧失大义。有的人见了“万钟”的优厚俸禄却不分辨是否合乎礼义就接受了。这样，优厚的俸禄对我有什么好处呢？是为了住宅的华丽、妻妾的侍奉和让熟识的穷人感激我吗？先前为了“大义”宁肯死也不愿接受施舍，现在为了华丽的住宅却接受了；先前为了“大义”宁肯死也不愿接受施舍，现在为了妻妾的侍奉却接受了；先前为了“大义”宁肯死也不愿接受施舍，现在为了让熟识的穷人感激自己却接受了。这种做法不是可以让它停止了吗？这就叫作丧失了人所固有的羞恶廉耻之心。

几千年来，人们常用孟子提出的“舍生取义”精神鼓励自己和他人为了正义事业而不怕牺牲、英勇奋斗。

26.孟子善养浩然之气

孟子提出的“浩然之气”和“大丈夫”人格对中华民族文化心理的形成产生了重大影响。

孟子提出了善养“浩然之气”的思想。孟子说，这种浩然之气“至大至刚”，能够“塞于天地之间”。浩然之气作为一种气，最广大、最刚强，用正义来培养它而不加损害，就会充盈于天地之间。浩然之气与义和道相匹配，没有它们，义和道就没有力量。浩然之气是义在内心积累起来而产生的，如果内心感到愧疚，就不会产生浩然之气。

一个人有了浩然之气，就能够成为“大丈夫”。孟子把自己追求的理想人格称为“大丈夫”。有一次，弟子问孟子说：“公孙衍、张仪难道算不上大丈夫吗？他们位居多国要职，发起怒来诸侯都恐惧不已，他们平静下来天下也就太平了。”孟子不屑一顾地说：“他们哪里能称为大丈夫呢？”在孟子看来，保持自我和完善人格才是理想中的大丈夫。大丈夫应该住在天下最宽广的住宅里，站在天下最正确的位置上，走在天下最光明的大道上。金钱、地位不能使大丈夫迷惑腐化，贫苦、穷困不能改变大丈夫的志向，权势、武力不能让大丈夫屈服变节，即“富贵不能淫，贫贱不能移，威武不能屈”。只有人格独立才能不做那些自己不该做的事，才能不贪图那些自己不该要的东西，才能仰起头来对天不愧疚、低下头去对人不愧疚。

孟子认为，一个人只有在逆境中奋斗，才能激发出强烈的进取精神，才能养成“浩然之气”，才能成为顶天立地的“大丈夫”。他说：“故天将降大任于斯人也，必先苦其心志，劳其筋骨，饿其体肤，空乏其身，行拂乱其所为，所以动心忍性，增益其所不能。”人只有在忧患中才能生存，贪图安乐就必然会导致灭亡，即“生于忧患，死于安乐”。

27.孟子做事贵专心

战国时期，齐宣王曾经想聘请孟子为客卿，做治国理政的帮手，但又不愿意实行孟子主张的“仁政”。因此，孟子就推辞掉了这个职务。别人认为是孟子嫌齐王不聪明而不愿意辅佐他，孟子便给大家讲了一个专心致志的小故事。

弈秋是全国最会下棋的人，有两个人慕名前来请弈秋教他们下棋。其中一个人认真学棋、练棋；而另一个人呢，上课时虽然好像也在听讲，可是脑子里总想着天上会有大雁要飞过来，想着怎样拿弓箭去射它，想着烤肉的味道会有多么鲜美。由于总是胡思乱想，心不在焉，后者对老师的讲解一点也没听进去。

这样一起学了很长时间，虽然他们两人拜同一个人为老师，每天一起学习，可学习的效果却大不一样，一个成了棋坛高手，一个却没学到什么本事。

孟子讲完这个故事后，接着说："你们认为这是他的聪明才智不如前一个人吗？——不是这样的，只是因为他不够专心致志罢了。齐王也是这样啊，他不能认真地、专心地听从我的意见，我的思想对他不起作用，所以我才不愿辅佐他，才辞别他离开齐国的呀。"

成语"专心致志"由此而来，形容做事情的时候要一心一意，聚精会神，否则就会一事无成。

28.孟子反对一曝十寒

战国时代，百家争鸣，游说之风盛行。游说之士不但要有高深的学问、丰富的知识，还要学会运用深刻生动的比喻，才能讽劝执政者，取得理想的效果。

孟子也是一个著名辩士，在讽刺劝谏齐王的时候，他讲了一个"一曝十寒"的故事。

孟子对齐王的昏庸、做事不能坚持到底、轻信奸佞谗言很不满，便不客气地对他说："大王也太不明智了，天下虽有生命力很强的生物，可是你把它放在阳光下晒一天，又放在阴寒的地方冻十天（'一日曝之，十日寒之'），它哪里还能存活呢！我跟大王在一起的时间是很短的，大王即使有了一点从善的决心，可是我一离开，那些奸臣又来哄骗你，你又会听信他们的话，让我怎么办呢？"接着，孟子讲了一个生动的比喻："下棋看起来是件小事，如果不专心致志，也同样学不好、下不赢。奕秋是全国最善下棋的能手，他教了两个徒弟，其中一个专心致志，处处听奕秋的指导；另一个却老是想着有大雁飞来，准备用箭射大雁。两个徒弟是一个师傅教的，一起学的，然而后者的成绩却差得很远。这不是他们的智力有什么区别，而是专心的程度不一样啊。”

我们要学习一样东西、做好一件事情，非专心致志、下苦功夫不可。若是今天做一些，把它丢下了，隔上几天再去做，事情怎么会做好呢？人们便将孟子所说“一日曝之，十日寒之”简化为“一曝十寒”这个成语，用来比喻求学、做事没有恒心，作辍无常，最终就会一事无成。

29.韦贤教子帷一经

韦贤（约前148～前67），西汉时期鲁国邹（今山东省邹城市）人，著名经学家，号称“邹鲁大儒”。《三字经》中的“人遗子，金满籯；我教子，惟一经”讲的就是韦贤不给后代留财富、教育后代读经书的故事。

韦贤学识渊博、满腹经纶，曾被朝廷征召为博士，又升迁为光禄大夫（掌管议论之职）、詹事（掌管皇后、太子家事）、大鸿胪（掌管礼宾事务）。后任丞相，封扶阳侯。韦贤为人质朴，淡泊名利，专心致力于学术研究，通晓《周礼》《尚书》等儒家经典，用《诗经》教育学生。韦贤退休时，皇帝赏赐了一百斤黄金，他全部赠送给邻居和亲友，一分不留。

别人问他为什么不给子孙留些财产。他说：“遗子黄金满籯，不如教子一经。”

在韦贤的榜样作用和教育下，他的几个孩子都成为有用之才。长子任县令，次子为东海太守，三子留在家乡看守家园，最小的儿子和他一样，因精通经书官至丞相。所以当时邹鲁一带有一句俗谚说：“遗子黄金满籯，不如教子一经。”意思是说：遗留给后代子孙满箱的金子，不如教导他们研读一部经书。因为如果能好好教育子孙，让他们懂事明理，学得一技之长，便有自立的能力。要不然，子孙不读书，不求长进，即使有再多的黄金，也会有用完的一天。到时候，只有穷困潦倒一条路了。

后人编写启蒙读物《三字经》的时候，就把韦贤教子有方的故事概况为：“人遗子，金满籯；我教子，惟一经。”

30.匡衡凿壁偷光成大器

匡衡，生卒年月不详，西汉后期东海郡（今山东省邹城市）人，著名经学家，尤其精通《诗经》。当时人说，匡衡解说《诗经》，能使人眉头舒展、心情舒畅。可见匡衡对《诗经》理解之深、讲授之精。后来，匡衡被封乐安侯，代行丞相职权，辅佐皇帝，总理全国政务，成为因精通儒家典籍而位极人臣的典型。

“凿壁偷光”这个成语说的就是匡衡小时候勤奋好学的故事。

匡衡小时候很想读书，可是因为家里穷，没钱上学。后来，他跟一个亲戚学认字，才有了看书的能力。

匡衡买不起书，只好借书来读。那个时候，书是非常贵重的，有书的人不肯轻易把书借给别人。匡衡就在农忙的时节，给有钱的人家打短工，不要工钱，只求人家借书给他看。

过了几年，匡衡长大了，成了家里的主要劳动力。他一天到晚在地里干活，只有中午歇晌的时候，才有时间看一点书，所以一卷书常常要十天半月才能够读完。匡衡很着急，心里想：白天种庄稼，没有时间看书，我可以多利用一些晚上的时间。可是因为家里很穷，买不起点灯的油，怎么办呢？

有一天晚上，匡衡躺在床上背诵白天读过的书。背着背着，突然看到东边的墙壁上透过来一线亮光。他腾地站起来，走到墙壁边一看：啊！原来从壁缝里透过来的是邻居家的灯光。于是，匡衡想了一个办法：他拿了一把小刀，把墙缝挖大了一些。这样，透过来的光线也更亮了，他就凑着透进来的灯光，读起书来。

匡衡就是这样刻苦学习，终于成为一个很有学问的人。“凿壁偷光”的故事也流传了下来，激励后人发愤读书。

31.第一代衍圣公孔宗愿

孔宗愿，生卒年月不详，字子庄，孔延泽之子，孔子四十五代孙，四十五代文宣公孔圣佑的从弟。孔圣佑 35 岁去世，没有儿子，孔宗愿承袭爵位。北宋仁宗年间，孔宗愿以其从父孔道辅之功，补太庙斋郎。后授国子监主簿，袭封文宣公，知仙源县事(宋代曲阜县曾改为仙源县)。

孔子嫡孙的封号很多，从汉至宋先后有奉祀、褒成侯、奉圣亭侯、崇圣侯、褒圣侯、文宣公等十多个。宋仁宗至和二年(1055 年)，朝臣上奏皇帝，提出“文宣”系孔子谥号，不宜再加封后世。遂将孔宗愿改封为“衍圣公”，世袭罔替，并正式建造了衍圣公府(孔府)。孔宗愿就是历史上第一位衍圣公。衍圣公这一封号，从孔宗愿开始，历经宋、金、元、明、清、民国，直至 1935 年国民政府改封衍圣公孔德成为“大成至圣先师奉祀官”为止，共计 31 代，历 880 年。

孔子嫡系子孙居住的孔府位于孔庙的东侧。北宋时封孔宗愿为世袭“衍圣公”，孔府也改称“衍圣公府”。现在的孔府基本上是明、清两代的建筑，包括厅、堂、楼、轩等 463 间，共九进院落，是一座典型的中国贵族之家。大门上写着“与国咸休，安富尊荣公府第；同天并老，文章道德圣人家”的对联，彰显了“天下第一人家”的霸气。

孔府鸟瞰图

孔子后世一般都要按照字辈取名，否则不准入家谱。字辈的字最早是明太祖朱元璋钦定的 10 个字，后来，崇祯皇帝又钦定 10 个字，清朝乾隆皇帝又钦定 10 个字。民国时期，76 代衍圣公孔令贻又续定 20 个字，报经北洋政府批准，由北洋政府下令各省县将这 50 个字布告周知。这就是孔家从第 56 代至第 105 代的字辈：

希言公彦承　宏闻贞尚衍
兴毓传继广　昭宪庆繁祥
令德维垂佑　钦绍念显扬
建道敦安定　懋修肇益常
裕文焕景瑞　永锡绪世昌

因此，尽管孔子后裔人数众多，相互不认识，但只要根据名字，就可以确定辈分。《孔子世家谱》详细记载了孔府各支的发展谱系，支脉清楚，实为举世珍宝。

孔府大门

三、灿若繁星的历史名人

在济宁数千年的历史发展长河中，孕育了大批杰出人物，如政治家郑文公、丙吉，军事家曹刿、檀道济，史学家左丘明，文学家孔尚任，医学家王叔和，农民水利家白英……他们像满天的星斗，照耀着圣地济宁，照耀着中华大地。

1.宋国开国之君微子启

微子，子姓，宋氏，名启，因最初被周武王封在微，故后世称“微子”“微子启”，死后葬在微山县微山岛。微子启是宋国开国国君，商王帝乙的长子、纣王帝辛的长兄。

微子启同母兄弟共有三人，启是长兄，中衍（宋微仲）居中，受德（帝辛）最小。微子启的母亲生启和中衍的时侯还是妾的身份，成为正妻后生下了受德。根据当时的继承制度，微子没有成为商王的继承人，而由受德继位，是为帝辛，后世称为“商纣王”。商纣王是历史上有名的暴君。

微子多次劝谏帝辛，见“纣终不可谏”，便与太师箕子、少师比干商量。箕子认为，“今诚得治国，国治身死不恨；为死，终不得治，不如去”。后来，比干被商纣王刨开胸膛杀死；箕子假装颠狂，被当作奴隶关押起来；微子离开国都，逃往外地。周武王灭商后，微子持祭器造访武王军门，肉袒面缚，左牵羊，右把茅，膝行而前，向武王说明自己远离帝辛的情况。周武王很受感动，乃释其缚，“复其位如故”，仍为卿士。孔子称赞他们说：“微子去之，箕子为之奴，比干谏而死，殷有三仁焉。”

周灭商后，奉行“灭人之国不绝人之祀”的传统，先封启于微。周武王去世后，周成王年少，周公旦代掌国政。管叔鲜、蔡叔度怀疑周公有篡位之心，跟帝辛之子武庚一起作乱，计划袭击周成王、周公。周公奉周成王之命诛武庚，杀管叔，流放蔡叔，命微子启代殷后，爵位公，改封启于商朝发源地、旧都商丘，建立宋国，负责治理商朝遗民，并作《微子之命》加以训诫。后世因之又称其为“宋微子”。微子成为宋国的始祖后，贤能仁爱，殷商遗民都很拥护他。

微子死后葬于微山岛，现有微子墓、微子祠。

微山岛上的微子墓

2.舍己为民的邾文公

现在的邹城市在春秋时期属于邾国。当时，大国争霸，战争频繁，势单力薄的邾国夹在齐、楚、宋、鲁之间，经常受到战争威胁，尤其受鲁国的威胁更大，随时都有覆灭的危险。

邾文公（前？～前 614），名籧篨，是邾国比较有作为的国君之一，以德政著称。公元前 614 年春，邾文公为了国家的安全，打算迁都，把都城从訾娄（今山东省邹城市张庄镇大律村一带）迁到地理位置优越的峄山之阳（今邹城市峄山南面）。峄山之阳形势险要，易守难攻；周围河流纵横，适合发展农业生产。

按照当时的惯例，国家在做重大决策前都要占卜，以测吉凶。邾国进行了占卜，史官对卜辞的解释很简单，只有一句话："利于民，不利于君。"

当时人们普遍迷信，对于占卜的结果深信不疑。卜辞上说，迁都有利于民，但是有害于君，会使君主短命。士大夫和平民百姓深感邾文公的政德，非常担心他的身体，纷纷劝阻迁都。邾文公却说，上天生有百姓，然后为他们设置君主。设置君主就是为了替百姓谋利，只要对百姓有利，就是对我有利。我的生命是用来为百姓服务的，那么寿命的长与短，又有什么关系呢。迁都对百姓有利，我也就获大利了。邾文公毅然决然将国都由訾娄迁至峄山之阳。

不久，邾文公真的病死了。邾文公把人民利益放在个人利益之上，只要对人民有利，虽然有可能影响自己的生命也在所不惜。这种精神是难能可贵的。

邾文公迁都后，减轻了战乱威胁，邾国经济得到迅速发展。定都峄山之阳，也奠定了邹县古代行政区划的基础。后人为了颂扬邾文公迁都的历史功绩，在峄山建立了邾文公祠，供后人奉祀。

邹城峄山上的邾文公祠

3.史家开山鼻祖左丘明

左丘明（？～前452），春秋末期鲁国人，与孔子生活在同一时代而稍晚于孔子，长期担任鲁国史官，著有《左传》和《国语》，被称为“史家开山鼻祖”。

西汉的史学家司马迁曾经说过一段很有名的话，赞扬了在逆境中奋发向上的历史伟人："文王拘而演《周易》；仲尼厄而作《春秋》；屈原放逐，乃赋《离骚》；左丘失明，厥有《国语》；孙子膑脚，《兵法》修列；不韦迁蜀，世传《吕览》；韩非囚秦，《说难》《孤愤》；《诗》三百篇，大抵贤圣发愤之所为作也。"其中第四句讲到了左丘明在眼睛失明的情况下坚持撰写《国语》的故事。

左丘明晚年，因患眼疾，辞掉了史官之职。还乡时，他除带回大量史料外，还带回银杏一株、桑苗一捆，决意耕读传家。他亲手植下银杏，开垦了桑园，忙时种庄稼和蔬菜，闲时教书著述。与此同时，他的眼疾也越来越重，不久即双目失明。这对于长期与史籍为伴的左丘明来说是一个沉重的打击。面对混沌一片，他曾一度绝望，拒绝谈论历史和书籍。但是很快理智战胜了忧伤，强烈的使命感使他重新振作起来。左丘明决心在有生之年将其所收集的史料整理出来，留给后人。于是，他把几十年来听到、见到的诸侯各国的政闻要事及君臣谋议得失之词，口述给子孙，记录下来，汇集成册，写成了我国现存最早的国别体史书——《国语》。

左丘明编撰的《国语》具有很高的史料价值，与相传孔子编撰的《春秋》一起成为记录我国春秋时期历史的两部最重要的著作。

左丘明在双目失明的情况下发愤著述的事迹激励司马迁撰写了《史记》，也感动了千千万万的后人。

4.奴隶起义领袖柳下跖

柳下跖，生卒年月不详，姓展，名雄，春秋时期鲁国（今山东省曲阜市吴村镇柳庄村）人。柳下跖是一位英勇善战、智勇双全的英雄，领导了我国奴隶制时代最著名的一次奴隶起义，因而在古籍中被统治者诬为"盗跖"。

约公元前475年，柳下跖领导的奴隶起义爆发，在短短的时间内就发展到近万人，史称"柳下跖起义"。他率领起义军转战黄河流域，惩恶扬善，杀贵族，救奴隶，攻城池，没收奴隶主的财物，所到之处，各诸侯国望风披靡。他追求“耕田而食，织布而衣，人人没有相害之心”的平等社会，得到人民的拥护。起义军的活动范围由泰山以南的鲁国，波及晋国、齐国的局部地区，沉重打击了奴隶主的统治，推动了我国历史从奴隶制向封建制的转变。由于奴隶主统治阶级的镇压，起义失败，柳下跖在战斗中壮烈牺牲。

柳下跖起义规模之大，时间之长，范围之广，影响之深，是空前的。《荀子》一书称颂柳下跖的形象像太阳和月亮在天上行走一样人人看得见，柳下跖的名声与舜帝和大禹一样万古流传。

毛泽东主席在《贺新郎·读史》中也称赞柳下跖与农民起义领袖陈胜一样流芳百世，为人民所敬仰：“盗跖庄蹻流誉后，更陈王奋起挥黄钺。”

5.军事理论家曹刿

曹刿，生卒年月不详，春秋时鲁国大夫，著名的军事理论家。齐国大举进攻鲁国的时候，曹刿协助鲁庄公，依靠人民的支持，一鼓作气打败齐军，又乘胜追击，大获全胜。这就是古代著名的以少胜多的长勺之战。

公元前684年春天，齐国调动大军攻打鲁国。鲁庄公准备迎战。曹刿请求拜见鲁庄公。他的同乡说：“当权的人自会谋划这件事，你又何必参与呢？”曹刿说：“当权的人目光短浅，不能深谋远虑。”

曹刿于是入朝去见鲁庄公，问道：“您凭借什么对齐国作战？”鲁庄公说：“衣食这一类养生的东西，我从来不敢独自专用，一定把它们分给身边的大臣。”曹刿回答说：“这种小恩小惠不能遍及百姓，老百姓是不会顺从您的。”鲁庄公说：“祭祀用的猪牛羊和玉器、丝织品等祭品，我从来不敢虚报夸大数目，一定对上天说实话。”曹刿说：“小小信用，不能取得神灵的信任，神灵是不会保佑您的。”鲁庄公说：“大大小小的诉讼案件，即使不能一一明察，但我一定根据实情合理裁决。”曹刿回答说："这才是尽职为百姓办事，可以凭借这个条件打一仗。如果作战，请允许我跟随您一同去。"

到了打仗的那一天，曹刿和鲁庄公同坐一辆战车。在长勺这个地方，鲁国与齐国的军队摆开阵势，一场大战即将开始。鲁庄公将要下令击鼓进军。曹刿说："现在不行。"等到齐军三次击鼓之后，曹刿才说："可以击鼓进军了。"齐军大败。鲁庄公又要下令驾车马追逐齐军。曹刿说："还不行。"说完就下了战车，先察看齐军车轮碾出的痕迹，又登上战车，扶着车前横木远望齐军的队形，这才说："可以追击了。"于是追击齐军，鲁国大获全胜。

打了胜仗后，鲁庄公问他取胜的原因。曹刿回答说："作战，靠的是士气。第一次击鼓能够振作士兵们的士气，第二次击鼓士兵们的士气就开始低落了，第三次击鼓士兵们的士气就耗尽了。齐军的士气已经消失而我军的士气正旺盛，所以才战胜了他们。像齐国这样的大国，他们的情况是难以推测的，怕他们设有伏兵。后来我看到他们的车轮痕迹混乱了，望见他们的旗帜倒下了，所以才下令追击。"

曹刿凭借高超的谋略，敢于迎战强大的对手，并最终战而胜之，表现出杰出的政治远见和卓越的军事才能。

6.乐观达人荣启期

荣启期（前571～前474），字昌伯，春秋时期郕国（今山东省济宁市汶上县）人，我国古代音乐家。同时，他还是一位乐观主义者。

有一次，荣启期遇到了前来游览的孔子，两人交谈起来。孔子看到荣启期穿着粗陋破旧的衣服，腰里系着用草绳做成的带子，一边弹琴，一边高声歌唱，显得悠然自得，就很好奇地问："先生，您如此快乐，是为什么呢？"荣启期回答说："我的快乐简直太多了，最主要的就有三件大的快乐事。上天孕育了世间万物，却只有人最高贵，而我生而为人，这是人生第一大快乐事；人生来就有男女之分，到世上又有男尊女卑之别，我能生来作为男子，这是人生的第二大快乐事；人生下来有的在幼年时就夭折了，不能长大成人，而我已经活了九十多岁，仍然身体健康，这是人生的第三大快乐事。另外，贫穷是士人的本色，死亡是人生的终点，世间有什么事情可忧愁呢？世间的人烦恼太多，只是因为他们追逐名利，贪图富贵，才终日不得安宁。”

孔子听完荣启期的话，深有感触，叹息道：“好啊！先生是胸襟开阔，能自我宽解的人啊。世间有几个人能够达到先生这样的思想境界呢？”

后来，人们用“荣公三乐”这一典故来形容一个人处世达观，不以贫富、贵贱、生死为念。荣启期因此称得上是一个真正懂得生命价值的有智慧的乐观达人。

7.有勇有谋的卞庄子

卞庄子，生卒年月不详，春秋末期鲁国卞邑（今山东省济宁市泗水县泉林镇卞桥村）人，少年时有胆气有谋略，一个人敢于同两只老虎搏斗。“坐山观虎斗”的谚语就来源于卞庄子刺虎的故事。

一天，卞庄子来到一座山脚下，发现两只老虎正在撕咬一头牛，便要冲上去刺杀老虎。这时候，旅店的主人制止了他，说：“两只老虎正在联合起来攻击一头牛，如果这时候你冲上去，两只老虎就会舍弃那头牛一起攻击你。你纵然有力气与两只老虎搏斗，也没有必胜的把握，不如等待一会。两只老虎杀死那头牛后，就会争抢食物，由联合关系变成对手。两虎相争必有一伤，争斗的结果是力量大的老虎受伤，力量小的老虎死去。这时候，你再去刺杀受了伤的老虎，就会容易得多。”

卞庄子认为他说得对，就站在旁边，静静地观看。果然如旅店主人所言，两只老虎咬死那头牛之后，为争夺美味互相打斗起来，不一会儿，大老虎负了重伤，而小老虎死去了。这时候，卞庄子一跃而起，用力把宝剑刺向那只受伤的大老虎，结束了它的性命。

卞庄子一个举动就获得刺杀两只老虎的功劳，被人们津津乐道。孔子听说这件事后，也教育弟子们要向卞庄子学习，做一个有勇有谋的人。

卞庄子刺虎处——泗水卞桥（两幅）

8.尊师重道数子贡

子贡（前520～前456），姓端木，名赐，字子贡，孔子的得意门生，以言语犀利、善于雄辩闻名，并且办事通达，曾任鲁国、卫国之相。他还精通经商之道，提倡“君子爱财，取之有道”，是孔子弟子中的首富、我国最早的儒商、民间信奉的财神。

子贡十分尊敬自己的老师孔子，在各种场合都特别注意维护老师的尊严。

有一天，赵国的大臣赵简子问子贡道："孔子的为人怎么样？"子贡说："让人认识不了。"赵简子不高兴了，说："你跟随孔子学习了几十年，学成了才离开他。现在我问你，你却说认识不了，这是为什么？"子贡回答说："如果让一个非常渴的人到江海里去喝水，他也只能喝下他能喝的那一点水，而孔子就像江海一样，让我如何能认识他呢？"

孔林子贡庐墓处

还有一次，齐国国君齐景公问子贡说："你的老师是谁？"子贡说："我的老师是孔子。"景公问："孔子这个人是个贤人吗？"子贡说："是个贤人。"齐景公又问道："有多贤？"子贡说："不知道。"齐景公说："你知道孔子贤，却不知道有多贤，这其中有问题吧？"子贡说："大人、小孩，聪明的人、愚蠢的人都知道天高，可到底天有多高呢？谁也不知道，所以我说孔子贤却不知道有多贤。"

从这两件事中，可以看出子贡多么尊敬老师，也反映了鲁国民风的淳朴。

9.子贡赎人受批评

当时的鲁国有个规定，凡是到国外旅行的人，看到有鲁国人在外国被卖为奴隶的，可以花钱把他赎出来，回到鲁国后，到国库去报账，由国家承担各项费用。

孔子有一个学生叫子贡，到国外做生意的时候看到有一个鲁国人沦为奴隶，就花钱把他赎了出来。回到鲁国后，子贡没有到国库去报账，人们都说子贡这个人品格高尚。孔子知道后，却不以为然，而是责备子贡，说他做错了。人们很奇怪，问道："您的学生子贡做了好事，赎了人，又不去报账，不是很好吗？"

孔子回答说："问题不能这样看，子贡这个做法，实际上妨碍了更多的奴隶被赎出来。子贡回来后没有去报账，将来别人看见做奴隶的鲁国人，本想赎他出来，又想，我赎了以后，如果去报账，别人就要议论：以前某某人不报账，你去报账，你的品格不如他。这样，这个人就可能装作没看见，不去赎人了。因此，子贡的这个做法实际上就妨碍了更多的鲁国奴隶被赎买出来，是有害的。"

人们听了，都觉得孔子说得有道理。

子贡做好事不去国库领钱受到孔子的批评，另一个学生子路救人后接受了别人送的一头牛却受到了孔子的表扬。

有一个人掉到水里去了，子路跳下去，把人救了起来。被救人的家属为了表示感谢，送给子路一头牛，子路收下了。人们议论说："下水救人还要人家的牛？太不应该了。"

孔子知道了，却肯定了子路的做法，表扬了他。孔子说："子路做得很对，这样会使更多的落水人获救。救了人之后，人家给钱、给财物，是可以收下的，以后再有人落水时，就会有更多人愿意舍身相救了。"

从子贡赎买奴隶不报账受批评和子路接受别人的牛受表扬两个故事中可以清楚地看出孔子不同于凡人的思想：做事情不能只看表面

现象，而要看客观效果。

10.仲子路虚心受教

仲由(前 542～前 480)，字子路，又字季路，春秋末期鲁国卞邑(今山东省济宁市泗水县泉林镇卞桥村)人。在孔门弟子中，子路以政事见称，是十哲之一，也是《二十四孝》中“为亲负米”的主角。

仲由小孔子 9 岁，为人正直，性格鲁莽，好勇力，事亲至孝。除学诗、礼外，还为孔子赶车，做侍卫，跟随孔子周游列国，深得器重，是孔子最得意的弟子之一。

仲由跟随孔子的时间长，接受的教诲多，进步也较快。下面记述的是仲由接受孔子教育的一个故事。

有一天，仲由穿着华丽的衣服来见孔子。

孔子看到之后说：“仲由啊，你穿得这么华丽是为了什么呢？在长江水从高高的山上刚刚流出来的时候，连一个酒杯都无法漂起来；到了长江入海口，水势浩大，过河时，两条大船要并列航行都很困难，而且在有风的情况下还无法渡过。”

仲由问：“敢问夫子说的是什么意思？”

孔子说：“长江是一条源远流长的大河，它的水势一开始并不大，后来因为逐渐地接纳众多的水流，才成为一条大河。你现在穿的衣服这样华丽，简直华丽到无以复加的地步，天下人还有谁能够再给你增添点什么呢？”

仲由觉得孔子所说的话有道理，急忙跑到外面，换了一身旧衣服才回来，并且对孔子表现出很恭敬有礼的样子。

孔子看到子路还不是很明白他所说的道理，就接着说：“仲由啊，你要记住：说话谨慎的人不会虚夸浮华，行为谨慎的人不会把功劳据为己有，表面上很聪明而自以为了不起的人必然是小人。因此，君子应该知道就说知道，不知道就说不知道，这是说话的要领；能够做到的事就说能做到，没有能力做到的就说做不到，这是做事的要领；说话的时候能够简明扼要，是智慧的体现；做事简练不生枝节，是仁德的体现。如果既有智慧，又有仁德，还有什么问题可说呢？”

仲由听后，受到很大震动，认识到谦虚的重要意义，在学习、处事的时候，变得谦虚谨慎了，终于成为一位在政事方面有建树的人才。

11.闵子骞芦衣顺母

闵子骞（前536～前487），名损，字子骞，春秋末期鲁国棠邑（今山东省济宁市鱼台县王鲁镇大闵村）人，孔子弟子，在孔门中以德行与颜回并称，为“七十二贤人”之一。元朝编撰的《二十四孝图》中，闵子骞排在第三，记载的是“芦衣顺母”的故事。

闵子骞年少时母亲去世了，父亲娶了继母，又生了两个弟弟。继母是个偏心眼的人，对自己亲生的孩子百般疼爱，对闵子骞却漠不关心。可是，在丈夫面前，继母却装出一副慈母的模样，表示照顾闵子骞比亲儿子还好。

有一年冬天，继母给闵子骞做棉袄，里面放的全是不值钱的芦花，看起来挺厚，其实一点都不暖和；她给自己的两个亲生儿子棉袄里放的是丝绵，看上去很薄，其实比芦花要暖和得多。闵子骞从不计较这些。一次，父亲坐车带他们兄弟三个外出，让闵子骞在前边执鞭赶车。闵子骞在寒风中冻得瑟瑟发抖，失手把缰绳掉到地上，马车失去了控制。父亲见到这种情形很生气，说：“你这个孩子真没出息，穿得这么厚还打哆嗦！看你两个弟弟，棉袄比你的薄，也没像你似的冻成这个样子。”父亲越说越生气，夺过马鞭子便向闵子骞身上抽去。这一鞭下去把棉袄抽破了，里面飞出来的尽是芦花，父亲再捏捏另外两个儿子的棉衣，心里全明白了。父亲知道自己冤枉了闵子骞，也看出了妻子不贤惠，决定休了她。

回到家里，父亲把继母训斥了一通，又拿出写好的休书，让她离开这个家。闵子骞一听，扑通一声跪在地上，含着眼泪哀求父亲不要休了继母。他说："母在一子单，母去三子寒。"意思是继母在家里，只是自己一个人孤单，如果休了继母，自己和两个弟弟有可能落到另一个继母手里，两个弟弟将来会像自己一样受苦。闵子骞的话劝阻了父亲，也感动了继母，夫妻和好如初。从此以后，继母对三个孩子也一样看待了。

孔子听到这件事后称赞说："闵子骞真是个孝子啊！他的父母兄弟都说他孝，别人听了，也从没有什么非议，认为说得对，这就说明他是真心孝顺父母。"

孔子去世后，闵子骞回到家乡鱼台设馆授徒，与孔子的另外两个弟子宓子贱、樊子迟相距很近，被人们称为"五里三贤"。在闵子骞芦衣顺母精神的感召下，鱼台县成为全国有名的孝贤故里。

闵子骞芦衣顺母

12.闵子骞做官不为私

闵子骞的德行传遍了鲁国，鲁国国君就把闵子骞派到费邑担任地方长官。闵子骞在费邑行仁政，施德治，不出一年，费邑发生了很大的变化，人民安居乐业，社会秩序稳定，达到了路不拾遗、夜不闭户的理想境界。

到了秋天，刚刚收获了秋粮，鲁国权臣季氏的家臣阳虎便赶来催缴赋税。

闵子骞说："官税刚刚收了一部分，等收齐后我亲自送到国库里去。"

阳虎摆摆手，说："费邑是季氏的私邑，官税直接交给季氏就行啦。"

闵子骞是个实在人，不由地问道："我生在鲁国，长在鲁国，如今又担任费邑宰，怎么从没听说过费邑是私人的封地呢？"

阳虎不耐烦地说道："鲁定公以弟继承兄位，也是不合理的，这都是季氏拥戴他的结果。如今国家大权掌握在季氏手中，这费邑还不是季氏家的吗？"

闵子骞劝父砖雕

闵子骞听了，憋了一肚子气，自己全心全意治理费邑，原以为是替国家出力，没想到干来干去竟是为私人卖命，于是决定辞去官职。他在辞呈中假说父亲年高体弱，老病缠身，要归家侍候老父，以尽孝道。因忠孝不能两全，所以要辞去费邑宰的职务。

鲁君闻知，连忙派人劝阻，但闵子骞主意已定，坚辞官职。不待鲁君批准，就匆匆离任，回到老家鱼台，隐居起来，以教书为生，再也没有出来当官。

13. 宓子贱闹剧谏鲁君

宓子贱（前521～前445），春秋末期鲁国人，孔子的学生。宓子贱有才智，讲仁爱，鲁国国君任命他担任单父（今山东省菏泽市单县）宰，治理单父这个地方。

为了让国君意识到身边小人造谣诬陷地方官，从而离间君臣关系的危害，宓子贱自编自演了一出闹剧，收到了很好的效果。

宓子贱接受国君的任命，风尘仆仆地赶到单父。当地的大小官吏都前来拜见。宓子贱叫两个副官拿记事簿把参拜官员的名字登记下来，这两人遵命而行。当两个副官提笔书写来者姓名的时候，宓子贱却在一旁不断地用手去拉扯他们的胳膊肘儿，使两人写的字一塌糊涂，不成样子。等前来贺拜的人已经云集殿堂，宓子贱突然举起副官写得乱糟糟的名册，当众把他们狠狠地训斥了一顿。宓子贱故意滋事的做法使满堂官员感到莫名其妙、啼笑皆非。两个副官受了冤屈、侮辱，心里非常恼怒。事后，他们向宓子贱递交了辞呈。宓子贱不仅没有挽留他们，而且火上浇油地说："你们写不好字还不算大事，这次你们回去，一路上可要当心，如果你们走起路来也像写字一样不成体统，那就会出更大的乱子！"

两个副官回去以后，满腹怨恨地向鲁君汇报了宓子贱在单父的所作所为。他们以为鲁君听了这些话会向宓子贱发难，从而可以消解自己心头的积怨。然而这两人没有料想到鲁君竟然负疚地叹息道："这件事既不是你们的错，也不能怪罪宓子贱。他是故意做给我看的。过去他在朝廷为官的时候，经常发表一些有益于国家的政见。可是我左右的近臣往往设置障碍，阻挠其政治主张的实现。你们在单父写字时，宓子贱有意掣肘的做法实际上是一种隐喻。他在提醒我今后执政时要警惕那些专权乱政的臣属，不要因轻信他们而把国家的大事办糟了。若不是你们及时回来禀报，恐怕今后我还会犯更多类似的错误。”

鲁君说罢，立即派亲信前往单父，向宓子贱转告国君的命令，说：“鲁君让我转告你，单父全权交给你管理。凡是有益于单父发展的事，你可以自主决断。你每隔五年向鲁君汇报一次就行了。”

宓子贱不过多地干涉人民群众的生活和生产，每天弹琴娱乐，悠然自在，很少走出公堂，却把单父治理得井井有条。这种用礼乐教化人民的做法被后人称为“鸣琴而治”，是儒家追求的治国理政的理想境界。因此，司马迁在《史记》中写道：“子产治郑，民不能欺；子贱治单父，人不忍欺；西门豹治邺，人不敢欺。”

14.宓子贱做官有三得

有些人认为做官会耽误学业，甚至因此不愿当官，宓子贱却不这样看，他总结的做官有三得的感受令人耳目一新。

孔子有一个侄儿叫孔蔑，与宓子贱同时在鲁国做官。

这天，孔子路过孔蔑当官的地方，见面后问道：“从你做官以后，有何收获？有何损失？”孔蔑说：“从我做官后，没有什么收获，却有三种损失：一是公事缠身，学过的知识没时间温习，因而学习难以融会贯通；二是俸禄太少，不足以接济亲戚，亲戚们因而日益疏远；三是公务繁忙急迫，常挤不出时间为死者吊丧或探望病人，朋友间也因而日渐疏远。”孔子听后心情不悦，起身前往宓子贱之处，见面后，他把问孔蔑的话照样拿来问宓子贱。

宓子贱听后，回答说：“自从我做官以后，没有什么损失，却有三种收获：一是当初背诵的经文，现在都能贯彻落实到实际行动中，而且理解得日益透彻明白；二是俸禄虽少，但可省出稀粥来接济亲戚，使亲情更亲；三是公务虽繁忙，但仍能在晚上挤出时间去吊唁死者，探望病人，从而使朋友之情日益加深。”

孔子听后，对宓子贱的回答十分满意。

15.丙吉问牛重民生

丙吉(？～前55)，字少卿，西汉鲁国人，曾任西汉丞相。丙吉十分关心百姓疾苦，经常外出考察民情。

暮春的一天，丙吉带着几个随从，坐着马车外出办事。马车正在长安大街上行驶，忽然前面的道路阻塞了。原来，前面不远的地方有一群人在斗殴。有人受了伤，躺在路边；有人被打得头破血流，倒在地上。车夫见了，挥动马鞭高喊道：“快闪开，丞相来了！”

斗殴的人听到丞相来了，吓得一哄而散。那些受伤的人也挣扎着站起来，躲避到路旁。

车夫把马车赶到打架的地方停了下来。他以为丙吉一定会让人去了解一下情况，然后再进行处理的。可是丙吉似乎对斗殴的事件漠不关心，挥挥手，让车夫继续赶路，不要理会斗殴的事。

于是，车夫继续赶车前行。马车刚出城不远，丙吉看到一个农民赶着一头牛往前走，那牛步履蹒跚，一面走，一面不停地喘粗气。丙吉马上让车夫把马车停下来，对一个骑马的随从说：“你去问问那个农民，他赶着牛已经走了多少里路了，为什么这牛会不停地喘息。”

坐在丙吉身旁的一个下属官吏对丙吉的举动很不理解，问道：“大人，古时候孔子遇到马棚失火，他只问伤了人没有，不问马是否受到损失。大人刚才对斗殴受伤的人视而不见，现在看到一头牛吐舌喘息，却特意停车询问，不是有点重视畜生而轻视人命吗？”

丙吉听了，回答说：“你错了！丞相是国家的高级官员，应当关心的是国家大事，对小事就没有必要亲自过问了。刚才街上百姓斗殴，应该由长安令、京兆尹去处理，我只要适时考察他们的政绩，有功则赏，有罪则罚就行了。而牛喘这件事就不同了。现在还是春天，照理天气还不太热。如果那牛是因为天气热而喘息，那么今年的气候恐怕不太正常，农事就会受到影响。事关国计民生，所以我很担心，才停车询问。”

属吏听了，十分佩服。这时，那个随从已经问明情况，回来禀报说：“大人，那牛的主人说是头病牛，而且已经走了几十里路，所以累得喘粗气。”

丙吉听了，这才放心地让车夫继续前行。

后来，人们用“丙吉问牛”这一典故来赞誉官吏从大局高度关心民间疾苦。汉朝属于农业社会，如果农事不好，就会影响到老百姓的生活和社会的稳定。丙吉问牛而不问人，说明他抓住了问题的要害。

16.丙吉宽待下属立大功

丙吉当丞相的时候，并不因为官职高而苛求下属，所以人们有事情都愿意向他汇报，因此，他掌握的情况比较及时和全面。

丙吉的驾车人喜欢喝酒，常常喝得酩酊大醉。有一次，这个车夫又喝醉了酒，并且呕吐在丞相的车子上。一位下属报告丙吉，要将那人开除，丙吉说：“因为醉酒的过失驱逐他，将会使他很难再找到合适的工作，况且他只不过是弄脏了我的车子罢了，也不是什么大不了的事情。”结果就没有开除这位车夫。

这个车夫是边郡人，熟悉边塞发送情报的规则。一次外出时，车夫看见驿使背着赤白色的口袋，骑着快马飞奔而过，就知道是边疆发生了战事。车夫于是跟随驿使到驿馆打听情况，知道是外敌侵入了云中郡和代郡，形势非常紧急，马上回府向丙吉报告情况，并提出建议说：“恐怕外敌侵入边郡，二千石一级长吏有年老生病经受不住兵马灾难的，应当预先看顾。”丙吉认为他说的话很对，便召集下属察看边郡长吏的名单，记下那些人的名字和基本情况。正在察看的时候，汉宣帝刘询下诏召见丞相、御史，拿敌人侵入边郡的情况询问他们，丙吉一一做了回答，而御史大夫仓促不能应对，受到责备。皇帝极力称赞丙吉能时刻忧虑边事不忘职守。

丙吉知道这是车夫的功劳，不由感叹说："士人各有长处，而没有不可容忍的缺点。假如我没有预先听到驾车人的话，怎么会有被奖励的可能呢。假如因为喝酒这件事驱逐了驾车人，就更没有预先知道边关战事的机会了。"

其他官员知道这件事后，更加佩服丙吉的贤能和容人之量。

17.白衣尚书郑均

郑均，生卒年月不详，字仲虞，济宁任城人，东汉建初年间担任尚书一职。古代未出仕的人所穿的衣服称为"白衣"。郑均病休还乡，本已成了"白衣"，但皇帝为表彰他的德行，仍赐予尚书俸禄，故称"白衣尚书"。

郑均少年时代跟哥哥郑仲住在一起。郑仲是县衙里的一名小吏，常利用职务之便，收受他人的贿赂。郑均虽然还是个读书的孩子，但很明白事理，对哥哥的行为是看在眼里、急在心里，曾多次直言劝诫。哥哥郑仲根本不把他的话放在心上，依旧我行我素。郑均于是丢下书本，跑去给别人当佣工。他每天起早贪黑地干活，过了一年多，终于拿到了薪水，回家后全都交给了哥哥。郑仲很吃惊，问这些钱是从哪里来的。郑均告诉哥哥，这都是自己的劳动所得，接着他说："钱财用完了，还可以再挣到，可是一旦犯下受贿罪，一辈子就都毁了。"

郑均故乡太白湖的景观桥

类似的话郑均以前也说过，但这一次的效果完全不同。郑仲看着弟弟黑瘦的脸庞，重新咀嚼着这番话，禁不住热泪盈眶。后来他痛改前非，成了一名廉吏。

郑均被地方官吏推荐当了官员后一心为公，屡进忠言，很受东汉章帝的敬重。后来，郑均因病辞职还乡，章帝考虑到他安贫俭约、守善不懈，就专门向郑均老家的官员下诏，让他们关心郑均的生活，每年八月固定派人前去慰问。元和二年（807年），章帝东巡经过郑均故乡任城时，还亲自登门看望，并赐他终身享受尚书的俸禄，所以时人称他为“白衣尚书”。

唐代大诗人李白在《任城县厅壁记》中写道：“青帝太昊之遗墟，白衣尚书之旧里。”诗中是说任城是青帝太昊生活过的地方，是白衣尚书郑均的故乡。接着，李白盛赞郑均的品格为“风流清高，掩映天下”。唐代诗人刘禹锡在《酬宣州崔大夫见寄》诗中也写道：“白衣曾拜汉尚书，今日恩光到敝庐。”其用的也是郑均的典故。

建于济宁太白湖新区的白衣尚书纪念馆

18.悬鱼太守羊续

羊续（142～189），字兴祖，东汉时期泰山郡平阳县（今山东省邹城市石墙镇羊续村）人，为官廉洁自守。羊续任南阳郡太守时，为了拒绝贿赂，曾经把下属送的一条鱼悬挂在房檐下，直到那条鱼变成鱼干，因此留下了“悬鱼太守”的美名。

羊续出任南阳郡太守时，当地社会风气庸俗、奢侈，官员请客送礼、托门子办事的现象很严重。羊续决心从自身做起，扭转这种坏风气。

一天，郡丞送来一条大鱼，他除了夸赞鱼味鲜美，还申明鱼是自己打捞的，并未花钱。羊续再三谢绝，郡丞还是不肯收回，就只好先把鱼留下了。

羊续并未把鱼送进厨房，而是悬挂在房檐下面，表示自己决不吃这条鱼。过了几天，郡丞又拎来一条更大的鱼。羊续正色道：“你是本郡地位仅次于太守的官员，怎么能带这个头呢？”

不待郡丞辩解，羊续把他带到檐下，让他看上次送的那条鱼还挂在那里，已经焦干了。

羊续太守不收礼物、拒绝贿赂的事情传开了，老百姓都赞扬羊续，称他为“悬鱼太守”，送礼托门子的歪风邪气也有所扭转。

19.重友情讲信义的范式

范式，字巨卿，东汉山阳郡金乡（今山东省济宁市金乡县鸡黍镇范庄村）人。他为官清廉贤达，重友情，讲信义，是我国古代讲诚信的典范。

东汉明帝年间，汝南有个秀才，名叫张劭，在赶赴东都洛阳应试途中，与范式同宿一店。夜间，张劭突然听到隔壁房间有人呻吟，就问店家：“隔壁住的是什么人？”店家答道：“是一个住店的穷秀才，正在害时症（即流行性感冒），发高烧，恐怕不久就会死去。”张劭说：“既是一个秀才，我要去看看他。”店家阻拦不住，张劭就来到了隔壁房间，见一人卧于土榻之上。张劭看到房中有书囊衣冠，断定他应该也是前往京城赶考的人，便尽力照顾范式，最终治好了范式的病。范式很感动，就与张邵结拜为生死弟兄。后来两人都顺利考入了太学。

范式、张邵二人毕业时，正值重阳佳节，便达成了一个君子协定，即约定每隔一年相互到对方家里拜访长辈，这就是重阳节“鸡黍之约”。毕业之后，两人一直信守承诺。兄弟间你来我往，杀鸡煮黍款待对方，畅叙友谊，切磋学问，很多年都雷打不动。

有一年，轮到范式到汝南张邵家中相聚。可是，范式辞官回归故里后因忙于事务，一时疏忽了重阳“鸡黍之约”。因为金乡、汝南相隔千里，古时又没有先进的车船，当他想起来时，已不可能在重阳节这一天赶到汝南张家了。范式在家中转来转去，急得满头大汗，就对身边的妻子说：“今天又到了重阳佳节，该我去汝南赴‘鸡黍之约’，常闻古人云：‘人不能日行千里，可魂魄能日行千里。’做人要讲诚信，应有担当和责任。诚信比天大，我万不能失约！今天，我人去不了汝南，也要让我的魂灵去汝南赴约。”言讫，范式拔出刀来，自刎而死，驱使魂魄赶赴汝南。

范式的妻子阻拦不住，昏倒在一旁。张劭得知范式自刎的消息后，念及好朋友为守信而死，顿觉肝胆欲裂，痛不欲生，便马上赶到山东金乡范庄凭吊范式。张邵睹物思人，更觉悲伤，就一头撞向棺材，也死去了。按照张邵生前的嘱托，人们把范张二人安葬在同一个墓穴之中。

金乡县诚信广场的“鸡黍之约”塑像

汉明帝知道这件事后，怜惜范式和张邵二人信义深重，也为了激励后人，就把范式居住的范庄改称“鸡黍”，并下拨资金在范式故里为他们二人建庙修坟，将新建的庙宇命名为“二贤祠”。

范式和张邵不惜用生命践约的故事虽然只是一个传说，却彰显了孔孟之乡、礼仪之邦的人民“言必信，行必果”、一诺千金、诚信为本的优良传统。

20.检验官德人品的试金石张俭

张俭(115～198)，字元节，山阳高平(今山东省济宁市微山县)人。东汉时期名士，是当时著名的“江夏八俊”之一。东汉末年，宦官和外戚把持朝政，张俭上书皇帝揭发他们，受到打击报复，遭到通缉，被迫逃亡。

张俭逃亡过程中，每当望见人家门户，便投奔请求收容。主人无不敬重他的声名和德行，宁愿冒着家破人亡的危险也要收留他。后来他辗转逃到东莱郡外黄县，住在一个叫李笃的退休官员家里。外黄县县令毛钦接到举报后，带领兵丁前来搜捕。他让士兵在大门外等候，自己手持兵器来到李笃家中，询问关于张俭的事。李笃请县令毛钦就座以后说：“张俭是背负重罪的逃犯，我怎么会窝藏他！假如他真的在我这里，这人是天下闻名的忠臣，您难道非捉拿他不可？”毛钦激动地站起身来，抚摸着李笃的肩膀说：“从前有个叫蘧伯玉的，遇到为国为民的事情，就邀请大家一起干，以单独做好事为耻辱。在掩护张俭这件事上，你为什么一个人获得仁义，而不让我也承担些责任呢？”李笃回答说：“你知道了这件事，又不真心逮捕张俭，就已经承担责任，获得仁义了。”于是毛钦叹息着告辞而去，没有逮捕张俭。

在李笃的帮助下，张俭逃到塞外。张俭自逃亡以来，所投奔的人家因为收容他而被官府诛杀的有十多人，被牵连遭到逮捕和审问的几乎遍及全国，甚至有的郡县因此而残破不堪。

张俭这么躲来躲去，连累了不少人，内心感到不安，就把头发和胡子全都铰了，逃到深山老林里，改名换姓，给人家做了佣人。因为天天干活，手和脸都变得又粗又黑，谁也看不出他是个读书人了。等到平反昭雪以后，张俭才返回家乡，后来又被朝廷任命为卫尉。

从对待张俭的态度上，可以看出人心所向，东汉王朝已经走到了尽头。

21.孔家母子争死护贤良

东汉末年，宦官专政，大肆搜捕、杀害东林党人。曾经告发宦官的东林党首领张俭被迫逃亡，四处躲藏。许多人争着掩护、收留张俭，好几家人因此遭了祸，轻则下了监狱，重则处了死刑，鲁郡的孔褒一家，母子三人争相承担收留张俭的罪名，甘愿献出自己的生命。

孔褒是鲁郡（今山东省曲阜市）人，与张俭是好朋友。张俭逃到鲁郡投奔孔褒，刚巧他不在家。他的弟弟孔融才 16 岁，自作主张把张俭留下了。张俭住了几天，不免走漏了风声。等到官府派人来抓的时候，张俭已经逃走了。鲁郡的官吏就把孔褒、孔融哥俩儿都逮了去审问。孔融说："张俭是我招待的，应当办我的罪，跟我哥哥无关。"孔褒说："张俭是来投奔我的，应当办我的罪，跟我弟弟无关。"于是官吏又问他们的母亲孔老太太。孔老太太说："我是一家之主，收留张俭是我决定的，应当办我的罪。"

母子三人争相赴死，郡县官府疑惑不能裁决，就上报朝廷。汉灵帝下诏，将孔褒诛杀抵罪。

孔褒甘愿承担弟弟收留朝廷钦犯的责任，孔融甘愿代哥哥入狱，母亲甘愿替儿子受罚，真是满门英烈啊。

22.孔融四岁能让梨

孔融（153～208），字文举。东汉末年鲁郡（今山东省曲阜市）人，孔子的第 19 世孙，著名文学家，"建安七子"之一。孔融小时候十分聪明，也非常懂事。孔融还有五个哥哥、一个弟弟，兄弟七人相处得十分融洽。

有一天，孔融的妈妈买来许多梨，盛在一个盘子里，放在桌子上，哥哥们让孔融和最小的弟弟先拿。

孔融看了看盘子中的梨，发现梨子有大有小。他不挑好的，不拣大的，只拿了一个最小的梨子，津津有味地吃了起来。爸爸看见孔融的做法，很高兴，心想：别看这孩子刚刚四岁，却懂得把好的东西留给别人的道理。于是他故意问孔融："盘子里有这么多的梨，又让你先拿，你为什么不拿大的，而拿一个最小的呢？"

孔融回答说："我年纪小，应该敬爱兄长拿个最小的，大的留给哥哥吃。"

爸爸接着问道："你弟弟不是比你还要小吗？照你这么说，他应该拿最小的一个才对呀？"

孔融说："我比弟弟大，是哥哥，应该爱护弟弟，把大的留给弟弟吃。"

爸爸听他这么说，哈哈大笑道："好孩子，好孩子，你真是一个好孩子，以后一定会有出息的。"

孔融小小年纪就懂得兄弟姐妹应该相互礼让、相互帮助、团结友爱的道理，使全家人都感到惊喜。从此，孔融让梨的故事也就流传开来，成为团结友爱的典范，并被写入儿童启蒙读物《三字经》："融四岁，能让梨；弟于长，宜先知。"

23.孔融六岁巧分梨

孔融四岁让梨的故事早已家喻户晓，被后人传为美谈，但孔融六岁时巧妙分梨的故事恐怕很少有人知道了。

一天吃完午饭，孔融便自觉到书房去读书写字。这时老管家进来传话说："小主人，在外地的伯伯、叔叔、婶婶和六个堂兄妹都来了，夫人叫你到前庭去见见他们。"孔融高兴极了，说实在的，伯伯、叔叔长年在外地做官，孔融长到六岁还没见过他们，特别是六个堂兄妹不知长个啥模样。于是，孔融没等老管家赶到前庭回话，已飞也似地先到了。在父母的介绍下，孔融一一给伯伯、叔叔、婶婶和六个堂兄妹见过礼，大家都夸孔融有礼貌。

这时，母亲叫丫环端上一盘梨来，玲珑剔透的盘中放着六只又大又香又嫩的鸭梨，母亲叫孔融把鸭梨分给六个堂兄妹吃。

孔融正要分梨，却被父亲止住了："慢！融儿，你把梨子送给堂兄妹，每个人一个，而且盘子里还要留一个，你能分好吗？"

父亲知道孔融很聪明有意想夸耀一下，谁知题目太难，反倒把孔融给问住了。伯伯、叔叔、婶婶们也觉得这事连他们都难以办妥，何况一个六岁的儿童呢？六个堂兄妹更是束手无策，面面相觑，心里在琢磨着："这样分梨，我们六个人中总有一个人吃不到梨子呀！"孔融皱着眉头苦思，为难地看看母亲。母亲慈祥地对他说："融儿，动动脑筋呀！梨子本来一个不少，你一定能分好的。"

孔融的眼珠子急速地转动着，他瞧了瞧盘子又望了望梨子，忽然脸上露出了喜悦的表情，拍着小脑瓜儿说："有办法了。"只见孔融拿起盘中五只梨子分别递给五个堂兄妹，盘中剩下一只梨子，可还有一个堂妹没有分到，这个堂妹感到很委屈。伯伯、叔叔和婶婶都说这个办法不灵。孔融微微一笑，把剩下的一只梨子连同盘子一起递给了这个堂妹。

父亲高兴地说："融儿，你分得很对。能不能给大家讲讲为什么要这样分？"

孔融脆生生地说："每人分一个，说明六个堂兄妹都得分着；盘子里还要留一个，也可以理解为只要有一只梨子放在盘子里就行，所以我这样分是符合要求的。"

大家恍然大悟，连夸孔融聪明过人，父亲和母亲也开心地笑了。

24.少年聪慧数孔融

孔融小时候，学习勤奋，善于思考，才思敏捷，语言诙谐幽默，还懂得礼节，大家都夸他是个神童。父亲外出拜客总是喜欢带着他。

孔融 10 岁那年，跟随父亲来到洛阳。有一天，孔融独自一人在大街上游玩，不知不觉来到一座大宅院门口，抬头一看，是洛阳太守李膺的府邸，就要进去看一看。这时守门人赶忙把他拉住，问道："你是哪家小孩，到一边玩去！"孔融严肃地回答说："请你们进去通报，山东孔融来访。"守门人见他一本正经，也不知是什么来头，笑着问："小公子，可有红帖？"红帖相当于现在的名片，写着姓名、籍贯、单位、职务等内容。孔融说："我家和你家主人世代交往，又有师生之谊，无需红帖，只管通报。"守门人怕慢待贵客，只好进去通报。这时李膺正和许多文人雅士交谈，听了通报，一时想不起这位孔融和自己家是什么关系，只好吩咐守门人："请客人进来！"

孔融兴冲冲走进大厅，先向主人问候，又拱手与各位宾客打招呼，态度不卑不亢，十分得体。李膺一边让座，一边打量着这位英俊少年，心里好生奇怪：这小孩从未见过面，而他为何自称通家（世代交往结下深厚感情的家庭）呢？于是，李膺问道："小公子，你说我们两家世代都有交情，我怎么想不起来啊！"孔融微笑着说："500 年前，孔子曾经问礼于老子，孔子姓孔，老子姓李，说明孔、李两家 500 年前就有师生之谊。今天，你姓李，我姓孔，我们两家不是世世代代的通家吗？"

孔融语出惊人，在座客人无不暗暗称奇。太守李膺不禁哈哈大笑起来："小公子真神童也。"这时，一位叫陈韪的官员不以为然，冷冷地说道："小时候聪明的人，长大以后未必能做出大事，有所作为（'小时了了，大未必佳'）。"面对挑战，孔融笑着说："这样说来，先生小时候一定很聪明（'想君小时，必当了了'）。"这一巧妙对答，弄得陈韪面红耳赤，无言以对，坐在一旁暗暗生气。孔融则目不斜视，装着大人模样，一本正经地喝着茶，引起哄堂大笑。

25.魏晋玄学的创始人王弼

王弼(226～249),字辅嗣,三国时期曹魏山阳郡(今山东省济宁市金乡县)人,经学家,魏晋玄学的主要代表人物之一。王弼少年有文名,曾任尚书郎,与何晏、夏侯玄等倡导玄学清谈。又与钟会、何晏等人为友,为人高傲,“颇以所长笑人,故时为士君子所疾”。公元 249 年秋天,以疠疾亡,年仅 23 岁。

王弼人生短暂,但学术成就卓著。他曾为《道德经》和《周易》撰写注解。由于《道德经》的原文逸散已久,王弼的《道德经注》曾是《道德经》的唯一传本,直到 1973 年在长沙马王堆汉墓中发现《道德经》的原文为止。

王弼著述很多,质量也高,多有创见。他注《周易》一改汉人支离烦琐的传统方法,不用象数,而用《老子》,以老子思想解《易》,并阐发自己的哲学观点,在学术上开一代新风——“正始玄风”。

王弼以老庄思想为主,建立了体系完备、抽象思辩的玄学哲学。他对易学玄学化的批判性研究,尽扫先秦、两汉易学研究之腐迂学风,其本体论和认识论中所提出的新观点、新见解对以后中国思想史的发展具有深远的影响。清华大学历史系教授王晓毅先生曾评价说,王弼在哲学上奏出了时代的最强音,“虽然他像流星一样匆匆闪过,只生活了二十三个春秋,却以其不可思议的天才智慧之光,照亮了整个时代,指明了魏晋玄学的理论航向”。

26.檀道济撰写《三十六计》

檀道济(? ～436),南北朝时南朝宋的大将,高平郡金乡县(今山东省金乡县卜集镇檀庄村)人。檀道济出身寒门,从军二十余年,由士兵升至大将军。檀道济戎马倥偬,战绩卓著,根据多年的战争经验,著有《三十六计》一书，与《孙子兵法》合称我国古代军事著作的“双璧”。

当上大将军之后，檀道济拥兵十余万，战将百员，控制着黄河以南的豫州、兖州、青州等地，与北魏对峙。如何提高众多将领的指挥才能和士兵的战斗力是檀道济需要解决的一个重要问题。通过认真研究前人的兵书，结合自己从军多年的实战经验，檀道济撰写了战场用兵三十六策，取名《三十六计》。

《三十六计》根据《易经》中的阴阳变化之理及古代兵家刚柔、奇正、攻防、彼己、虚实、主客等对立关系相互转化的思想写成，含有深刻的哲理和朴素的辩证法因素，注重机动灵活、随机应变，对军事将领临阵决策具有重要的指导作用。

《三十六计》按计名排列，共分六套，即胜战计、敌战计、攻战计、混战计、并战计、败战计。每套又各有六计，总共三十六计。

前三套是处于优势所用之计，后三套是处于劣势所用之计。每计名称后均有解说，解说后有按语，多引证宋代以前的战例和孙武、吴起、尉缭子等兵家的精辟语句，易学易记，便于运用。

为便于人们熟记这三十六条妙计，有学者在三十六计中各取一字，依序组成一首诗：金玉檀公策，借以擒劫贼，鱼蛇海间笑，羊虎桃桑隔，树暗走痴故，釜空苦远客，屋梁有美尸，击魏连伐虢。

全诗除檀公策外，每个字包含了三十六计中的一计，依次为：金蝉脱壳、抛砖引玉、借刀杀人、以逸待劳、擒贼擒王、趁火打劫、关门捉贼、浑水摸鱼、打草惊蛇、瞒天过海、反间计、笑里藏刀、顺手牵羊、调虎离山、李代桃僵、指桑骂槐、隔岸观火、树上开花、暗渡陈仓、走为上、假痴不癫、欲擒故纵、釜底抽薪、空城计、苦肉计、远交近攻、反客为主、上屋抽梯、偷梁换柱、无中生有、美人计、借尸还魂、声东击西、围魏救赵、连环计、假道伐虢。

檀道济把编写的《三十六计》发给前线将领。这本书好懂易记，便于模仿，在战斗中发挥了重要作用，很快传播开来，在民间，其知名度和影响力甚至超过了《孙子兵法》。

公元436年，檀道济被诬告谋反，交付廷尉审讯。檀道济一听，勃然大怒，目眦欲裂，掷盔于地，说道："奸佞当道，听信谗言，陷害大将，自毁万里长城也!"成语"自毁长城"就来源于此。

檀道济被害后，北魏人欣喜异常，奔走相告说："以后再也不用惧怕南方人了。"

檀道济的卓著战绩和军事著作《三十六计》被载入史册。后人作诗赞颂曰："桓桓大将，矫矫虎臣，战无不胜，威震强邻，金汤万里，国之长城，三十六计，光耀古今。"

27.檀道济唱筹量沙

公元430年，正处在南北朝对峙的时期，北魏军队大举南侵。南朝宋大将檀道济率领军队奋起还击，在寿张(今山东省梁山县西北)展开激战，最终檀道济获胜，然后乘胜推进。此后的20多天中，檀道济所部经历大小战事30余起，胜多负少，一直向北打到历城(今山东省济南市历城区)附近。

这时，出现了一件意想不到的事情：北魏派出轻骑绕到檀道济军队的背后，焚毁了宋军的粮草；同时，调动大军包围了檀道济的部队。更要命的是，有几个士兵偷偷跑到北魏军营，把宋军因粮草被烧而军心动摇的消息报告给了北魏将领。

在内无粮草、外有强敌的关键时刻，军士们不免人心惶惶。然而檀道济不慌不忙，镇定自若，只用了一个计策就扭转了被动局面。

到了晚上，宋军大营燃起无数火把，檀道济亲自指挥数千名士兵往空米袋里装进沙子，一边装，士兵们一边高声数着："一斗，二斗，三斗……"另有一群士兵来来往往，把沙袋搬到东，运到西，看上去像是在分粮食，就这样忙乎了大半夜。

天快亮了，檀道济命令士兵把一袋袋沙子陈列在帐外，袋口故意敞开着，上面覆盖少量的米，看上去好像是一袋袋粮食。

北魏军队中早有人把宋军半夜里分粮食的事报告主帅。主帅很是疑惑，忙吩咐探子去查个明白。天蒙蒙亮时，几个探子打扮成老百姓，来到宋军营帐前，看到一袋袋的粮食摆在那里，几个伙夫从上面挖出来做早饭。慌得他们连滚带爬地回到主帅那儿报告。主帅一听，心里暗想道："檀道济一向诡计多端，分明是军粮足够，却叫士兵来诈降，谎报粮草已绝，让我们紧紧追赶他们，到时候他再突然来个回马枪。我得提防着点。"想毕，喝道："来人啊，把那些来诈降、谎报军情的宋兵给杀了！"

檀道济因为兵力薄弱，一时很难战胜人多势众的魏军，决定突围。他命令士兵都穿上整齐的铠甲，自己穿着雪白的衣服高坐在兵车上，带着队伍慢慢地突出包围圈。魏军主帅得知宋军威武雄壮，从容不迫，恐怕宋军有伏兵，不敢靠上去，反而向后退了几十里。檀道济趁机指挥军队加速撤退，安全地回到了大本营。

28.檀道济不为荣耀扰乡亲

衣锦还乡是很光荣的事情，如果皇室成员能来自己的家乡更是荣耀。但是，檀道济却不以为然，想尽办法不让太子到自己家乡来，以免惊扰了乡亲们。

宋武帝刘裕戎马一生，年近50岁才有了儿子，视若掌上明珠。为了江山社稷，宋武帝决定为太子选一位好老师。想来想去，他选中了檀道济。檀道济祖居高平郡金乡县，自幼离家从军，由士兵一步步升至大将军，饱尝战争之苦，深知百姓生活之艰辛；同时，又治军有方，精通兵法韬略，是一位理想的太子老师。于是宋武帝颁布诏书，任命檀道济为太子太傅。

檀道济带领太子刘义符从当时的首都建康来到军事重地彭城（今江苏省徐州市），准备赶赴前线视察边防情况。这时，太子忽然心血来潮，说："老师，听说你的老家在金乡，距离彭城不算太远，何不带我前去看看?”檀道济一听犯了难:带他去吧,倒是光宗耀祖的机会,但想起家乡的人民,由于连年战事不断,田园荒芜,粮食歉收,太子若去,免不了兴师动众,布行宫,摆宴席,花费钱财,这些花费最后岂不都加在父老乡亲身上,以致连累了地方官员及黎民百姓吗?不带太子去吧,又不好推托,没有违背太子旨意的合适理由啊。檀道济反复斟酌,权衡利害,最后还是答应让太子前去,不过到时候再随机应变罢了。

檀道济与太子一起,带领随从,离开彭城,沿途北上,首先来到鱼台县鱼城镇。太子问:“老师,快到您家了吗?”檀道济答道:“还远着哩!”队伍继续前行,很快越过了檀道济的家乡金乡,到达任城。太子又问:“这里离你家不远了吧?”檀道济这才回答说:“殿下,已经过去50里路了。”原来檀道济的老家,在金乡县城东北40里的檀庄,离任城(今山东省济宁市)整整50里路。太子闻听已经绕道而过,有些愠怒,责问他道:“为何路过而不停呢?”檀道济诚惶诚恐地答道:“启禀殿下,故乡偏僻,地势低洼,杂草丛生,又不太平,难以驻跸,臣唯恐出什么差错呀!”太子明白了檀道济的良苦用心,更加信任和佩服这位老师了。

家乡父老听说这件事后,对檀道济的感情更深厚了。

29.农民起义领袖宫文彩

宫文彩(? ~1645),嘉祥县满硐镇人,明末清初农民起义军首领。

1641年,饱受官吏压榨的鲁西南一带的农民,在宫文彩的率领下,在嘉祥县的满硐山区发动了大规模的农民起义。这支起义军很快发展到数千人,并且接受了李自成起义军的封号,举起了大顺军的旗帜。清军进入山东后,宫文彩号称擎天大王,联络满硐周围数县的几万名起义军,占据了嘉祥、金乡、巨野等地的几百个村庄,给予当地统治者和清军以沉重打击。

1645年7月,起义军一举攻破冯家堡等20余处地主武装堡垒,震惊了清廷。清朝统治者急忙派遣杨方兴任河道总督，驻扎在济宁，设立左、中、右三个大营，共有马步军 3000 人。山东巡抚方大猷也急调步兵 1000 人，共同围剿起义军。以宫文彩为首的满硐起义军针锋相对，率先发动了对濮州的突袭，攻占了田家楼，杀死官兵 100 多人。

10 月初，清政府又急调登州、沂州等地兵马，向满硐起义军发动了更大规模的围剿。当时驻扎在羊山的起义军迅速撤离，前往满硐助战。为了保存实力，宫文彩决定将部队从羊山、谢家楼一带转移至金山，在金山顶上筑寨挖壕，建起平头楼台，做好了长期阻击清兵的准备。起义军在金乡的曹家楼，单县的孔家楼，巨野的李家楼，嘉祥的狼山屯、卷朋山、吕村、东西纸坊等外围据点与清兵展开了殊死的搏斗。各地的战斗一直持续到到次年 5 月。起义军伤亡惨重，宫文彩决定率领剩余部队暂避于隧山大洞内。

地主武装协助清军封锁了山洞，切断了水源，往洞内填满了柴草，燃起烟火熏憋起义军。起义军被围困洞内，宁死不屈，誓不投降，最后全部壮烈牺牲，谱写了一曲农民起义军反抗地主阶级和外族入侵的悲壮诗篇。

30.起死回生的王叔和

王叔和(201～280)，名熙，魏晋时期山阳高平(今山东省济宁市微山县两城镇)人，著名医学家。在中医学发展史上，王叔和做出了两个重要贡献：一是整理《伤寒论》，二是著述《脉经》。其中，《脉经》是我国现存最早的脉学专著。

王叔和年轻时为了学习先进医术，遍游各地，留下了许多治病救人的佳话。

话说这一年，王叔和来到了济州城，被“济生堂”药店聘为坐堂医生。王叔和治病配药颇具神通，特别精于内科诸症，虽然初来乍到，却得到了人们的信任。

一天，济州城里有一家出殡，一看那出殡的仪式，就猜得出是个贫寒人家。那口薄板棺材从济生堂抬过时，沥下了几滴鲜血。正在柜台前坐堂的王叔和看见了血迹，陡然一惊，再定睛细看，不禁大声叫道："那出殡的，如何将活人往外抬?"出殡队里哀哭的，哀歌的，吹打的，各司其职，无人理会。王叔和一着急，上前拉住了一个送殡人的衣袖，一连声地嚷道："棺材里是活人，棺材里的人没有死!"出殡的队伍乱了套，几个后生以为他有意胡闹，扯住他就要打。吹鼓手是个老者，见多识广，看到王叔和不像作恶的，就劝住年轻人，叫来一位中年汉子让他裁夺。中年汉子姓午名逢生，棺材里装殓的正是他的妻子贾氏，年仅28岁，因产中血崩脱阳暴亡。当地风俗，年轻女人死于流血等症，统称"血光之灾"，为不连累家人邻居，必须及早入殓安葬。当日贾氏刚刚昏死，族中长者便立刻张罗出殡。这午逢生中年丧妻，无限悲伤，听王叔和一说，妻子还有希望，马上同意开棺验尸。几位送殡的人立刻动手，把棺材盖撬开。王叔和掐住死者的人中、关元等穴，进行救治。顷刻之间，那贾氏时而换气，继而呻吟，再而略睁双目，半欠身子意欲坐起——棺材里的人终于苏醒过来。后来，在王叔和的精心调养之下，贾氏获得了重生。

这一件医案，顷刻轰动了济州城。一打听，才知道救人者是"济生堂"药店新来不久的坐堂先生，叫王叔和。这件事一传十，十传百，人们都把王叔和传成了当今扁鹊、再世华佗。种种奇异传闻，传到了当时的都城许昌，于是王叔和被聘为太医令。

31.马隆磁石吸敌兵

马隆，生卒年不详，字孝兴，西晋东平郡平陆县(今山东省济宁市汶上县)人，兵器革新家，著名将领，为保卫边疆立下了汗马功劳。在与鲜卑军队的作战中，马隆曾经巧妙利用山区的磁石战胜了敌人。

公元279年的一天，西晋都城的中心大街上，一队3500人的兵士带着充足的军粮和精良的武器，步伐严整，雄赳赳、气昂昂地向城外开拔，要去执行收复被鲜卑族首领树机能抢占的凉州城的任务。部队渡过淄水，很快进入凉州地界。

凉州城内的树机能统率数万兵马，自探子来报说晋武帝司马炎将发兵凉州后，早就分派重兵占据了险要位置和有利地形，在晋军的必经之路布好阵势，并计算好晋军可能撤退的路线，布置伏兵截断后路。在树机能看来，这一仗必胜无疑了。

这天下午，晋军主帅马隆率部到达一个山口，他让部队停下休息。这时前卫哨兵来报："主帅，前面山谷道路狭窄，两旁山上看似有伏兵。"

"知道了。"马隆立即命令后续部队把预先准备好的一种叫"偏箱车"的战车推到前沿分给各营，兵士们推着偏箱车继续挺进。突然，树机能的伏兵在两旁山坡上使用弓箭和石块发起了进攻。可是，马隆的军队因为有偏箱车遮挡飞箭流石，不仅安然无恙，而且还能边前进边还击。第一次战斗，树机能失败了。

马隆让部队稍事休息后，即刻传令士兵脱下金属打造的盔甲，换上犀牛皮的盔甲，到附近的某处山头搬运石头，并要把运来的石块垒在一条窄路的两侧。因为马隆算准树机能求胜心切，必定通过这条小路偷袭西晋军队。

西晋军队刚准备好，树机能的部队就赶到了。勇猛的鲜卑族士兵冲了过来。可是当他们进入那条窄路后，一个个都被两旁的石头吸住了，动弹不得。"汉人有妖术！汉人有妖术！"鲜卑兵大叫着，却毫无办法。马隆率领士兵冲杀过去，畅行无阻，一下子砍倒了几千名鲜卑兵。在这场大战中，骄横跋扈的树机能也被杀死了。

原来，马隆曾对这里的地理环境进行了专门考察，了解到这里有一种吸铁磁石。马隆即刻联想到，战场上士兵的盔甲是铁铸的，若把这一特点使用到战场上制敌，就会发挥出奇妙的效果。就这样，马隆巧妙利用磁石，一举收复了凉州。

32.郗公含饭救侄甥

郗鉴(269～339)，字道徽，晋代高平郡金乡县(今山东省济宁市嘉祥县满硐镇郗庄村)人，著名将领和书法家。

公元311年，也就是西晋永嘉五年，匈奴兵利用八王之乱的机会，一举攻陷了晋朝的首都洛阳，掳走了晋怀帝。这就是著名的永嘉之乱。

永嘉之乱发生的时候，郗鉴逃到偏僻的乡村躲避起来。乡间的生活也很艰难，田地荒芜，食物匮乏，人民生活在水深火热之中，很多人吃不上饭，不少人被活活饿死。乡里人知道郗鉴是一个有学问、有道德的君子，就轮流给他做饭吃。当时他哥哥的孩子郗迈、外甥周翼都年幼，郗鉴常常带着他们一起外出吃饭。乡里人说："大家都饥饿困乏，因为您的贤德，所以我们要共同帮助您，如果再加上两个孩子，恐怕就不能一同养活了。"从此郗鉴就只能一个人去吃饭，自己吃过饭之后，就再往嘴里吞一些饭，不咽下去，而是把饭含在两颊旁，回来后吐出来，给两个孩子吃。就这样，三个人相依为命，得以生存下来。

后来，郗鉴带领两个孩子跟随逃难的人群，渡过了长江，在新建立的东晋王朝里做了官。侄子郗迈当上了护军将军，外甥周翼当上了剡县县令。郗鉴去世后，周翼回想过去郗鉴的抚育之恩，便辞掉官职，回到乡下，为舅舅守丧三年。

郗鉴含饭抚养侄子、外甥的故事，一直流传到现在。

33.才思敏捷的王禹偁

王禹偁(954～1001)，北宋济州(今山东省嘉祥县卧龙山镇酒庄村）人，著名文学家。王禹偁年少时聪明伶俐，被宋太宗誉为“少年天才”。

王禹偁才思敏捷，巧对对联的故事广为流传。

王禹偁出身寒微，祖上世代以农耕为业，以磨面为生。但他这位贫穷家庭出身的孩子却天资聪明，三岁能识字，九岁能写诗作文。据《邵氏见闻录》记载，后来任宰相、当年在王禹偁家乡济州任从事的毕士安，听说王禹偁才思敏捷、聪明伶俐，赶紧召来一见，命他以“磨”为题，当场作一首《磨诗》。王禹偁毫不犹豫，张口就来：“但存心中正，无愁眼下迟。若人轻着力，便是转身时。”毕士安一听意境俱佳，大感惊奇，便把王禹偁留在身边，让他同自己的孩子们一起读书。

有一次，济州太守召集同僚聚饮，随口吟出一个联句——“鹦鹉能言怎似凤”，请同僚们对下句，结果大家张口结舌，无人能对。毕士安回家后，把它书写在屏风上，天天对着它冥思苦想，却始终琢磨不出来下一句。王禹偁来拜访，无意间看到屏风上的联句，挥笔写出了下联——“蜘蛛虽巧不如蚕”。毕士安不禁拍案叫绝，王禹偁小小年纪，的确文思敏捷，聪明绝世，感叹道：“真乃经纶之才！”毕士安立刻送了王禹偁一些衣物，并亲热地称呼他为“小友”。

随着年龄的增长，王禹偁更加努力地读书作文，终于成为学富五车、才高八斗的才子。他的才名不仅在普通百姓和士大夫中流传，而且传到了当朝天子的耳朵里。王禹偁参加科举考试，中了进士。宋太宗早就听说王禹偁诗文俱佳，便亲自出题考察他。面对皇帝出的题目，王禹偁“赋诗立就”。宋太宗非常满意，高兴地说：“不出一个月，你就会天下闻名了！”

34.穆修不为银钱损文名

穆修（979～1032），字伯长，北宋郓州汶阳（今山东省济宁市汶上县）人，著名散文家。

穆修自幼苦读，10余岁即出口成诵，落笔成章。20余岁博览群书，对文体文风便有了自己独到的见解。他不满当时流行的“西昆体”的靡丽文风，力主恢复韩愈、柳宗元的散文传统。一时间，穆修作品流传开来，有些竟被传入宫廷。一天，宋真宗读了他的文章，责问阁臣：“这等奇才，怎么不推荐给我？”宰相丁谓忙说：“此人出身微贱，行为不端，不可大用。”原来，穆修与丁谓有布衣之交，后丁谓居官，一味拍马逢迎，不思民忧，为穆修所唾弃。一次两人相逢于汉水，穆修非但未表示亲近，反而揖而远之。丁谓就此记恨，因此在宋真宗面前诋毁穆修。

亳州知府张知白一向欣赏穆修的文才，请他为新落成的佛庙作一篇《记》。一个富豪为把自己的名字书于《记》中，以钱财贿赂穆修。穆修一言不发，掷于院中，即打点行装准备返回老家。第二天，富豪携带更多钱财登门拜访。穆修怒喝道：“我宁愿上街乞讨，也不会拿你这不干不净的钱，玷污我的文名！”

穆修家乡汶上县宝相寺

35.穆修卖书相国寺

穆修做官受到奸臣的排挤压制，又不愿意接受富人来路不明的钱财，生活过得很艰难。在这种情况下，他仍然不改初衷，尽自己的努力，宣传韩愈、柳宗元倡导的古代散文生动、形象、简洁的文风。

穆修特别推崇韩愈和柳宗元的文章，晚年时得到一部《柳宗元集》的善本。穆修决定把这部《柳宗元集》整理刊印，让更多的人能从中领略到唐代散文的奥妙。

穆修亲自校对《柳宗元集》，又找到志同道合的人资助，终于将这部书刊印出来，一共印刷了几百套。

穆修拿着几百套《柳宗元集》，来到文人云集的京师大相国寺门前摆摊出售。有几个太学生游玩路过穆修的书摊，也不问价钱，拿起《柳宗元集》来就翻阅。还有的人书都不翻，掏出钱来就要买。

穆修一动不动，瞧着这些太学生们说："你们随便翻一篇出来朗读，要是整篇读下来句读一点不错，我就送一套给你们。"太学生们面面相觑，接连把书合起来放下，一个个都走了。

于是，这位很有性格的书摊老板穆修一整年也没卖出一部《柳宗元集》。

穆修家乡汶上县宝相寺太子灵踪塔

穆修卖书相国寺的消息很快在社会上传开。尹洙、苏舜钦等人十分佩服穆修的学问和人品，就前来拜师学艺。穆修把他们视为知己，悉心教导，终于使他毕生信奉的唐代古文得以后继有人，发扬光大。

36.毕再遇撑伞借箭

毕再遇(1147～1217),字德卿,南宋兖州(今山东省济宁市兖州区)人,著名抗金将领。毕再遇熟知兵法,勇猛过人,在抗击金兵的战争中,妙计迭出,屡立战功,威名远扬。

南宋开禧二年(1206年)夏季的一天,毕再遇站在马鞍山(今安徽省马鞍山市)城头,遥望金兵营帐密密麻麻,一个接着一个。他心里像沸水一般翻腾:"自己领兵屯驻这里,被金将赫舍哩子仁包围五天了。金兵天天攻城,城里箭支用得一干二净。明日金兵攻城,就很难抵挡啦!"毕再遇在苦苦思索破敌之计。他头顶上方的青色伞盖早已撑起,遮蔽着酷热的阳光。青色伞盖是专门为主帅撑起的既能遮阳又具有帅旗作用的仪仗,双方的将士一看到伞盖,就知道将帅所在的位置。

毕再遇正在苦思冥想之际,突然抬头瞥见了正微微移动的伞盖,他眼前一亮:"我何不别出心裁,来个撑伞借箭,让城外金兵'送'箭上门!"毕再遇立刻命令部将挑选出50位身强力壮的勇士,吩咐道:"你们把我这青色伞盖高高举起,撑开后,在城上来回走。累了,轮流替换!"当天,骄阳似火。马鞍山城墙上,那顶硕大的青色伞盖出现了,并且慢慢来回移动,城外金兵看得真切,互相狂叫转告:"宋军主将毕再遇出来巡城啦,射死他!抢个头功!"金兵纷纷持弓操箭涌到城下,争先恐后,向城上的青色伞盖处乱射起来。

青色伞盖来回移动,城下的金兵紧跟着张弓乱射。

临近傍晚时分,城墙上到处堆满了金兵射来的箭支,一清点,足有10万多支。

毕再遇用一柄青色伞盖就借到了10万支箭,而金营将士还蒙在鼓里呢。

37.毕再遇山羊击鼓

毕再遇巧用青伞借箭别出心裁，而利用山羊击鼓迷惑金兵，更是出神入化，令金兵防不胜防。

公元1206年冬天，南宋将领毕再遇受命率军抗击金兵。

宋营与金营相距不远，互相对峙着。疯狂的金兵孤注一掷，每天都增加兵力，金兵越聚越多，宋军渐渐处于寡不敌众的危险境地。毕再遇心里开始盘算："自己兵力相对薄弱，再跟金兵展开决战，岂非以卵击石？只能撤退，暂避锋芒，再作打算。"毕再遇审时度势，决定撤退。

然而，两军对垒，撤退谈何容易？如果大摇大摆地走，金兵势必追击，一定会损失惨重，怎么做才能不让敌人发觉，又可以让宋军安全脱身呢？毕再遇招来军中谋士商议对策。一位谋士说："毕将军，平时我大宋军营里昼夜都鼓声不断，一来吓那金兵，二来也为鼓舞我军斗志。如果马上撤兵，军营里断了鼓声，一定会被金兵知道。那可要坏大事啊！"毕再遇陷入沉思，过了一会儿，突然朗声大笑："有了，让山羊帮我们击鼓，瞒过金兵，我大宋官兵就可以安全转移了！"众谋士疑惑不解，毕再遇微笑着做了解释，众人都会心地笑了。

遵照毕再遇的命令，一些士兵七手八脚地弄来了一些山羊和战鼓。

入夜了，大地一片漆黑。宋兵把山羊捆绑好了倒吊起来，让羊的两只前蹄恰巧抵在鼓面上。山羊被吊得极其难受，绑着的绳又勒得浑身疼痛，便开始拼命地挣扎，两只前蹄不停地胡乱踢腾。于是战鼓被羊蹄敲响了，"咚咚咚"，传送到很远的地方。毕再遇却指挥将士在这鼓声中悄悄撤离军营。

整夜里，金军巡逻兵都能听到毕再遇军营里的鼓声，一点也没有起疑心。

天亮后，山羊敲鼓的声音逐渐减弱，金兵才发觉上了当，懊悔不已。等金兵组织兵力准备追击时，毕再遇早已率领部队撤退到安全地带了。

38.毕再遇撒豆喂马

南宋开禧二年（1206 年），宋将毕再遇与金兵展开了一场激烈的战斗。

打了一会儿，毕再遇下达了撤军的命令。片刻间，宋军秩序井然地向后撤退。金兵主将立刻组织金兵追击。可是，宋军边后撤，边还击。金兵倒也不敢过分接近宋军。宋军撤回驻地，休息了两个时辰后，毕再遇又下令出击。

就这样，毕再遇采用拉锯战术，一会儿进攻，一会儿后撤，三番五次地引得金兵又是抵挡，又是追击，把他们搞得坐立不安，筋疲力尽。这么打打停停，不觉已到日落西山的时候了。

这时候，毕再遇下达了新的命令："全体士兵，把昨天用香料煮熟的豆子都带在身上，准备出击。"不一会儿，宋军又发动了新的进攻。可是，刚一接战，宋军又老调重弹，假装向后败退，并把早已准备好的豆子撒满了道路。金军的骑兵乘胜追杀过来，然而，追不多远，金兵的战马便纷纷停下来，再也不肯前进了。原来，厮杀奔跑了一天的战马，此时已饥饿难忍，一追到宋兵撒有豆子的地方，便都低下头去嚼食起来。

"该死的畜生，快走呀！"金兵纷纷用鞭子抽打战马，可是，那些饿慌了的战马死也不肯再跑，停在那儿一动不动，就像被固定在地上一样。

毕再遇见计谋奏效，立即命令宋军回兵反击。无法控制坐骑的金军骑兵束手待毙，片刻间便被砍杀了无数。

毕再遇取得了战斗的胜利。

39.小县不大四尚书

明朝中后期，政治日益腐败，特别是嘉靖年间，世宗皇帝终日沉迷于道教，不问政事，朝政大权落在江西籍内阁首辅严嵩及其子严世蕃手中。他们网罗党羽，上欺天子，下压同僚，群臣多畏惧权势，噤若寒蝉。只有山东汶上籍的四大尚书团结一致，扶正祛邪，能够与之抗衡。

一日，严嵩和一些江西籍官员在朝堂上大夸海口，其中一个人说道："满朝文武半江西。"时任工部尚书的资政大夫郭朝宾笑而对曰："小县不大四尚书。"严嵩等官员听后面红耳赤，无言以对。

哪个县有四位尚书？那四位尚书又是谁呢？原来，这个县就是春秋时称为中都的汶上县。四位尚书分别是：嘉靖年间的户部尚书王杲、兵部尚书路迎，隆庆年间的南京吏部尚书吴岳，万历年间的工部尚书郭朝宾。他们任尚书的时间前后相差仅 32 年。王杲、路迎又是小时的同学，并且同朝为尚书。

明朝中后期，皇帝为了加强专制统治，不设中书省，而以六部分理军政事务。各部首席长官称尚书，等于国务大臣，直接向皇帝负责。六大尚书中，区区十数万人的汶上县就占到四个，无怪乎"满朝文武半江西"被"小县不大四尚书"顶得哑口无言。

汶上县的四位尚书在明王朝政治黑暗、官场腐败、经济凋敝的大背景下，都怀爱民忧国之心，行利民益国之举，持清廉节俭之德，秉不避权贵之气，做到了出淤泥而不染，闪耀着人性的光芒，着实难能可贵，堪为后人师表，激励后人自重自爱，奋发上进。后人有诗称赞说：

小县不大四尚书，身处淤泥不染污。百姓忧乐挂心头，一身精诚铸风骨。清风两袖理政事，冰心一片置玉壶。只今几多名利客，对此古鉴当觉悟！

40.廉洁为民的吴岳

吴岳(1501～1568),字汝乔,明代汶上县南旺镇人,嘉靖年间进士,历任重要职务,是汶上县籍“四尚书”之一。他为官清正廉明,操守如一,处事果断,敢作敢为,被老百姓称为“吴青天”。

吴岳严于律己,痛恨贪官污吏。他任户部郎中时,被派往宣府督饷。宣府是明朝重要的九个边疆重镇之一,兵多将广,军费充足。这时候,有一个刁钻的下属,见吴岳大权在握,就在一天深夜带着几千两银子来到吴岳的驻所,送给吴岳,并神秘地说:“这是一点小小的结余,在账目上显示不出来,没有任何人知道,请您笑纳。”吴岳一听,勃然大怒,斥责道:“结余的银两,也是老百姓的血汗。我如果接受,就是不劳而获,天理不容!”第二天,吴岳就把这件事向皇帝汇报,请求严厉查处边关将领贪污军饷之事。

吴岳生活简朴,克己奉公。他任庐州(今安徽省合肥市)知州时,在京口偶然遇到了同科进士苏州知府王廷。老朋友相见,分外亲热,决定去金山一游。起程时,王廷见吴岳提酒一瓶、肉一斤和些许菜蔬,就笑着问道:“就带这么点?”吴岳笑着答道:“这些,足够咱俩吃的了。”作为地方大员,出游时这样简朴,在当时传为佳话。三朝元老户部尚书马森听到这件事赞扬说:“我平生见到的真正清廉节操之士只有两位,第一位当推吴岳。”

吴岳关心百姓疾苦,注重兴利除弊。他开始担任庐州知州的时候,首先裁去了大部分吏役仆从,亲自带头做杂役事务,以此锻炼自己的吃苦能力。由于吴岳勤俭节约,庐州每年所收数万两银子的官税大部分被节省下来。他就用这笔钱在当地兴办公益事业,自己从不取一分一毫。百姓争相传颂,呼之为“吴青天”。

41.清代廉吏岳峰秀

岳峰秀(1627～1720),字镇九,号克亭,清代汶上县岳家楼(今山东省济宁市嘉祥县孟姑集镇岳楼村)人,岳飞第三子岳霖的后裔,岳飞的第23世孙。

岳峰秀天资聪颖,勤奋好学。1651年,24岁的岳峰秀考中举人。不过,在之后10年时间里,岳峰秀数次进京参加会试,都铩羽而归。到了1661年,岳峰秀才在会试上金榜题名,并在殿试里考中第三甲第82名进士。

岳峰秀初任河南省开封府封丘县知县,在任期间,恪尽职守,体察民情。他视察全县各地,发现有些地方土地碱化严重,收成很低,人民生活艰苦,就组织百姓兴修水利,拉淤压碱,开垦荒地,推广种植高粱、稷黍等耐碱作物,在较短时间内把贫穷的封丘县治理得地肥年丰。

岳峰秀功绩卓著,深受百姓爱戴,也得到康熙皇帝的赏识,晋升为礼部给事中,要离开封丘县进京做官了。老百姓依依不舍,赠送了很多贵重礼品,以示感谢,都被岳峰秀婉言谢绝。老百姓还是想表达感激之情,一定要送几件礼物。岳峰秀无法推辞,抬眼看到路边有一个破烂的牛石槽和一件并不起眼的太湖石,就说:“我在这里做官做事履职尽责是分内之事,如果你们觉得过意不去,这里有一个牛石槽和一块太湖石,就把这两件东西送给我吧。”岳峰秀心想:河南封丘离山东嘉祥有千里之遥,这两件不值钱的东西分量很大,又有黄河之隔,他们是送不过去的。但是,老百姓把他的推辞话当了真,自发地组织起来,把太湖石和牛石槽装上了牛车,历经二十多天,跨越黄河,送到了岳峰秀的老家——嘉祥县岳楼村。岳峰秀和家人深感河南人民的深情厚谊,将这份来自千里之外的“礼品”妥善保存起来,直到现在还存放在岳氏家祠内。

岳氏家祠的太湖石

岳峰秀进京之后，先后任壬戌会试同考官、殿试收卷官、武会试同考官、刑部掌印给事中等职，又特简稽察两局。岳峰秀赤胆忠心，秉公行政，不谋私利，政绩显著，特别是升任刑部掌印并兼管钱财之后，更是执纪严明，严格按照大清律法办事，深得康熙皇帝的赏识和百姓爱戴，但是，却触犯了某些贪官污吏，遭到嫉妒和暗算。迫于各种压力，加之年事已高，岳峰秀奏请皇帝恩准，告老还乡。

岳峰秀出生、成长在清河岸边，康熙皇帝担心他辞官后受到打击报复，特赐"清河岸"石碑一件，褒奖他为国尽忠、亲民清廉的一生。另外，康熙皇帝还钦赐蟒服一件，并命令他在家乡修建岳飞家庙，担任奉祀官。从此，岳峰秀每年以岳飞后人的名义，身穿奉祀官的官服，举行隆重的祭祀仪式。岳峰秀去世后，他的奉祀官职务和官服传给了子孙后代。久而久之，就形成了岳飞后代身穿清朝官服祭祀祖先的传统做法。现在，嘉祥县孟姑集镇岳楼村内建有岳氏家祠，存有康熙皇帝御赐伴朝銮驾一套，共 80 余件。

岳氏家祠的卧牛槽

岳氏家族恪守岳母在岳飞背上刺下的“尽忠报国”祖训，牢记岳飞箴言“文官不爱财，武官不惜死”，还订立了岳氏祖规。岳氏祖规规定，凡成年男子，均尊十字为准绳：忠、孝、节、义、诚、仁、爱、礼、智、信。凡成年女子，须尊八字准则：贤、敏、淑、慎、温、恭、素、雅。凡子孙学子，要求勤奋、志学、忠诚、精业、守律。凡岳氏子孙，无论男女，严格禁止十六字行为：淫、浪、赌、毒、坑、蒙、拐、骗、奸、邪、佞、霸、骄、逸、奢、叛。岳氏族人牢记祖训祖规，珍惜岳门声誉，保持良好家风，赢得人们称赞。

岳楼村深受岳飞及其后人影响，将弘扬传统文化与美丽乡村建设相融合，深度挖掘岳飞“尽忠报国”和岳峰秀“亲民清廉”的思想精髓，以“忠”“廉”文化为主题，重点打造了岳氏家祠和文化广场，积极弘扬传统文化，不断提升美丽乡村建设的文化内涵。

42.千古流传《桃花扇》

孔尚任(1648～1718)，清初曲阜人，孔子六十四代孙，诗人、戏曲作家，《桃花扇》的作者。世人将他与《长生殿》作者洪升并论，称“南洪北孔”。

孔尚任历经十余年、三易其稿而完成的《桃花扇》是我国清代著名的传奇剧本。剧本“借离合之情，写兴亡之感”，通过侯方域和李香君悲欢离合的爱情故事，再现南明覆亡的历史，并总结明朝300年亡国的经验教训，包含了丰富复杂的社会历史内容。

明朝末年，闯王李自成率领大军攻陷北京，崇祯皇帝上吊自杀。山海关总兵吴三桂勾结清兵入关，攻下北京，北方大乱。凤阳总督马士英在南京拥立福王为皇帝，取年号“弘光”，建立了南明弘光朝廷。

复社文人侯方域应试落第，游寓南京，结识了秦淮歌伎李香君。两人郎才女貌，情投意合，且有共同的政治见解，决定结为夫妻。侯方域寓居异乡，一时无法筹措结亲的费用。宦官阮大铖知道此事后，想借此机会拉拢侯方域，便派人暗中送给侯方域三百金。定情之夕，侯方域以题诗的宫扇一把赠予李香君。李香君发觉妆奁是廉耻丧尽的阮大铖所送，当即大义凛然地退还妆奁，并严词劝告侯方域不要与阮大铖交往。阮大铖的阴谋破产，下令逮捕侯方域，又派兵来抢李香君。李香君誓死不从，以头撞地，额血溅于侯方域送她的宫扇上。侯方域的朋友杨龙友在扇上依着李香君的血迹画出几枝桃花，添些枝叶，这就是“桃花扇”的由来。李香君以此扇为信物，拜托曾教她唱曲的苏良生寻找被迫外逃的侯方域，盼望早日团聚。后来李香君又被阮大铖强行拉入宫内充当歌伎，侯方域也被抓到监狱。

不久，清兵长驱南下，扬州失守，南京被占，弘光皇帝被俘，阮大铖投降清军。侯方域乘机出狱，李香君也从宫中逃出。两人在栖霞山白云庵中相遇，面对桃花扇共叙旧情。在场的张薇道士撕扇掷地，指点他们“不因重做兴亡梦，儿女浓情何处消”。李香君和侯方域面对国破家亡，终于割断“花月情根”，分头“修真学道”去了。

《桃花扇》一剧形象地刻画出明朝灭亡前统治阶层腐化堕落的状态，是我国传奇剧的一座高峰。

孔尚任墓

43.孔尚任巧解康熙难

孔林又称“至圣林”，是孔子及其后裔的墓地，坐落于曲阜城北，占地3000余亩，是我国规模最大、持续年代最长、保存最完整的氏族墓葬群和人工园林。1961年，国务院公布孔林为第一批全国重点文物保护单位。

孔子墓位于孔林的中偏南地段，其墓前石碑篆刻着“大成至圣文宣王墓”八个大字，为明朝著名书法家黄养正书写。令人奇怪的是，墓碑前建有一道不伦不类的矮墙，还将墓碑遮去了三分之一，只露出“大成至圣文宣干”，“王”字底下的一横看不见了。对于建造这样一道墙有一个关于孔尚任巧解康熙难题的故事。

清康熙二十三年（1684年），康熙帝到孔林朝拜孔子墓。祭品猪、牛、羊三牲早已在供桌上摆放齐整，地上黄毡也已铺就，香雾袅袅，烛光晃晃，一切都已准备停当。这时皇帝在前，文武百官在后，准备祭祀。当康熙帝走到孔子墓前准备跪拜时，发现墓碑上的字是“大成至圣文宣王之墓”，便尴尬地站在那里；接着，祭祀的鼓乐奏起，康熙帝皱了皱眉，仍站着不拜，众人全都愣住了。这时，《桃花扇》的作者、孔子第64代孙孔尚任立刻明白了其中的道理。原来，皇帝是只拜师不拜王的。于是他便马上叫人拿来一匹黄绸，把碑文中的“文宣王”盖住，并添上“先师”两字，成为“大成至圣先师”。康熙帝这才开始祭拜。

从此以后，为了不再出现类似的情景，孔子的墓碑前就建起了这道矮墙。

大成至圣文宣王孔子墓

44.木皮散客贾应宠

贾应宠(1590～1676)，字思退，一字晋蕃，号凫西，又号澹圃，亦称木皮散客、木皮散人、木皮子，明末清初曲阜人，著名鼓词作家。

贾应宠出生在书香门第，祖父贾信是明朝贡生。贾应宠本拟走仕途经济道路，却直到49岁才中贡生，有不胜淹蹇之叹。明崇祯十二年(1640年)，任直隶固安县令，后擢升为部曹、刑部江西清吏司郎中。因见朝政腐败，辞官归故里。清顺治八年(1651年)受曲阜县尉胁迫，入京补旧职，被派往福建江州巡视，途经曲阜时将曲阜县尉罢免。不久贾应宠被免官，从此浪迹江湖，成为一个地地道道的木皮散客。

贾应宠性情豪放，不畏艰险，回乡后致力于鼓词的编写和演唱。他不图名利，也不为炫耀自己见多识广，而是对所见不平之事，借“木皮”这个“嘻笑怒骂之具”阐述见解，“十字街头几下捶皮千古快”，毫无顾忌地对历史人物评头论足，从唐尧虞舜说到秦皇汉武，深刻揭露封建统治阶级争名夺利的丑恶本质，揭露封建社会的不合理和传统观念的虚伪性。“忠臣孝子是冤家，杀人放火享荣华，太仓里的老鼠吃得撑撑饱，老牛耕地倒把皮来剥！”他有时说于街坊市肆、诸生塾中，有时说于宰宦堂上、郎曹之署，在社会上引起强烈反响，影响日渐扩大。

《历代史略鼓词》是贾应宠的代表作。其取之于史而又不拘泥于史，视野开阔，见解深刻犀利；虽取“只向热闹处话”的创作方法，却不拘于故事的敷衍、细节的描摹，较之兰陵笑笑生的《金瓶梅词话》更为简洁明快，气势雄浑，形成了创作和演出的新形式、新气象。

贾应宠墓

贾应宠的观点和做法离经叛道，不合时宜，遭到了权贵们的极力反对和百般侮辱。他却不以为然，自信地说：“曾经万里长江险，些小风波只当无。”然而，他的生活却是“冬月寒天，荒村野店，冷炕无席，单衣不掩”。“一似那僵卧的袁安，嚼雪的苏武。”毕竟是孤掌难鸣，个体与社会无法抗争，他被迫背井离乡移居兖州府滋阳县，以一鼓一板继续演唱。清康熙十五年（1676年），孤苦伶丁的贾应宠客死兖州，葬于城西牛王村。兖州区在贾应宠墓地原址重新建墓树碑，并公布为“济宁市重点文物保护单位”。

贾应宠创作的“木皮散客鼓词”在人民群众中广泛流传，被赞为“神工鬼斧之笔”。

45.农民水利家白英

白英（1363～1419），明朝汶上县颜珠村人。白英是运河上的一位船夫领班，治水、行船经验十分丰富，在工部尚书宋礼的支持下，设计修建了大运河上的东平县戴村坝和汶上县南旺枢纽工程。1965年，毛泽东主席在接见山东党政主要负责人时称赞白英是“农民水利家”。

白英设计建造的戴村坝和南旺水利枢纽被称为“北方的都江堰”，是我国水利史上的壮举。

京杭大运河途经鲁西南，汶上县南旺地段是一个制高点，俗称水脊。这段运河开挖后，因水浅难以通航。明朝初期，白英设计修筑戴村坝，截住大汶河之水。戴村坝位于东平县东部大清河与大汶河分流的地方，共由三部分组成。从南向北依次为主石坝、太皇堤和三合土坝。三部分既各自独立，又相辅相成，互为保护，形成了“三位一体”的独特布局。最南端的主石坝呈南北方向，长443米，自身又分三段，北边一段叫玲珑坝，中间一段叫乱石坝，南边一段叫滚水坝。滚水坝在三坝中最低，它的作用是在汶水开始上涨、小汶河水位超过安全界限后向西漫水，以防小汶河决口。北边的玲珑坝比滚水坝高0.1米，中间的乱石坝又比玲珑坝高0.2米。随着汶水水位的升降，三坝分级漫水，可调节河水储量。

白英又从戴村坝至南旺分水口开挖了一道40余千米长的小汶

河，引汶济运，使得南旺段运河有了足够的水源。因为南旺水脊段运河水量北少南丰，为达到引汶入运于南旺分水岭处补充水源的目的，白英在分水口创设了一个活动的鱼嘴形“石鲅”。“石鲅”就是在河底用石头筑一个活动的鱼脊背式的拨，用改变石拨的摆放位置、形状和角度的方式有效控制南北分流水量，一般是七分南下至淮扬，三分北上至天津，即所谓“三分朝天子，七分下江南”，也可以根据需要调节成四六开、五五开，甚至倒三七开。这是白英老人的又一个创举。

为了调节水量，白英还在运河沿岸开挖、建造了许多水柜（即水库）。由于汛期洪水量过大，致使沿岸决口成灾，为削减河道流量，宋礼、白英利用运河两岸的洼地创储湖，建斗门，以调节运河水量，逐渐形成了蜀山湖、马踏湖、南旺湖等湖泊，名之曰“水柜”。夏秋水盛时，通过斗门将洪水泄入湖泊，冬春运河水量不足时，再将湖水放入运河，以补运河水源之不足。这样，既减轻了小汶河下游洪涝灾害，又能保证枯水季节的运河航行不至于中断。

为了扩大水源，白英又带领民工开挖出几百个山泉，汇集起来，流入运河。

运河的主要用途是保证船只通行，为此，白英在宋礼的支持下，建造了数十个水闸。建造的水闸，由专人看守，根据水量和舟船数量确定开关水闸的时间。其中，汶上南旺地段分水龙王庙处的两个水闸最为重要。如果南边的水位低，就关闭北边的水闸，使流向北边的水改为流向南方；如果北边的水位低，就关闭南边的水闸，使流向南边的水改为流向北方。这样一来，就能保证南北过往船只顺利通过。

戴村坝和南旺枢纽工程及沿途的大量水柜、水闸，是整个大运河上最重要和最具科技含量的工程，为千里运河南北分水之咽喉，有效保证了大运河 500 年畅通无阻，不仅为明、清两代漕运和南北物质文化交流发挥了关键作用，也繁荣了济宁、东平等运河两岸城镇的经济和文化。

白英因为治理运河有功，被明朝正德皇帝追封为“功漕神”，建祠于南旺；到了清朝，白英分别被雍正、光绪皇帝追封为“永济神”“大王”，受到人民的祭祀和敬仰。

汶上戴村坝

46.一身三县宰牛运震

牛运震(1706～1758)，字阶平，人称空山先生，山东滋阳县马青村(今兖州区新兖镇牛楼村)人。27岁时，牛运震与母舅杨名案、好友董淑昌同榜考中进士，一时传为美谈。1738年，牛运震被任命为甘肃秦安县令。

牛运震初任地方官，效法古代循吏，着手清积囚、平冤狱。审案期间，他不畏权势，拒纳财贿，处公断直，执法如山，先后重审“马得才盗贼案”“杜其陶杀人案”，被冤屈者皆得平反昭雪，赢得百姓交口称赞。两案被收入《清史稿》，足见影响之大。

秦安县地广人稀，粮食产量低，百姓生活困苦。牛运震半居府衙办案，半在农田考察。他引进家乡兖州的农具耧斗，提高劳动效率。

劝谕种棉于荒田，纺纱织布以代替羊绒。秦安百姓逐渐衣食无忧，牛运震名声远播。

兖州牛楼小镇

牛运震又领导抗洪救灾，疏通河道，清理田赋，废除苛捐杂税，撰写《禁陋规碑文》，革除九条侵民扰民的“陋规”，并勒石立于县署前。他还修祠庙、办学校，示尊师重教之意，开教化风气先河。

由于牛运震治理有方，功绩卓著，1741 年，朝廷又令其兼任徽县知县。1743 年，他又兼摄了两当县县令，同时治理三县。甘肃地域广袤，处理政务十分困难，他特意在三县中心点的大门镇（别名小甘州）设堂办公，听讼断案。为此，他写了一首五言诗《大门镇晓行》记录了这段经历：

落日微心道，遥林风未收。
簿书妨月夜，鞍马任霸秋。
峡虎饥难卧，江猿晚易愁。
一身三县宰，憔悴小甘州。

在写给挚友董淑昌的信中，牛运震总结了为官经验，概括起来就是三个字：“俭”“简”“检”。“俭”，是要求为官清廉俭朴，能与百姓共甘苦，不贪图声色享受，这是为官的最低要求；“简”，就是简单简约，不摆官威官架子，主动和群众打成一片；“检”，就是时刻以“天理”“人情”“良心”作为自省标准，所作所为经得起时间和百姓的检验。

牛运震平反冤狱时，已得罪不少同僚权贵。更兼他恃才傲物，性格刚正，疾恶如仇，不善官场逢迎，屡次遭人弹劾。为官十年后，牛运震受冤罢官。牛运震为官期间，秋毫无犯，两袖清风。罢官后，返乡的川资都难凑齐，竟致贫不能归。志同道合者见牛运震凄惨如此，且知道他学识渊博、热心教育，便聘请他在兰州兰山书院担任主讲。

讲学之余，牛运震深入研究经、传、子、史百家书，学识有了更大提高。1750 年，得知最敬重的叔父牛梦英去世，父亲也年老体衰，渴望他叶落归根，牛运震便辞去书院职务，踏上归途。沿途门生故旧饯送，留恋不舍。有的门生甚至一直送到千里之外的灞桥。

回到兖州后，牛运震务农教子，潜心著述，撰成《尚书评注》《论语随笔》《孟子论文》等著作。教授本地学生之余，牛运震游历四方，结交天下名士，先后主讲过晋阳、河东两书院，深受山西、河南两省士人推重。这时的牛运震已经完成了由一个封建官吏向一代鸿儒的嬗变，名重一时，被尊称为“空山先生”。《清史稿》更是从浩如烟海的基层官员中，采英撷华，将他收入《循吏传》，并给予很高的评价。

牛运震为官三字箴言

2018 年 4 月，占地约 13000 平方米的牛运震纪念馆和馆前的廉政文化广场在兖州区新兖镇牛楼社区建成。纪念馆共分为“空山堂”、

"立德"厅、"立功"厅、"立言"厅、"立行"厅五个展区，展示了牛运震跌宕起伏的人生经历、从政十年的为官理念、倾情为民的感人事迹以及牛运震的文学成就和历代对牛运震的研究成果。广场中刻有"思廉明志"石雕、"循吏牛运震"字样的牛运震石像、牛运震家训、为官三字箴言等，使整个文化广场突出一个"廉"字，打造出一个让参观者充分体会牛运震清廉思想的廉政教育基地。

47.窝窝进士仲永檀

仲永檀(？～1742)，字襄溪，号乐园，清朝微山县鲁桥镇仲浅村人，孔子弟子仲子路的后裔。仲永檀因一篇别具一格的《窝窝赋》得到乾隆皇帝的赏识而被点为进士，成为"窝窝进士"。

仲永檀自幼家贫如洗，经常缺粮少柴。他效法孔子弟子颜回，身居陋巷，衣衫褴褛，一箪食，一瓢饮，以读书为乐。因此，青年时期仲永檀便以写得一手好文章名闻乡里。

这年正值三年一度的京城会试，仲永檀苦读经书，学富五车，即使缺少盘缠也准备前往参加。临行前，妻子把他那件破长衫洗净补好，又为他蒸了几锅高粱窝窝头，作为千里旅途的饭食。

仲永檀告别慈母、贤妻，背着一口袋高粱窝窝头，踏上了赶考的征程。他昼行夜宿，饿了啃个凉窝窝头，渴了喝一碗山泉水。眼看着口袋里的窝窝头一天天减少，离京城也越来越近了。当口袋里还剩下两个窝窝头的那天，他赶到了京城。谁知，考期已过，考试已经结束。如果参加下一次考试，还要等上三年。而家中慈母、贤妻还眼巴巴地盼着自己金榜题名、衣锦还乡呢！可自己连考场都没进去，还有何面目回去见家乡父老、亲朋好友？更何况这一路风餐露宿，历尽艰辛，苦不堪言。想到这些，他不由得泪湿衣衫，后来索性守着两个高粱窝窝头失声痛哭起来。悲恸的哭声惊动了大街上的行人，大家你一言，我一语，问个没完没了。当众人知道他是误考的儒生时，有的为他惋惜，有的陪他落泪。

可巧，这天乾隆皇帝微服私访，了解选拔人才的情况。乾隆皇帝看到仲永檀守着两个铁硬的、闪着蓝光的高粱窝窝头痛哭不止，遂动了恻隐之心：这儒生或许是个人才也未可知，我何不给他一次补考机会？于是，乾隆皇帝指着窝窝头对仲永檀说："不要哭了，你就以这窝窝头为题写篇赋吧！"众人狐疑，面面相觑。仲永檀自然喜出望外，手握毛笔，凝神静思，开始构思起文章来。他注视着和自己朝夕做伴的窝窝头，浮想联翩，感慨万端，往事不堪回首，世态炎凉使他黯然神伤。只见他饱蘸浓墨，运笔如疾风掠过，笔笔含泪，字字泣血，一篇惊风雨、泣鬼神的佳作《窝窝赋》一气呵成。

仲永檀写道：

> 美哉窝窝兮，天地之所产，人力之所造，内二外八，纤手成就。远望似将军之帽，近看似染靛之袍。似馒头而无底，象烧饼而又高。窝窝头仰面大笑，俺今日哪比往朝！运未来暂且藏头，即得时再显荣耀。
>
> …………
>
> 且慢说今人看重我，就是那古人谁不把我当作至宝，称我为救驾的将军，其实我的本领更高：我不到，大舜、伊尹耕过荒郊，夷、齐采薇，首阳饿殍；我不到，赵武灵王绿林求卵，伍子胥丹阳吹箫；我不到，梁武帝饿死台城，孔子绝粮从者愠恼；我不到，朱买臣难挑柴担，吕蒙正忍饥破窑。世上人往往轻我笑我，惹得我时常冷笑。笑的是笑我者两手捧我，轻我者今才知道。得我之人，整日面目不改；失我之人，三日容颜变了。请问知礼的君子，论一论谁长谁短，谁低谁高？您连我窝窝头也不胜，还充得什么人物，弄得什么腔调！

在这篇脍炙人口的《窝窝赋》中，仲永檀借窝窝之口，采用比兴手法，叙述了窝窝对人民，尤其对穷人的生活所起的巨大作用，也抒发了个人不得志的悲愤情怀，使人读来兴味盎然，不知不觉产生感情的共鸣。

当时，乾隆皇帝读了《窝窝赋》，连声说好，遂补仲永檀进士及第。后来，改授庶吉士，任编修，迁湖北乡试副考官，复迁陕西道监察御史。

仲永檀误考期，却被乾隆皇帝钦点进士，全凭一篇《窝窝赋》。因此，仲永檀这个"窝窝进士"和他的《窝窝赋》就这样在鲁西南一带流传下来。

48.神拳大龙蔡龙云

蔡龙云，1928 年 11 月出生，济宁市任城区人，出身于武术世家，民国时期著名的技击家。1943 年，他在上海一举击败西洋拳师马索洛夫，被誉为"神拳大龙"。

1943 年 12 月，西洋拳击界提出要与中国武术界举行对抗赛。这一挑战，激怒了整个上海武术界。当时正在上海博仁中学读书的蔡龙云更是怒火中烧，为国争光、放手一搏的激情一下子迸发出来，立即报名参加这场对抗赛。

12 月 8 日，上海各报纸发出了中国武术应战西洋拳击的比武消息，顿时轰动了上海滩。经过抽签，蔡龙云的对手是西洋拳击界名将马索洛夫。

比赛开始后，马索洛夫凭借他那高大的身躯像猛虎一样向蔡龙云扑来，机智灵活的蔡龙云左躲右闪，在对方漏出破绽后，用少林拳的"连环"手法和华拳的"迎面三腿"向对方反击，使对方防不胜防，马索洛夫的头部接连受到重击。在蔡龙云的连续打击下，马索洛夫只有招架之功，没有还手之力。蔡龙云抓住有利时机，步步进逼，乘隙飞起一脚，正中对方腹部，只听"啊"的一声，马索洛夫高大的身躯晃了两晃，摇了两摇，倒了下去。"……七、八、九、十"，马索洛夫躺在地上毫无反应，蔡龙云获得了胜利，观众爆发出一阵阵雷鸣般的掌声和欢呼声。

当时年仅 15 岁的蔡龙云为中国人民争了光，使中国武术界扬眉吐气。因为蔡龙云的小名叫"大龙"，所以被上海武术界誉为"神拳大龙"。

49.三百年老字号济宁玉堂酱园

济宁玉堂酱园是山东省唯一一家有着300年历史的中华老字号企业，历经沧桑，几度起伏，巍然屹立在济宁大运河畔。

济宁玉堂酱园为苏州人戴阿大创办。康熙五十三年（1714年），戴阿大在济宁南门口买下一块地皮，开起了一个酱菜铺。戴阿大图吉利，按天干地支推算，选中未时为酱菜铺的吉时。按天干地支的解释未时为“玉堂”，又因戴阿大原籍苏州，故名“姑苏戴玉堂”。从此，声震国内外的玉堂酱园便在济宁运河岸边诞生了。

姑苏戴玉堂除自己加工一点黄酱、酱油、香醋之外，多数酱菜都是从苏州潘万成店铺进货。这些纯江南风味的小菜虽然色香味都有特色，但较难适应济宁和北方客商的口味。姑苏戴玉堂惨淡经营，每况愈下，加上贪官污吏的勒索以及沉重的额外税征，到了1807年就不得不将经营近百年的酱园卖出。当时，济宁的大药材商冷长连听说之后，马上联合时任两江总督的济宁人孙玉庭以千两白银买下了姑苏戴玉堂。由于戴家卖店不卖字号，故孙冷两家合营后的字号去掉了戴字，改为“姑苏玉堂”。

冷长连亲自在酱园主事。他潜心研究，反复尝试，吸取戴家的经验及教训，留江南风味之长，取地方风味之优，短短几年，就研制出了几十种集江南风味和济宁特色为一体的酱菜，使姑苏玉堂名声大震。

冷长连善于发现人才，培养人才。他看到贴身伙计梁圣铭聪明伶俐，好学上进，品德优良，便让他游学四方，遍求名师，三年后又毅然将总经理的重任交付给学成归来的梁圣铭。这位伙计出身的总经理果然有才干，懂经营，一上任就在产品的地方化、多样化上下功夫。单是为了制作出济宁风味的豆腐乳，他就千方百计学习江南制作方法，仔细研究济宁人的口味，并派出一名精明伙计扮成哑巴混进江南某酱园当学徒，经过两年的苦心学习得到了制作江南酱菜的秘诀。

光绪元年(1875 年),陈守和出任玉堂酱园总经理。陈守和不仅是一位酿造专家,而且是一位颇懂营销的行家。他一上任就用一两白银一个字的高价,聘请著名书法家项文彦为玉堂写下了一篇 100 个字的产品广告。陈守和命人把这篇广告装饰在面临古运河的迎门墙上,水字相映,光彩照人,引得南来北往的游人止步,成了济宁州的一大景观,既丰富了济宁的文化生活,又扩大了玉堂酱园的知名度。这 100 个大字是:

> 姑苏玉堂酱园老店,自造秋油伏酱、五香茶干、选年干酱、甜酱、独流老醋、佳制金波药酒、各种名酒、各种提露、真沛干酒、干榨黄酒、绍兴零沽、糟鱼、醉蟹,佳制冬菜、酱糟腐乳、八宝豆豉、关东虾酱、虾油,大仓糟油,南北各种小菜,木糟香豆油坊,敬神素烛,一应俱全。

这篇广告形象地反映了清代玉堂酱园手工工场的生产规模、经营范围和发展情况。

后来,冷氏退出股本,由官宦世家孙家独资经营。由于玉堂酱园注重质量和口味,规模和品种不断扩大,生产的酱菜、酒类南北风味兼有,十分畅销。就连当时的文学作品《镜花缘》的作者李汝珍也称赞济宁玉堂酱园酿造的金波酒为"天下美酒"。

1886 年,孙家经营玉堂酱园的事被政敌以"与民争利"的罪名告到了慈禧太后那儿。军机大臣兼总理各国事务大臣孙毓汶、顺天府府尹孙辑叔侄上奏辩解,称玉堂酱园只是"一个制钱"的买卖,谈不上是与民争利。慈禧太后传旨,命令孙家迅速将经营的小菜送进宫来。孙家喜出望外,立即回到济宁精心选制了冬菜、合锦、八宝菜、酱花生仁、酱核桃仁等小菜。在店内先做成半成品,选技术高手林大松和一名厨师乘船进京,边航行边加工,一个多月后到达北京,打开罐子正好光泽鲜艳、甜而不腻、咸而不浊、脆硬适口。慈禧太后品尝后连连夸道:"微咸微甜,味压江南。"当场封林大松为七品官衔,封厨师为御厨师。其余人等也均得赏赐。同时,她还让地方官把玉堂酱菜作为贡品年年进贡。济宁玉堂酱园的名声在京津传开了，获得了“京省驰名，味压江南”的美誉。

济宁玉堂酱园

从此以后，玉堂酱园声名远播。1910 年，玉堂的远年酱油、什锦萝卜、佳制冬菜，在南京召开的“南洋劝业会”上获优等奖章。1915 年，玉堂产品万国春酒、宴嘉宾酒、冰雪露酒、金波酒、酱油等在巴拿马太平洋博览会上荣获五块金牌。

1957 年，朱德元帅赞扬玉堂酱菜“很好”，“有四个特点：鲜、嫩、甜、脆”。一些党和国家领导人及文艺界知名人士，如萧华、谷牧、袁宝华、刘澜涛、匡亚明、孔德懋、侯宝林、乔羽等和一些国际友人也曾先后到玉堂参观品尝，有的还题词留念。

有着 300 年历史的济宁玉堂酱园已成为运河之都济宁的一张亮丽名片。

50.浪漫主义大诗人李白在济宁

唐代浪漫主义大诗人李白在济宁寄家 23 年之久，留下了一段千古佳话。

唐开元二十四年（736 年），36 岁的李白“顾余不及仕，学剑来山东”，携妻子许氏、女儿平阳由湖北安陆移家济宁并居住下来。

李白是为投亲靠友来到济宁的。当时，李白的一些族亲在东鲁一带为官。他的六叔是任城县尉，兄长在中都（今山东省汶上县）当县令，族弟李凝在单父（今山东省单县）为主簿，从祖李之芳在济南任太守，近世族祖李辅在鲁郡（今山东省济宁市兖州区）任都督，还有族弟李幼成、李令问等也在山东做事。

李白不愿通过科举考试走上仕途，而是希望凭借自己的文才，能得到地方官员的赏识，推荐他进入朝廷。当时的济宁叫任城县，属河南道鲁郡。李白诗文中常常提到的“东鲁”，即“东方的鲁郡”，就是指济宁一带。因当时的国都在长安，由长安到东部的鲁郡相当遥远，所以称为“东鲁”。

李白在济宁留下了太白酒楼和浣笔泉等名胜古迹。据《太平广记》记载，李白喜欢喝酒，经常在任城的贺兰氏酒楼与志同道合的朋友饮酒畅谈。当地人敬重李白，李白离去后，就把贺兰氏酒楼改为“太白楼”。直到现在，太白楼经过多次翻修，依然矗立在任城区交通要道太白楼路中段。伫立在太白楼上，南瞰古老运河，北望济宁老城，圣地美景，尽收眼底，千秋兴亡，涌上心头。因此，“白楼远眺”成为济宁八景之一。

李白寓居任城的家在今天济宁市任城区阜桥口的东北隅，这里离太白楼不远，院内有几眼泉水。这泉水原本清澈碧透，因李白常在此浣笔，染黑了泉水，黑色的“浣笔泉”遂因李白而千载飘香。

李白长期寓居济宁，其足迹遍及齐鲁大地。在李白留下的大量诗文中，作于齐鲁或涉及齐鲁自然人文的就有近180首（篇），约占其诗文总数的18%，这些诗文不仅极大地丰富了齐鲁文化的宝库，而且为齐鲁大地特别是济宁留下了众多典故。

天宝四年（742年），李白来到汶上，一名中都小吏带来酒菜款待李白。当他喝了琥珀色的鲁酒，吃了鲜美的汶水之鱼，不由地诗兴大发，写下了《酬中都小吏携斗酒双鱼于逆旅见赠》。李白热情洋溢地赞道：“鲁酒若琥珀，汶鱼紫锦鳞。山东豪吏有俊气，手携此物赠远人……”

李白作为一位文人学士，所到之处自然会对当地的人文历史、经济社会进行一番考察研究。他曾专门为济宁写过一篇优美的散文——《任城县厅壁记》。在这篇文章中，诗人介绍了古任城的历史沿革，明确指出这里是人文始祖、三皇之首太昊伏羲氏的发祥地，有着良好社会风尚，圣贤辈出。由于优越的自然环境，加上一直是汉、魏王子的封地，在一段时期内，济宁豪侈的官风带坏了民风。后来，经过新县令的三年整治、教化，终于使社会风气有了根本性的好转，百姓的生活也更加富足美满了。这篇文章是李白留给济宁的宝贵财富。

《任城县厅壁记》全文如下：

风姓之后，国为任城，盖古之秦县也。在《禹贡》则南徐之分，当周成乃东鲁之邦。自伯禽到于顺公，三十二代，遭楚荡灭，因属楚焉。炎汉之后，更为郡县。隋开皇三年，废高平郡，移任城于旧居。邑乃屡迁，井则不改。鲁境七百里，郡有十一县，任城其冲要。东盘琅邪，西控巨野，北走厥国，南驰互乡。青帝太昊之遗墟，白衣尚书之旧里。土俗古远，风流清高，贤良间生，掩映天下。地博厚，川疏明。汉则名王分茅，魏则天人列土。所以代变豪侈，家传文章。君子以才雄自高，小人则鄙朴难治。况其城池爽垲，邑屋丰润。香阁倚日，凌丹霄而欲飞；石桥横波，惊彩虹而不去。其雄丽块圠有如此焉。故万商往来，四海绵历，实泉货之橐钥，为英髦之咽喉。故资大贤，以主东道，制我美锦，不易其人。

今乡二十六，户一万三千三百七十一。帝择明德，以贺公宰之。公温恭克修，俨实有立。季野备四时之气，士元非百里之才。拨烦弥闲，剖剧无滞。镝百发克破于杨叶，刀一鼓必合于《桑林》。宽猛相济，弦韦适中。一之岁肃而教之，二之岁惠而安之，三之岁富而乐之。然后青衿向训，黄发履礼。耒耜就役，农无游手之夫；杼轴和鸣，机罕颦蛾之女。物不知化，陶然自春。权豪锄纵暴之心，黠吏返淳和之性。行者让于道路，任者并于轻重。扶老携幼，尊尊亲亲，千载百年，再复鲁道。非神明博远，孰能契于此乎？

白探奇东蒙，窃听舆论，辄记于壁，垂之将来，俾后贤之操刀，知贺公之绝迹者也。

乾元二年(759年)，年近60岁的李白将儿女从济宁迁往楚地，这时，李白已在济宁寄家23年之久了。

当然，李白喜欢浪迹天涯，他把家安在这里，自己依然四海为家，过着漂泊不定的生活。李白对济宁有着无法割舍的情结和无限的眷恋，他漫游金陵时写过一首《寄东鲁二稚子》，其中有“我家寄山东，谁种龟阴田”，表达了对生活在济宁的子女的思念。在李白心目中，济宁始终是他梦牵魂萦的故土。

由于李白长年往来于山东，以至于《旧唐书》等重要历史典籍都把他误认为“山东人”，就连诗圣杜甫都说“我与山东李白好”。

诗人已去千余年，但济宁人一直把李白视为济宁的荣耀和骄傲。后人把李白当年饮酒作诗的酒楼保留下来，翻新了一遍又一遍，直至今天。

济宁市太白楼

51.现实主义大诗人杜甫与济宁

杜甫(712～770)，字子美，自号“少陵野老”，我国唐代伟大的现实主义诗人，一生写诗1400多首，人称“诗圣”。

杜甫曾在济宁境内游历并留下了许多佳作。兖州的少陵台和济宁南池公园的少陵祠等都与杜甫有关。

开元二十四年(736 年),杜甫在洛阳参加进士考试,不幸落第。杜甫虽然感到懊恼,但他当时年少气盛,对考场失意并未十分在意。他的父亲杜闲当时任兖州司马,于是杜甫就赴兖州省亲。年轻的诗人登上兖州城的南城门楼,极目远眺,早春的大平原浮云缥缈,一片苍莽。他不禁感慨万千,文思涌动,援笔写下了他现存最早的一首诗《登兖州城楼》:

东郡趋庭日,南楼纵目初。
浮云连海岱,平野入青徐。
孤嶂秦碑在,荒城鲁殿余。
从来多古意,临眺独踌躇。

杜甫登临赋诗的兖州南楼从此成为兖州名胜。明朝初年,兖州城南扩,为纪念杜甫,在杜甫登楼处保留一段城墙,改建成台,称少陵台。

杜甫到济宁(时称任城)游历时,写下名为《与任城许主簿游南池》的诗篇:

秋水通沟洫,城隅进小船。
晚凉看洗马,森木乱鸣蝉。
菱熟经时雨,蒲荒八月天。
晨朝降白露,遥忆旧青毡。

这首诗生动地描绘了济宁多姿多彩的水乡秋色。后人为了纪念杜甫,便在南池开辟园林,并在其中建少陵祠。

清代戏曲家、文学家蒋士铨留有《谒南池杜少陵祠》:

先生不仅是诗人,薄宦沉沦稷契身。
独向论离忧社稷,直将老歌哭风尘。
诸侯宾客犹相忌,信史文章自有真。
一饭何曾忘君父,可怜儒士作忠臣。

李白和杜甫在兖州

南池和少陵祠形成了与高高的太白楼并列的姊妹景区，“白楼远眺”和“南池荷净”皆列入济宁八景。诗仙和诗圣，同在济宁及周围地区留下如此众多的诗篇和足迹，在全国极为罕见。像济宁这样，有两个相邻的景点纪念诗仙和诗圣，更是绝无仅有，可称得上是一对天造地设的文化绝配。诗坛的双子星座共同辉耀济宁历史文化的天空。这是一道独具特色的亮丽风景，是历史对济宁的又一种厚爱。

济宁南池公园风光（一）

济宁南池公园风光(二)

四、彪炳史册的先模英烈

近代以来，在济宁这片英雄的土地上，为了实现中华民族伟大复兴，涌现出大批先进人物、英雄模范和革命烈士，他们有的牺牲了自己年轻的生命，有的经受了常人难以承受的磨难，有的在某一领域有着卓越贡献，他们是济宁的杰出代表，是济宁的灵魂和骄傲，是我们学习的榜样和奋发向上的精神动力。

1.学生党员刘庆珊

刘庆珊(1914～1995)，济宁市任城区人。国难当头，刘庆珊挺身而出，进行了不屈不挠的斗争，在济宁大地上留下了闪光的足迹。

1929 年，刘庆珊考入山东省立第七中学(济宁)，结识了七中的训育主任、中共党员王溥泉，接受了马克思主义，认识到只有中国共产党的主张才能挽救国家危亡，才能救民于水火。

1931 年 10 月的一天，刘庆珊与同学周岚、刘庆池和第七中学图书管理员王临之陆续来到济宁北关外的一座坟地，王溥泉严肃而亲切地对他们说："你们要革命，志愿加入中国共产党。今天，我代表省委接受你们四位同志的要求，在这里举行入党仪式。"从此，刘庆珊实现了自己的愿望，并实践着自己的入党誓言："我志愿加入中国共产党，把个人的一切献给党，终生为共产主义事业而奋斗!"

1931 年 11 月，在中共济宁特别支部的领导下，第七中学成立抗日救亡运动特别委员会，刘庆珊任主席。特别委员会张贴壁报，出版《星期周刊》，揭露国民党的罪行，宣传救国救民的道理，引起了济宁各界的广泛关注。

1932 年 2 月，王溥泉被国民党便衣特务逮捕，经党组织营救获释后去上海工作，刘庆珊担当起济宁特别支部的实际领导工作。6 月，时任山东省委书记武平会见了汇报工作的刘庆珊，对济宁的工作作了指示，并正式决定由刘庆珊任中共济宁特别支部书记。在刘庆珊等人的领导下，济宁特别支部培养和发展了一批党员和团员，壮大了党组织的力量。

1932年10月，由于叛徒告密，刘庆珊被捕入狱，被押往济南。当时，党组织通过秘密关系，向刘庆珊传达了党的指示：隐蔽身份，保护自己，等待营救。只有18岁的刘庆珊机智地回答了韩复榘的讯问。韩复榘问刘庆珊："你是不是共产党员？"刘说："不是。"韩问："你说不是，怎么国民党党部说你是啊？"刘又答："国民党党部如果说您是共产党员，您就是共产党员吗？"韩又问："党部为什么说你是共产党员？"刘答道："因为我宣传抗日。"刘庆珊不卑不亢，巧妙地回答了敌人的讯问。此后，刘庆珊被敌人关进监狱。在国民党的监狱里，刘庆珊度过了五年的青春岁月，受尽了折磨，经受住了考验。

1937年，刘庆珊被押解回济宁，关押在山东省第三监狱。他一个人待在空荡荡的牢房里，后面是敌人的绞刑架，一到晚上，猫头鹰叫声不绝。刘庆珊气愤万分，大骂敌人，向监狱长提出三个条件：一是允许看书、看报；二是改善生活，允许放风，给予人的待遇；三是去掉脚镣手铐。敌人不予理睬，刘庆珊开始绝食，以示抗争。一天，他的母亲被带进监狱，跪在他的床前，一边安慰他，一边质问敌人："他有什么罪？犯的什么法？你们为什么这样折磨他？"刘庆珊对哭泣的母亲说："你的儿子是个好儿子，我万一死了，你要好好注意身体，不要伤心。我是为抗日而死的，死得其所！"

绝食的第七天，弟弟给刘庆珊送来《自修大学》一书，告诉他："哥哥，你可以吃饭了，监狱长答应了你的条件。"刘庆珊的绝食斗争，取得了胜利。

"七七"事变后，抗日战争全面爆发，刘庆珊获释出狱。经过五年的磨难，刘庆珊更成熟了，对党的信仰更坚定了。

1937年12月底，受党组织的委派，刘庆珊奔赴延安，到抗日军政大学学习。济宁人民的好儿子刘庆珊告别了他热爱和战斗的故土，踏上了新的征程。

济宁声远楼

2.牺牲在燕赵大地的钱凤翔

钱凤翔(1914～1948),又名前进,济宁市任城区人。他放弃教书,外出寻找中国共产党,参加革命,为了中国人民的解放事业在河北省永清县壮烈牺牲。

1932年高小毕业后,钱凤翔考入济汶金嘉四县联合乡村师范学校。1936年毕业后,在济宁县西乡南陈庄小学执教。在这里,他阅读了大量进步书刊,特别是当时在青年教师和学生中秘密流传的《从莫斯科归来》一书,使他了解到苏维埃社会的光明,认清了当时中国社会的黑暗与腐败,对中国共产党领导的反帝反封建革命有了初步认识。

1938年1月11日,日军攻陷济宁。进城后,日军进行了疯狂屠杀。据当时红十字会的不完全统计,仅在晁家街、打绳巷和西大街等处,日军就屠杀居民近1000人。城内到处是残垣断壁,荷枪实弹的日本兵横冲直撞,任意打人、捕人、杀人。商业区血流满地,景象惨烈,触目惊心。美丽富庶的运河名城济宁顿时变成人间地狱。一幕幕惨剧激起了钱凤翔满腔怒火,他下定决心参加中国共产党领导的八路军,赶走日本帝国主义,拯救中华民族,拯救父老乡亲。

1938年7月,钱凤翔以去外县参加教师训练班的名义,同家人告别,寻找中国共产党寻找八路军。同年11月,在山东临清县,钱凤翔加入了八路军一一五师东进纵队,并加入了中国共产党,任东进纵队政治部民运科员。

1939年春,钱凤翔转入地方工作,历任河北省宁晋县农会政治教员、中共河北省宁晋县委书记等职。1940年2月,钱凤翔转任滏北区农会秘书。1941年2月,任赵县抗日民主政府秘书。

此后,钱凤翔先后在河北省赵县、固安县和永清县等地工作、战斗,把自己的青春和生命献给了燕赵大地。

1941年9月,钱凤翔在河北赵县石头崖村发动群众抢运公粮时,被敌人包围,不幸被捕。敌人对钱凤翔进行了严刑拷打,但是没有得到任何党的秘密。敌人见"硬"的不行,又采取"软"的方式。他们告诉钱凤翔说:"你年轻有为,能文能武,只要回心转意,就能当官发财。"钱凤翔义正词严,痛斥敌人,表现了一个共产党员的高风亮节。后来,在一个风雨交加的夜晚,党组织和地方抗日武装把钱凤翔和其他被关押的同志一起营救了出来。

抗战胜利后,八路军收复了河北省的20多座县城,钱凤翔被任命为固安县教育科长兼师范学校校长。他认真贯彻执行党对解放区工作的方针、政策,注重对师生进行思想教育,发动师生编写教材,制作教具,改革教学规程,改善办学条件,为发展教育,巩固民主政权做了大量工作。

1947年11月,钱凤翔在固安县参加对敌工作队,深入到国民党控制的平津保三角地区开展工作,在极其困难的情况下,发动群众、组织群众与国民党反动派进行斗争。

1948年1月,钱凤翔在永清县开展工作时被敌特分子发现,100余名国民党士兵包围了他的住处。在当地群众掩护下,钱凤翔进入地道隐蔽。国民党匪兵堵住了地道口,喊话劝降、威逼利诱,后又令人向地道冲击。这些行径均被钱凤翔坚决抵抗,钱凤翔还击毙两名匪兵。敌人向地道里连续射击,扔手榴弹,在柴草上撒石灰,点燃后向地道熏烟。滚滚浓烟夹着刺鼻的气味进入地道，弥漫了狭小的空间。我们党的好党员、好干部，济宁人民的好儿子钱凤翔为共产主义事业，为冀南和冀中人民的翻身解放，献出了宝贵的生命。

1952年，经河北省人民政府批准，钱凤翔被定为革命烈士，其骨灰安葬于永清县牛驼镇革命烈士陵园。1974年，经济宁地区民政局与河北省廊坊地区民政局协商，钱凤翔同志的骨灰迁回他阔别36年的故乡——济宁，安放于济宁革命烈士陵园。

济宁烈士陵园

3.任城烈士苏德元

苏德元(1919～1947)，济宁市任城区人，出生在一个穷苦的工人家庭。为了让孩子长大后不再受穷，父亲拼命干活挣钱供他读书。1934年，苏德元考入济汶金嘉四县联合乡村师范学校。1938年毕业后，在济宁城区杨坊巷小学做小学教师。

苏德元痛恨日寇的烧杀掳掠，于1940年4月加入中国共产党，担任城关支部的交通员。此后，苏德元先后在文昌阁小学、贾村小学、一天门小学任教，从事党的工作。

1941年4月，日军再次推行"治安强化"运动，党在济宁城区的工作处于困难时期。济宁县工委根据上级要求，实行"隐蔽精干、长期埋伏、积蓄力量、等待时机"的工作方针，把暴露身份的党员抽调到根据地工作，没有暴露身份的党员就地隐蔽。苏德元根据党的指示，辞去了文昌阁小学校长的职务，离开济宁城，在城东南贾庄小学隐蔽下来。1944 年春，苏德元与邹县抗日民主政府县长步云亭取得了联系。在步云亭的安排下，苏德元又回到济宁城，在一天门小学以教书为掩护，从事抗日活动。

1946 年 1 月，晋冀鲁豫野战军第七纵队在杨勇司令员的指挥下，一举攻克济宁城，中共济宁市委给隐蔽下来的党员接续了组织关系，苏德元又重新回到党的怀抱。济宁解放后，成立济宁市，辖五个行政区，建立了市、区两级党委、政府，苏德元担任二区区长。

全面内战爆发后，国民党军吴化文部进攻济宁。1946 年 8 月，解放军主动撤出济宁，苏德元根据组织安排参加济宁政府办事处的工作。

1947 年 3 月，济宁政府办事处在嘉祥大山头镇开展工作时，被敌人发现。敌人纠集大批兵力疯狂扑过来。办事处成员一部分向敌人后方转移，一部分就地隐蔽。苏德元隐蔽在附近的汪楼村。由于叛徒告密，苏德元不幸被捕。敌人将苏德元押解到嘉祥县城，连夜审讯，要他说出我党在济宁城区隐蔽的人员和物资，说出济宁政府办事处的去向。面对敌人的淫威，苏德元神情镇定，拒绝回答敌人提出的任何问题。敌人气急败坏，对他严刑拷打，上“老虎凳”“压杠子”。他昏死过去，敌人再用凉水泼醒过来，但是苏德元宁死不屈。敌人见在他身上捞不到什么东西，便下了毒手。

在一个漆黑的夜晚，敌人将苏德元从狱中押解到西城墙根下，指着预先挖好的土坑说：“这是你最后的一次机会，要死要活你自己选择！”苏德元昂首高呼“打倒国民党反动派！共产党万岁！”的口号，被敌人推下了土坑，牺牲时年仅 28 岁。

1951 年 2 月，新中国成立不久，济宁市人民政府追认苏德元同志为革命烈士。

4.中原突围谈判代表吴祖贻

吴祖贻(1916～1946),祖籍河南开封,1916 年生于山东曲阜外祖父家,在曲阜和济宁学习、生活了 15 年。

1931 年,吴祖贻从山东省立中学(济宁)转入天津南开中学读书。“九一八”事变爆发,他在课本封面上写下“誓忠民族”的誓言,积极参加抗日救亡活动,被选为校学生自治会主席。

1935 年“一二・九”运动中,天津学生举行声势浩大的爱国游行,吴祖贻高举校旗走在队伍最前列,并于当晚率 600 余名同学赴南京请愿。尽管天津军警封锁了铁路,但他仍想方设法使一些学生汇集南京,向国民党当局递交了请愿书。天津学生代表团是“一二・九”运动后由华北到达南京的第一个学生请愿团,《大公报》为此对吴祖贻进行了专门采访和报道,影响甚广。

1936 年 4 月,吴祖贻加入中华民族解放先锋队,不久参加天津学联的领导工作。在积极参与筹备天津学联“暑假义教促进会”时,天津教育当局宣布暑期全体学生必须参加会考,否则不发毕业证。吴祖贻坚决拒绝参加会考,南开中学校方最终没有发给吴祖贻毕业证书。9 月,吴祖贻转到上海私立光华大学商学院经济系就读。一到上海,吴祖贻就在地下党的安排下参加了全国学联的领导工作。

1937 年,根据党组织的安排,吴祖贻到开封领导学生运动。同年 9 月,加入中国共产党。随后,吴祖贻参加了中共开封市委的领导工作。这一时期,吴祖贻还担任豫西特委青年部长,主持省委青年部工作。1938 年,吴祖贻作为河南省代表到延安出席了西北青救会代表大会。

1939 年 9 月,吴祖贻参加了鄂豫边区抗日根据地的有关工作,并任边区党委委员、民运部长。经过实地调研,吴祖贻总结出了“抗日十人团”的经验,在整个边区予以广泛推广,推动了鄂豫边区的抗日群众工作。

1946年6月，国民党蒋介石发动全面内战，首先向中原解放区发动进攻。这时，吴祖贻任干部旅政治部主任，协助旅长张文津、政委张成台率队随三五九旅参加北路突围。行军途中，北路突围部队在艰苦环境下，积极开展思想政治工作，克服重重困难，于7月中旬抵达陕西南部的商洛地区。

国民党"围歼"中原解放军的计划失败后，一边调兵遣将穷追突围部队，一边派飞机投撒传单，搞和平欺骗，还一再邀请我中原部队派代表与其和谈。为表诚意，我军派吴祖贻、张文津、毛楚雄（毛泽东的侄子、毛泽覃的儿子）三人为和谈代表，赴西安与国民党进行谈判。8月7日，三人从镇安县杨泗庙出发赴西安，行至宁陕县东江口镇时，被胡宗南部第六十一旅一八一团无理扣押。得知此事后，当时在南京的周恩来和在北平军调部的叶剑英同时向国民党当局提出强烈抗议，延安《解放日报》也对胡宗南的阴谋进行了揭露。虽经多方努力营救，最终却没有成功。

1946年8月10日晚，吴祖贻、张文津、毛楚雄三人连同向导一起，被敌人秘密活埋于东江口镇。当时，吴祖贻年仅30岁，毛楚雄年仅19岁。

在济宁这片热土长大的吴祖贻烈士，没有牺牲在抗日战争的前线，却惨遭国民党匪兵的毒手。

1985年7月，李先念同志在《纪念张文津、吴祖贻、毛楚雄三烈士》一文中指出："吴祖贻等烈士和在突围中牺牲的烈士们永远值得我们怀念。"

5.邹城播火者韩维密

韩维密（1910～1940），字馨远，邹县（今山东省邹城市）南关人，邹城市第一个中国共产党党员，领导建立了邹城第一个党支部，在邹鲁大地播下了革命的火种。

韩维密出生于一个农民家庭，父亲韩伯茂是邹县南关的韩姓族长，为人忠厚，办事公道，颇受人们敬重。韩维密自幼受父亲的影响，养成了正直忠厚、见义勇为的性格。

1928年小学毕业后，韩维密应聘到邹县第一小学任教。1929年冬，参加了小学教师三民主义训练班。受曲阜二师反帝反封建新思想的影响，韩维密思想活跃，阅读了许多进步书籍，并经常与同学探究国事，针砭时弊，与冯起、彭建华、王文清等几位进步教师结成了最要好的朋友，对共产党充满羡慕和向往之情。由于当时邹县还没有建立党的组织，他们开始了寻找中国共产党的艰苦历程。

1930年初，在韩维密家举行的一次聚会上，爱动脑筋的韩维密想出了一个寻找党的比较稳妥的办法。他说："咱们不是可以到济南去上学吗？只要考上了学，就有合法身份，就可以走遍全济南，一天不行两天，一月不行两月，总会找到的。只要心诚，石缝里也会开出花朵来。"他的提议得到了大家的赞同，于是他们决定前往济南，借助学习和读书的机会寻找共产党。但是，韩维密的父亲反对他继续上学，要他到杂货铺去学做生意。韩维密不顾父亲的阻拦，于1930年夏天考取了济南省立乡村第一师范学校，彭建华则考取了聊城省立第三师范学校。韩维密与冯起、彭建华三人求学前夕约法三章：一是无论身处何境，须以找党为己任；二是投身革命，永不变心；三是万一暴露，宁可身死，决不牵连他人。

在济南省立乡村第一师范学校，韩维密几经努力，终于找到了党组织。在党组织和进步师生的帮助下，韩维密于1930年冬加入了中国共青团，1931年春加入了中国共产党。韩维密成为邹县第一个中共党员，并担任了济南省立乡村第一师范学校第三任党支部书记，参与了团省委的领导工作。

"九一八"事变后，韩维密随同党领导的山东学生请愿团南下，向南京国民政府示威、请愿，反对蒋介石卖国投降的不抵抗政策，要求停止内战、一致对外。请愿失败后，韩维密被南京国民政府扣押在南京雨花台附近长达半月之久，获释后返回济南。

1932 年 3 月，根据党的指示，韩维密回到家乡邹县发展党员，建立了邹县第一个党支部。同年 7 月，为了加强山东省委和邹县党组织间的联络工作，韩维密重返济南。1933 年，由于叛徒告密，韩维密在济南被捕入狱，被反动法庭判处无期徒刑。1936 年春，韩维密被转押到邹县监狱。

1937 年“七七”事变后，日寇沿津浦铁路大举南侵，10 月初侵占德州，继而占领平原、禹城、齐河，陈兵黄河北岸，直逼济南。此时的山东省政府主席韩复榘慌了手脚，仓皇率部南逃。国民政府任命的邹县县长甄光远也放弃职责，携款逃之夭夭。一时间，邹县国民党县党部大门紧锁，大小官员不知去向。邹县狱方如丧家之犬，连夜往嘉祥方向撤逃。临逃前，监狱释放了全部刑事犯和大部分政治犯，唯独不肯释放韩维密，并把他带到了嘉祥县城。

这时候，彭建华、冯起获释出狱，由济南回到邹县。他们得知韩维密被押送嘉祥后，决定由冯起赶赴嘉祥，进行营救。冯起作为保人向狱方提出了释放韩维密的要求，他对围观的一群看守大兵们说：“弟兄们，你们谁家里没有父母老幼、三亲六友？你们谁不是父母的血肉之躯，谁不是吃家乡的粮、喝家乡的水长大的？如今日本鬼子侵略咱们中国，烧杀抢掠，欺男霸女，无恶不作，难道我们能熟视无睹吗？”

“我们都是中国人，”冯起继续说，“中国人就要有中国人的良心。灭绝人性的日寇绝不是只打共产党的，灾祸说不定落在谁头上。家将破，国将亡，我们中国人为什么要自相残杀？弟兄们，我们齐心去打日寇，保卫国土，才是好汉，才不愧为中国人啊！”

听了冯起的演讲，官兵们纷纷动摇。官员见大势已去，第二天就释放了韩维密。1937 年 11 月底，韩维密回到家乡邹县，立即召开了党的秘密会议，恢复建立中共邹县县委，并任县委委员。

韩维密工作出色，影响力大，敌人对他特别痛恨，多次抓捕，但都没有得逞。后来，敌人先后抓了他的二弟和三弟，还把他的父亲抓到兖州宪兵队，关押审问了半月之久。在敌人的迫害下，韩维密的母亲和妻子被迫投井自尽。

1938年10月，韩维密被上级党组织派到山东分局党校学习。1939年春，韩维密学习结业，化名刘子久，被分配到鲁中区党委一地委（即泰山地委），任宣传部干事。这时他才知道家中发生的事。他给父亲写了一封短信，信末说："革命一定会胜利，共产党一定会胜利，家乡会解放，全中国会解放，黑暗的日子会过去，未来是光明的。"

1940年初，韩维密在湖区"肃托"运动中被诬陷为"托派"，受尽王须仁的严刑拷打，仍坚贞不屈，视死如归，但最终不幸罹难。在这次湖区"肃托"事件中，我党军政干部先后蒙冤被害者达到300多人，湖区党组织遭受重大损失。发现问题之后，山东军区司令员罗荣桓亲自赶来调查处理，才挽救了湖区革命根据地。

1942年春，中共中央为韩维密平反昭雪，追认韩维密为革命烈士。

韩维密虽然牺牲了，但他在邹鲁大地上播下的革命火种越烧越旺，冯起、彭建华、步云亭等同志继续战斗，谱写了辉煌的革命诗篇。

6.邹城党组织的创建者之一冯起

冯起（1908～2001），又名冯景福、冯羡吾，出生在邹县（今山东省邹城市）太平镇冯家庄的一个农民家庭。冯起是邹县地方党组织的创建者和早期负责人之一，也是湖东（即微山湖、南阳湖及其以东）地区的主要领导人。他一生追求真理，在敌人面前宁死不屈，为人民利益赴汤蹈火，勇往直前。

1927年冬，在北伐战争影响下，邹县成立了农民协会，并开展了轰轰烈烈的农民运动。冯起在农民运动中得到了锻炼，走上革命道路。

1929年，冯起考入邹县三民主义小学教师训练班。他对中国共产党充满向往之情，先后到曲阜、济南等地寻找党组织。1932年7月，冯起通过济南乡师党支部书记韩维密介绍加入中国共产党。不久，冯起与韩维密等人一起建立了邹县第一个党支部——中共邹县支部，并任组织委员，成为邹县地方党组织的创建者和早期负责人之一。在白色恐怖中，微山湖东部地区的党组织发展壮大起来。

1937年1月，冯起不幸被国民党政府逮捕。在狱中，他坚贞不屈，同敌人进行了坚决斗争，保持了革命者的高尚气节。全民族抗战爆发后，经中共党组织营救，获释出狱。冯起遵照中共山东省委指示，建立了中共鲁南特别支部，并担任特别支部书记。11月，恢复建立了中共邹县县委，冯起任组织委员，发展邹县党的组织，开展抗日武装斗争。12月，邹县县委领导了太平镇南亢村抗日武装起义，建立了鲁南人民抗日游击总队，冯起任总队长，步云亭任副总队长，队伍很快发展到200多人，100多支枪。起义不久，冯起率队袭击了驻两下店火车站的日军，在邹县大地上打响了抗击日寇的第一枪。

1938年3月9日夜，国民党山东侦探队勾结叛变的地主武装“红枪会”，假借谈判抗日之名，将冯起骗至荆家集扣押起来，同时对邹县县委和鲁南人民抗日游击总队驻地南亢村进行突然袭击。这就是邹县革命史上著名的“南亢事件”。冯起机智勇敢，用一件毛衣向看守换了几张信纸，分别给徐州日报社和第五战区政治部写了书信，揭露“南亢事件”的真相，并义正词严地提出：“抗日何罪之有？”国民党侦探队怕担风险，不得不将冯起释放。冯起逃离魔掌后立即恢复了邹县县委，并担任县委书记。

1939年3月起，冯起先后担任中共邹滕峄工委书记、尼山特委组织部长、山东第一区第三地委组织部长、鲁南一地委组织部长兼对敌斗争委员会书记、湖东县委书记等职，为鲁南地区的党组织建设和争取抗战胜利立下了汗马功劳。

1946年9月，冯起任鲁南二地委书记。他率领党组织和地方武装坚持津浦铁路以西、微山湖以东地区的斗争，配合主力部队作战。二地委建立后，冯起整顿发展了党的各级组织，建立了精干的地、县领导班子，同时加强了地方武装建设。在国民党军队入侵后，冯起又组成武工队，坚持敌后游击战。

1947年夏，冯起奉命率部分部队和机关人员离开湖东，先后到鲁西和渤海区开展对敌斗争。1948年7月，中共兖州市委成立，冯起任市委书记兼兖州卫戍区政委。1949年初，冯起调任浙江省金华地委书记、军分区政委。

冯起作为邹县党组织的创建者和主要领导人之一，为邹县革命事业的发展和抗日战争、解放战争的胜利做出了重要贡献。

鲁南人民抗日游击总队纪念馆

7.邹城党组织和地方武装的创建者之一彭建华

彭建华(1910～1938)，邹县(今山东省邹城市)太平镇张家村人，邹城地方党组织和地方武装的创建者之一，为中国革命的胜利献出了宝贵的生命。

彭建华出生在一个农民家庭，为人正直，见义勇为，性格乐观，口才极佳。高小毕业后，彭建华考入曲阜明德中学，深受曲阜省立第二师范学校新思想的影响。1927年初中毕业后，彭建华回到家乡，向当地群众宣传革命道理。同年冬，在邹县农协的领导下，他参与创建了本乡农协分会，掀起了打土豪分田地的农民运动。在这场急风暴雨的阶级斗争中，彭建华得到了锻炼，并立志将反对封建主义、争取民主自由作为终生奋斗的目标。

1930 年，为了寻找党组织，彭建华考入聊城省立第三师范学校，并在该校加入中国共产党。九一八事变后，彭建华和进步同学一起，走上街头，发表抗日演讲。

1932 年，彭建华因组织学生反对学校不合理的规章制度，被反动学校当局以“激进”罪名勒令退学，回到家乡。这时革命正处于低潮，整个邹西天低云暗，满目疮痍。彭建华退学时又遗失了党组织关系，这使他的心情非常苦闷。彭建华的母亲是经历过八国联军侵华和辛亥革命的人，颇有见识。她理解儿子为国家、为民族担忧的心情，就鼓励彭建华说：“男儿就要有男儿的志气，光在家里愁有什么用？要像梁山泊好汉那样，打出去嘛！我也不图你在家侍候，先保国后尽孝，没有国家，哪有民家！”彭建华母亲为支持他抗日，变卖了几亩地，托人买了一把大刀、一支长枪。彭建华有了刀枪，爱不释手。每到夜晚人们酣睡之时，他便操练刀枪，时刻准备杀上抗日救国的战场。

回乡后不久，彭建华到邢村高等小学任教，继续秘密寻找党组织。这时，邹县党的第一个支部刚刚成立，他找到了党的成员、邹县第二小学教师冯起，诉说自己的理想抱负。冯起对他给予了热情帮助，推荐他到邹县第二小学任教。经冯起介绍，1932 年冬，彭建华重新加入了中国共产党。1932 年底，中共邹县县委建立，彭建华被选为县委委员，负责城东北农村工作。1933 年 3 月，邹县县委惨遭破坏。彭建华和其他共产党员，在白色恐怖下继续秘密开展革命活动。1935 年春，彭建华又和冯起等一起把 20 多名党员组织起来，成立了邹县工委，彭建华任工委书记。

1937 年 1 月 27 日夜，彭建华不幸落入敌人的魔掌。敌人将彭建华秘密押送到济南国民党第三路军军法处。彭建华在连续几次预审中遭到敌人的毒打，军阀韩复榘也亲自开庭审讯，但他始终坚贞不屈。国民党高等法院看守所是法院的一处跨院，关押着 400 多名“犯人”，彭建华被作为“要犯”关进西北角一座新建的小楼 4 号牢房里。法院始终未查出新的证据，最后以“危害民国”罪判处彭建华 5 年徒刑。在监狱中，赵健民、彭建华、冯起等共同发挥了骨干带头作用，开展了多种斗争。

1937 年七七事变后，党中央派张经武来到济南与韩复榘反复交涉，迫使韩答应释放全部政治犯，彭建华获释出狱。

1937 年 11 月，彭建华根据省委指示，回到已被日寇侵占的家乡邹县，把邹县的党员重新组织起来，在大里彦村建立了邹县县委，彭建华任县委书记。12 月中旬，为策应中共山东省委领导的徂徕山起义，中共邹县县委发动了太平镇南亢村抗日武装起义，组建鲁南人民抗日武装游击总队，彭建华任政治主任。不久，游击队袭击了驻津浦铁路两下店车站的日寇，首战获胜，打死一名鬼子和两名汉奸，在邹县大地上打响了武装抗击日寇的第一枪。接着，游击队又在各乡组织建立了抗日保家自卫团。

邹城烈士陵园

1938 年 2 月 2 日夜，数百名国民党顽军包围了南亢村，从四面发起进攻。当时，有百余名游击队干部战士驻扎在该村学校，彭建华立即组织抵抗，部署突围。这时，混入游击队的特务向彭建华开了枪，年仅28岁的他壮烈牺牲。

解放后，邹城市烈士陵园建立了彭建华烈士纪念碑。彭建华同志的革命业绩和英勇献身精神，永远镌刻在人们心中。

8.邹城抗日民主政府主要领导者之一步云亭

步云亭(1902～1968)，原名步占润，邹县(今山东省邹城市)太平镇东纪沟村人，中华人民共和国成立前历任中共邹东工委书记、邹县抗日民主政府县长兼县大队队长、鲁南一军分区副司令员等职，是邹东抗日根据地的创建者和邹县抗日民主政府的领导者之一。

步云亭出身于农民家庭，祖父步广秀是清末武秀才，在其影响下，家族内和村中形成了尚武的传统。步云亭年少之时，便开始练功习武，养成了勇敢坚强、疾恶如仇的性格。

步云亭自幼天资聪慧，勤奋好学，于1917年考入邹县第一高等小学，接触了一些进步师生，阅读了大量进步书籍，开始萌发民主思想。高小毕业后，步云亭考入邹县三民主义教师训练班，学习结业后回家乡任教，先后在王石、谢庄、双村、故下等村教书，积极从事革命活动。

1927年，在北伐战争的影响下，他和冯起、彭建华、王文清等一起在家乡组织了区农民协会，开展打土豪斗争。1930年，他抱着参政为民的美好愿望，参加了省招聘区助理员的考试，录用后被委任为邹县田黄区区长，后调金乡县南孙店区任区长。在任区长期间，步云亭解决了灾民的放赈和土匪骚扰等问题。由于他经常接触进步人士冯起、彭建华等人，因而引起国民党当局的怀疑。1934年，国民党当局以勾通“赤匪”嫌疑罪名，免去了步云亭的区长职务。

步云亭被免职后，回到邹县教书，并于1936年经冯起介绍加入中国共产党。1936年12月，中共邹县工委遭到破坏，共产党员冯起、彭建华等人被捕并被押往济南监狱，邹县笼罩在白色恐怖之中。在严峻形势下，步云亭一方面继续从事革命活动，另一方面为营救冯起等同志四处奔走。他变卖家产，三次去济南营救革命同志。在多方努力下，1937 年 10 月，由步云亭和吴文清等人出面作保，冯起、彭建华等获释出狱。

1937 年 11 月，邹县恢复建立县委，步云亭任军事部长。为了组织抗日武装，他说服父母，卖掉了几辈人辛勤劳动积攒的 8 亩半土地，又拿出多年积累的 50 块大洋和部分粮食购买了 1 挺轻机枪、1 支短枪、2 支长枪和两箱子弹，于 12 月中旬参与并领导了邹县太平镇南亢抗日武装起义，组建了鲁南人民抗日游击总队，任副总队长，揭开了邹县人民抗日斗争的序幕。总队队伍的不断发展壮大，引起了国民党顽固派和封建地主的嫉恨和恐慌，他们时刻伺机进行破坏。1938 年 2 月 2 日夜，数百名顽军攻打鲁南人民抗日游击总队驻地，制造了“南亢事件”，县委书记彭建华等 4 名同志当场壮烈牺牲。敌众我寡，情况万分危急，步云亭当机立断，冒着敌人的枪林弹雨，率部推倒围墙突围，撤到西纪沟村，保存了革命力量，继续开展艰苦的游击斗争。

1938 年 4 月，步云亭同冯起等人在太平镇里彦村成立了东进抗日总队，步云亭任副司令员。8 月，冯起、步云亭率部攻打了驻扎在太平镇北亢村的国民党顽军十七梯队司令部，俘虏了国民党代表张云海和司令李崇洲。10 月，步云亭去山东分局党校学习。

1939 年 6 月，步云亭从山东分局党校学习回来后，组建了湖东独立营，并担任营长。独立营配合八路军主力在谷亭、南阳等地与日军作战，特别是在南阳一战中打死、打伤日军 200 多人，鼓舞了抗日队伍的士气。1939 年 9 月，在山东军区司令员罗荣桓的指示下，在郭里成立了邹县抗日民主政府，步云亭任县长。邹县抗日民主政府是鲁南地区最早的县级抗日民主政权，步云亭成为邹西、湖东一带最有声望的抗日民主政府县长。

1940 年 1 月，奉山东军区司令员罗荣桓的指示，步云亭率邹县抗日民主政府机关人员和邹西独立营一连到邹东开辟抗日根据地。5 月，成立邹县县大队，步云亭任县长兼县大队队长。邹县县大队在群众的支持下消灭了危害人民的“暗杀团”，解除了多股土匪武装，将根据地扩大到十八盘山周围的几十个村庄，并在这些村庄建立了基层抗日民主政权。

1941年1月，为打通湖西与鲁南地区的联系，粉碎顽固派冯子固、周侗等部的夹击封锁，八路军一一五师教导第二旅第五团、第六团相继开赴南阳湖以东地区，成立了湖东办事处。步云亭在该地区有着广泛的群众基础和较高的威望，被任命为办事处主任。这时，暗中叛变的原独立营营长张洪宾，假借向办事处请示汇报工作，企图谋杀步云亭。张洪宾派参谋张兆桂、秘书秦启江和3个警卫员，乘中午休息时掐死哨兵，直奔主任室而来。张兆桂进屋后，直接向步云亭的警卫员射击。这时步云亭正在门后洗脸，发觉情况不对，猛然一个转身，把张兆桂踢倒在门槛上，警卫员赶上去一枪结果了他的性命，其他4人被闻讯赶来的战士活捉。

1941年夏，步云亭将湖东独立营带到邹东，与县大队合并。同年10月，上级决定建立鲁南军区第一军分区，步云亭被任命为分区副司令员，主要担任部队的作战策划和军事指挥工作。入伍后，步云亭先后策划和指挥了孙徐、南辛、位庄、赵村、安德、标村、黄土崖等重要战斗。

抗战胜利后，步云亭被任命为邹县民主政府县长。

1946年6月，蒋介石发动了全面内战。7月，根据鲁南第一军区决定，以邹县县大队为基础，抽调各区中队武装，组建了邹县独立团，步云亭兼任团长。邹县独立团对盘踞峄山的匪特李兴泉（绰号李老八）进行清剿。除匪首李兴泉及少数土匪溃逃外，其余全部被歼灭，消灭了危害百姓多年的峄山土匪。新中国成立后，匪首李兴泉也被捉拿归案，受到了应有的惩罚。

1947年5月，在反击国民党军的频繁战斗中，步云亭积劳成疾，撤到后方。在后方，步云亭以鲁南军区所属的3个卫生所为基础，从四面八方收拢医务人才，组建了华野第三医院，并任政委，转战在鲁西北地区。1949年4月，华野第三医院被改编为“山东军区第三军医院”。步云亭领导山东军区第三军医院，随大军转战南北，为支援前线，保障战争胜利做出了积极贡献。

9.战斗英雄孔祥坦

孔祥坦(1926～1949)，邹县(今邹城市)田黄镇瓦曲村人，华东野战军三纵七师二十一团一营营长，革命烈士。

孔祥坦入伍时年仅14岁，个子矮。同志们问他：“你为什么要当八路军?”他说：“人家都说八路军好，不打人，不骂人，对老百姓好，能打日本鬼子。”同志们又问他：“你年纪小，个子又小，能当兵吗?”他面带怒气地说：“我14岁了，还小吗？别看我个子小，背支大枪不作难，再说，我还能不长了吗?”入伍后，领导发给他一支小马枪和一把刺刀，他如获至宝，爱不释手。训练之余，同志们都休息了，他还是不停地练习射击，练习投弹，练习刺杀，嘴里不停地哼着歌曲，很惹人喜爱。每当他听到部队出发执行战斗任务时，孔祥坦总是手挥刺刀高兴地喊：“我一定要干掉几个鬼子和汉奸!”

在党的培养教育和同志们的关怀下，孔祥坦很快成长为一名英勇善战的革命战士。在1940年和1941年两年的反“扫荡”战斗中，孔祥坦都冲锋在前，撤退在后。由于他异常勇敢，同志们都称赞他是邹县独立营二连的“小老虎”。

孔祥坦英勇善战，生活却十分艰苦。在抗战最艰苦的岁月里，他每天吃不到三两粮食，甚至一两天吃不上饭，一两个月没有鞋子穿。但是孔祥坦从没有把困难放在眼里，始终保持着革命乐观主义精神。

1943年，在攻打南孙徐、消灭伪军张宪荣部的战斗中，孔祥坦带领3个战友，奋不顾身，猛冲猛打，迫使30多个敌人缴枪投降，使部队迅速地全歼守敌，大获全胜。

1944年，八路军一个连在云山营被巩振寰匪军300多人包围。时任华野三纵七师二十一团一营营长的孔祥坦提出，在敌人后续部队未跟上之前，先集中兵力打下敌人在东山头的制高点，才能使被围困的部队安全突围。上级同意之后，孔祥坦率领一个排迅速攻上山头，吓得十几个敌人俯首就擒。紧接着他又带队猛攻敌人的包围圈，俘获人、枪各三十。这次战斗，孔祥坦部毫无损失，不仅为被围部队解了围，而且还从容不迫地安全转移。由此可见，孔祥坦的战斗指挥艺术已经相当成熟。

由于作战勇敢，多次出色地完成战斗任务，孔祥坦在1944年6月召开的山东军区英模会议上被授予“山东军区战斗英雄”称号。1948年6月11日，孔祥坦参加攻克曲阜县城的战斗，又立新功，被山东军区授予“甲等战斗英雄”称号。

尼山抗日烈士纪念碑

不幸的是，在1948年12月的淮海战役中，孔祥坦身负重伤，1949年1月光荣牺牲，年仅23岁。

据不完全统计，入伍以来，孔祥坦身经百战，参加战斗126次，负伤8次，他捉到的俘虏足有一个营，缴获的武器可以装备四个连。牺牲之后，孔祥坦被授予“华东军区战斗英雄”和“革命烈士”光荣称号。

10.中共曲泗县委书记乔海秋

乔海秋(1912～1946),原名乔尚涵,泗水县城关镇小乔家村人,泗水县较早的中共党员。

乔海秋的父亲务农兼习中医,母亲治家勤俭,家中经济比较宽裕。1929年,乔海秋考入兖州省立第五职业学校。他天资聪颖,勤奋刻苦,学习成绩好,深得老师赞誉。1930年秋,兖州省立第五职业学校改为兖州省立第四乡村师范(以下简称"四乡师"),乔海秋继续在该校学习。

1931年九一八事变后,全国大、中学校的学生,在中国共产党的领导下,掀起了抗日救亡运动。乔海秋参与组织宣传队到乡间宣传。12月,他参加了鲁南七校学生赴南京请愿活动,和同学们一起在兖州火车站卧轨截车。

1932年初,经四乡师国文教员谷静默介绍,乔海秋阅读了《北方少年》《联友》《东方少年》等党的秘密刊物。在课堂上听老师介绍"九一八"事变、"一·二八"事变的经过和真相,加上自己目睹的国民政府丧权辱国、镇压爱国学生运动的情景,他逐渐认识到只有马列主义才是革命真理、只有共产党才能救中国,产生了加入中国共产党的强烈愿望。同年2月,乔海秋由本班同学王福鸿介绍,成为了一名中国共产党员。

入党后,乔海秋与校内的党员一起深入发动群众,开展党的工作。不久,他担任了四乡师党支部书记。为了便于开展党的活动,四乡师党支部对外称"消费合作社"。他们用"消费合作社"的合法名义,创办了"国文学会""社会科学会""同乡读书会"等群众团体,购买了大量的社会科学书籍和新文艺书刊供同学们阅读,以此团结广大同学,宣传新文化,组织抗日救亡活动,传播马列主义,发展党员,扩大党组织。

抗战时期,乔海秋先后担任中共泗水中心县委组织部长、中共泗水县委书记。他在泗北主持建立了三个区委、两个区政权，还发展了抗日武装——泗水县大队。1941 年 7 月，中共鲁南一地委决定将泗水县委与曲阜工委合并为中共曲泗县委，乔海秋担任曲泗县委书记。曲泗县委在乔海秋的领导下，党组织、政权机构和抗日武装日趋巩固和壮大，青救会、妇救会等群众团体相继建立和健全，为我军输送了大批干部和战士。泗北和曲北发展成为我党领导下的一块巩固的抗日根据地。乔海秋为开辟和巩固这块根据地倾注了大量心血。

乔海秋任书记时的中共曲泗工委旧址

1942 年 7 月，乔海秋被调往山东分局高级党校参加整风学习。1943 年 4 月，学习结束后，山东分局决定派他去延安抗大继续学习。乔海秋在延安抗大期间，聆听了毛泽东、彭德怀、徐向前等中央领导同志的报告，参加了整风运动、大生产运动，学习了党的七大文件，于 1945 年 8 月毕业。根据中央指示，该期(第八期)6000 多名学员大部分被分配到全国各个抗日战场，参加对日寇的最后一战，迎接全民族抗战的伟大胜利。乔海秋被分配到东北战场。

1946 年 1 月，乔海秋到达中共中央东北局驻地本溪。3 月，东北局派他到吉林省双阳县任县委书记。乔海秋在双阳县组织全县人民做好支援前线的工作，强力支援了长春、四平、老爷岭战斗。同年 5 月 28 日，国民党军队从长春、伊通两路进攻双阳县，乔海秋带领县委、县政府及县武装向辉南县撤退，当撤到辉南县盘石以东、华甸子以西时，遭到当地还乡团的袭击，撤退的人员被打散。乔海秋带领十几个同志越过辉南县，继续向蒙江（今吉林省靖宇县）撤退，途中又与当地土匪遭遇。在战斗中，乔海秋负伤，由辉南县政府将其送往蒙江县盟家医院。经医治无效，乔海秋同志于6月5日在吉林省蒙江县盟家医院长辞人世，年仅34岁。

泗水人民的好儿子乔海秋同志为了中国人民的解放事业长眠在东北大地上。

11.泗南游击大队长杜嗣存

杜嗣存（1906～1944），字汉卿，泗水县张庄镇东独角村人，出生在一个贫穷的农民家庭。

杜嗣存早年因生活所迫到大连当码头工人。因反对日本暴行被通缉，回到家乡务农。1937年底，泗南的张显荣以抗日为名，拉起了游击队，杜嗣存带领一部分人参加了该部，被任命为特务队队长。

1939年9月，杜嗣存经萧剑秋介绍加入中国共产党。入党后，杜嗣存与萧剑秋、曹济舟在张显荣部第三营组建了党支部委员会，任支部书记。党支部先后发展了12名党员，建立了3个党小组。此时，中共泗水中心县委派共产党员夏传璋到张显荣部工作，由党支部书记杜嗣存直接领导。他们随时将张显荣部的行动与思想动态向上级党组织汇报，为我党做好张显荣的统战工作和对反共顽固分子的斗争提供了可靠的情报，并促使张显荣在一定时期坚持了抗日立场。

杜嗣存在泗南为发展我党独立的抗日武装，建立泗南根据地，做出了重要贡献。1940年8月，杜嗣存根据党组织的需要，回家乡东独角村建立游击队，从两支半枪（一支半截枪）、七八个人开始，逐渐发展到拥有四十多人枪的游击队。杜嗣存任队长，担负起我党在泗南发展抗日武装，护送邹东与泗水来往干部的任务。

1942年春，第一军分区决定，将杜嗣存领导的游击队改编为泗南游击大队，杜嗣存任大队长，萧剑秋任政治指导员。同年9月，泗南游击大队协助我鲁南三团与尼山支队一举攻克伪军司令部，生俘其司令张显荣，歼敌500余人。此后，泗南游击大队改编为泗南独立团第一大队，杜嗣存任大队长。

1943年2月29日，泗南独立团被千余名日伪军包围在老猫山以东、柴禾山以北、玉皇山以西地区。敌众我寡、敌强我弱，面临全军被围歼的危急形势，杜嗣存、萧剑秋两位同志率全大队经浴血奋战，英勇冲杀，保护团部突出重围，从而保存了这支抗日武装。此次战斗，萧剑秋等七人负伤，三人牺牲，三人被俘。不久，泗南独立团改编为尼山独立营，杜嗣存任四连连长。

1943年7月，日寇调集了兖州、曲阜、邹县、泗水敌伪军2000余人，蚕食我邹东根据地。敌人在我泗南抗日根据地中心区内元卜庄安设了据点，每日分兵出动，烧杀抢掠，无恶不作。为了粉碎敌人的蚕食政策，尼山独立营采取了“敌进我进”的斗争方针，用“翻边战术”突入敌区，袭击敌人的老窝。在尼山独立营攻打安德据点时，杜嗣存率领的四连负责阻击泗水城敌人的增援。当泗水城援敌200余人向我四连阵地疯狂进攻时，杜嗣存坚守阵地，命令两个班迂回到敌人两侧猛烈开火。敌人三面挨打，招架不住，仓皇逃窜。四连成功阻击泗水城增援之敌，保证了全营顺利拔除安德据点。

1944年1月24日夜，尼山独立营攻打墁山，四连负责主攻。杜嗣存勇猛顽强，率领全连首先攻占了墁山山顶，配合兄弟连队连续摧毁了敌炮楼30多处，歼敌700余人，不但拔除了墁山伪据点，还扩大了邹东根据地。

6月底，尼山独立营三连、四连在滋临公路伏击日军从兖州去临沂的五辆军用汽车。三连打军车，四连打卞桥日伪军的增援。当三连打响战斗后，卞桥日伪军一个中队前来增援，遭到四连迎头痛击，敌人丢下20多具尸体后狼狈逃回。

7 月初，日寇一个小分队和伪军 500 余人分头到西故安和黄家岭清剿。杜嗣存、刘涛、李明德、杨西亮等率领全连战士，在区中队和民兵配合下，首先击退了进犯黄家岭的伪军，并将日寇一个小分队包围在西故安村北部大石桥附近。经四连猛烈攻击，敌人不支，钻入桥底，妄图顽抗到底。经过 3 个小时的激战，全歼日寇小队长以下 29 人，我军亦伤亡 20 余人。在战斗中杜嗣存受伤过重，医治无效，一个月后，在元卜庄牺牲，年仅 38 岁。

杜嗣存牺牲后，军分区召开了追悼会。地委委员、专员周蓝田代表地委和专员公署致悼词，高度赞扬了杜嗣存同志战斗的一生。杜嗣存同志的遗体安葬在家乡东独角村。

杜嗣存同志为了党，为了革命事业，为了抗日战争的胜利，献出了宝贵生命。他光荣的名字和成千上万的革命先烈一样，流芳百世，万古长存。

12. 投笔从戎的陈伯衡

陈伯衡（1906～1939），原名陈宪璇，汶上县汶上街道南周村人。幼年时家庭较富裕，得以入私塾学习。16 岁考入城内书院高小，因学习勤奋，成绩优秀，为人谦和，光明磊落，深受同学们钦佩。陈伯衡毕业后先后读于济南第一师范学校和北京大学，逐步接受了马克思主义。

1935 年，陈伯衡毕业后被济南齐光中学聘为教务主任，革命思想更加活跃。1936 年 10 月 19 日，鲁迅先生逝世。陈伯衡怀着极大悲痛，主持《齐光校刊》，编发悼念鲁迅先生专号，并亲笔撰写了 1.3 万余字的《鲁迅先生的战绩和思想》一文，以马克思主义的观点，精辟地阐述了鲁迅思想风格的形成及其战斗精神。这一时期，陈伯衡还在《齐光校刊》上发表了题为《关于“数”》的文章，通过对“数”的概念形成、发展和“数”与“量”的辩证关系的论述，巧妙而深刻地宣传了马克思主义哲学思想。

1937 年 10 月，日军逼近济南，齐光中学举校南迁。经汶上时，陈伯衡听说旧友刘起文、曹志尚等准备组织抗日队伍，遂产生强烈共鸣，毅然决定留汶举义，共赴国难。当时，起义筹备者们面临的首要问题是举什么旗，跟谁走。陈伯衡以其固有的威望和崭新的革命思想，很快统一了大家的认识：坚决跟共产党走！他通过关系，两赴济宁，终于找到中共鲁西南工委，要求负责人江明派人指导。江明热情赞扬了汶上义士们的爱国主义精神，派共产党员刘星以中华民族抗日解放先锋队名义，协助陈伯衡等发动起义。此后，陈伯衡和刘星、曹志尚、刘起文等分头行动，走村串户，从人员、枪支、经费等方面，做了大量筹备工作。

1938 年 2 月 5 日，陈伯衡同刘星等在永安寺正式起义，在鲁西南一带率先拉起了一支由共产党实际领导的抗日队伍——汶上县人民抗日自卫队。

陈伯衡领导的这支起义部队，很快受到东平县地下共产党负责人万里的关注。1938 年春，万里派杜子俭到自卫队，帮助建立党的组织。陈伯衡异常兴奋地表示："我们很欢迎您来！"从此以后，陈伯衡更加严格要求自己，忘我地学习和工作，当年秋天，就加入了中国共产党。

1938 年 5 月，自卫队改编为范筑先部第十支队挺进队，陈伯衡任队长；10 月，与东平地方武装合编为十支队东进梯队，陈伯衡任司令员；12 月，编为八路军山东纵队六支队一团，陈伯衡任团长。陈伯衡和战士吃一样的饭，穿一样的衣，冬睡草窝，夏宿野地。凭着一腔热血和大智大勇，他带领战友们克服生活和装备上的种种困难，冲破敌人层层封锁，先后转战于汶上、东平、平阴、聊城、冠县等黄河之滨的十几个县，给日伪军以沉重打击。

抗日自卫队成立之初，未建立党的组织，一度与中共领导机关失去联系。究竟如何带好这支新生的抗日队伍，同强大的敌人进行有效斗争，陈伯衡开始并不十分明确。他一方面向曹志尚等有军事经验者请教，另一方面认真研究马克思主义理论和《水浒传》《三国演义》等描写战争的名著，以其聪慧的悟性和卓越的指挥才干，带领战友们创造了一个又一个奇迹。当时，抗日自卫队由于受到日伪军和国民党顽军两方面的钳制，处境十分困难。为粉碎敌人相互勾结的罪恶阴谋，争取各种力量联合抗日，他在带领战友深入发动群众的同时，向流亡中的国民党汶上县政府开展了统战工作。陈伯衡带领几名精干战士赴沙河站同国民党县长崔百朋磋商避免摩擦、共同抗日问题，因发生争执，双方卫兵忽地抽枪对峙起来。崔百朋吓呆了，不知所措。陈伯衡却镇静如常，以沉稳威严的大将风度向双方卫兵命令道："都把枪收起来！我们是来谈问题的，不是来干仗的！"他用一句话稳住了局势，使谈判得以继续进行，并取得初步成果。

1938年冬天，部队进驻东平县苇子河村。侦察员扣留了一名受日军收买、传递假情报的邮差。不少人主张将其就地正法。陈伯衡劝阻说："他是一时受敌人蒙蔽的穷苦百姓，我们要争取让他为我们服务。"他对如何处理这件事做了一番分析，使在场同志茅塞顿开。经过教育，邮差果然痛改前非，向我军提供了大量日军情报。

1939年3月22日，陈伯衡奉命率部赴东平县郑海一带阻击日军。日军依仗装备精良，骄狂直进。他抓住敌人这一弱点，利用地利、人和的有利条件，一接火，就将敌先头部队打了个落花流水。敌人恼羞成怒，动用迫击炮、重机枪疯狂进攻。激战持续了5个多小时。下午17时许，陈伯衡亲临迫击炮阵地，指挥炮手发起反击，不幸中弹，壮烈牺牲。

战斗结束后，中共鲁西区党委和八路军一一五师师部召开了万人追悼大会，隆重悼念陈伯衡同志。

13.宁死不屈的革命战士蒋典印

蒋典印（1915～1940），字信亭，梁山县李官屯镇解庄村人，中共梁山一带党组织创建者之一。

蒋典印6岁时父母去世，在外婆照顾下读到初中二年级被迫辍学，到戴庙小学任教。1936年7月，蒋典印加入了中国共产党。同年9月，蒋典印与高明宇在戴庙小学建立了梁山一带第一个党支部——中共戴庙支部(直属中共山东省委领导)，高明宇任支部书记，蒋典印任副书记。

中共戴庙支部成立后，蒋典印利用各种机会，揭露日本帝国主义灭亡中国的野心和种种暴行，抨击国民党“攘外必先安内”的反动政策，进行抗日救国宣传。他在演讲中大声疾呼：“国家兴亡，匹夫有责。国难当头，本应一致对外。我中华民族历来有反抗侵略的传统，祖逖北伐，岳飞抗金，戚继光驱逐倭寇，何等壮烈！我等作为炎黄子孙，理应效法民族英雄，以一腔热血，报效祖国！”蒋典印的演讲情理交融，言辞激烈，令人感奋。

七七事变后，中共山东省委号召共产党员脱下长衫，拿起枪杆子，组织和参加抗日武装，并派出一批共产党员到国民党部队去做统战工作。蒋典印就是被派出的共产党干部之一，他的任务是到原西北军将领石友三部一八一师开展统战工作，促使该师由消极抗日转为积极抗日。

接受党的任务之后，蒋典印告别体弱多病的妻子和尚在襁褓中的儿子，踏上了征程，向一八一师驻地聊城进发。他赶到聊城的时候，石友三正彷徨不定。石友三既想依靠我党力量，摆脱蒋介石的控制，以保存个人实力，又惧怕日本人的淫威，认为抗战无望，有投降侵略者的意向。针对这种情况，蒋典印采取灵活机动的工作方式，晓之以理，动之以情，使石友三部站在抗日的立场上，多次与我军协同作战。

1940年初，第一次反共高潮期间，石友三部见风使舵，乘机勾结日军，大肆搜捕屠杀共产党员，蒋典印不幸被捕。面对敌人的严刑拷打，他英勇不屈，保持了一个共产党人的高尚气节。敌人从蒋典印口中得不到有用的东西，恼羞成怒，决定杀害这位年轻人。

一天傍晚,天阴沉沉的,一辆囚车把蒋典印拉到了一片荒野上。敌人把戴着镣铐的蒋典印从车上推下来。几个匪兵迅速在地上挖了一个坑。蒋典印轻蔑地朝匪徒们看了看,脸上充满了嘲笑,然后大义凛然地迈步向土坑走去。

来到坑边,蒋典印朝下看了看,大声说:“不行,太浅,我是为抗日而死的,不能躺着死,我要站着死。”匪徒们相互看了一眼,吃惊地看着蒋典印,又拼命地挖了一阵子。蒋典印挺直了身子,朝故乡梁山方向,无限深情地望去,然后毅然跳进了坑里。蒋典印牺牲时年仅25岁。

夜幕下,乌云翻滚,狂风呼啸,好像是天空和大地,共同为这位年轻的革命战士呜咽、悲伤。

14.抗日英雄曹志尚

曹志尚(1903～1940),原名曹凌云,出生于汶上县十区曹庄(今山东省嘉祥县老僧堂镇大曹庄村)的一个农民家庭。曹志尚聪明好学,15岁考入郓城乡村师范学校,积极参加革命活动,为抗日救亡奔走呼号。

1938年2月5日,曹志尚与刘星、陈伯衡等一起领导了著名的永安寺起义,建立了汶上人民抗日自卫队,消灭了汶上县五区伪区队和区维持会。3月,曹志尚率领自卫队在汶上县白塔寺袭击日军,打响了汶上县人民抗击日寇的第一枪。

1939年3月,曹志尚由孟晓东介绍加入中国共产党。他严格执行党的统战政策,收编了白育普、侯宪明两支地方武装,并与刘坤山领导的汶西大队合编为汶郓巨嘉游击队,曹志尚任副司令兼参谋长。在这期间,曹志尚协助刘坤山建立了汶南抗日民主政权,为中共南旺地工委的建立奠定了基础。

1939年5月11日凌晨,日军5000余人突然发动袭击,将八路军一一五师师部及部分部队包围在肥城陆房不足10平方千米的狭小地域内。正处陆房外围的八路军第六支队一团迅速投入战斗。曹志尚率独立营迅速插入敌军之后展开猛烈进攻，重创日军，并牵制了汶上、东平、宁阳三县的伪军，为一一五师的顺利突围创造了有利条件，受到陈光代师长的表扬。

曹志尚率部参加了著名的独山战役。1939 年 8 月 1 日，曹志尚奉杨勇旅长命令，率一个加强连迅速占领梁山南侧高地。日军少佐大队长长田敏江率日军 400 余人由汶上向梁山进犯，至梁山南部就地休息。八路军一一五师特务营、骑兵连、独立旅一团三营及曹志尚率领的加强连，从青纱帐里突然出击，迅猛异常，重创日军有生力量。第二天拂晓，战斗进入白热化阶段，日军凭借独山 10 余座石灰窑做垂死挣扎。在这关键时刻，曹志尚率加强连冲锋陷阵，配合主力部队消灭了负隅顽抗的敌人，创造了在敌我兵力相等、装备劣势的条件下，一次全歼日军一个大队的模范战例。

1940 年 1 月 3 日，日军出动 5000 余人，纠集汶上、郓城、巨野等县的大批伪军，配有坦克、汽车及骑兵，大举“扫荡”运河西部地区。面对强敌，曹志尚机智灵活，英勇善战，率领八支队主力迅速突破重围，穿越南旺湖，横渡大运河，在汶河沿岸与日军展开了英勇顽强的游击战。

在与敌人周旋过程中，八支队领导下的青年抗日救国会基干大队 400 余人，在南旺湖被日军冲散，副大队长王传志和指导员孙敬英勇牺牲。敌强我弱，第八支队损失惨重，由 3000 余人减少到 1000 余人。这时候，土匪出身的侯宪明又叛变投敌，形势异常严峻。但是，曹志尚意志坚强，毫不气馁，坚决维护党在部队中的绝对领导，服从命令，誓死捍卫抗日根据地，继续战斗在运河以西地区。

3 月，汶上县十区伪区长李建德操纵反动会道门红枪会，勾结日军，公然对抗民主政权，拒绝对八路军的供给，多次绑架、杀害地方干部和八路军战士，发动以响水口为中心的红枪会联合暴乱。3 月 10 日，曹志尚在平息响水口暴乱的战斗中壮烈牺牲，年仅 37 岁。

新中国成立后，嘉祥县人民政府将烈士遗骨迁葬在嘉祥县革命烈士陵园，并为其建造墓碑，纪念这位抗日英雄。

15.名馨湖山的杨静斋先生

杨静斋(1888～1942),名修稳,字安亭,号静斋,梁山县(原属东平县)小安山镇杨堤口村人。他为人刚直,敢于同邪恶势力进行斗争。抗日战争爆发后,杨静斋先生忧国忧民,参加了党领导的抗日斗争,为中华民族的解放事业贡献了自己的一生。

杨静斋先生是疾恶如仇的勇士。1913 年,杨静斋入北京大学法律科读书。毕业后历任山东农业专门学校庶务主任,安丘、东鹿、阳谷等县承审员(帮助县官审理官司)。杨静斋秉公执法,忠于职守,主持正义,深得民众信赖。1928 年他做阳谷县承审员时,军阀部队与驻地群众发生冲突,在剑拔弩张的情势下,他挺身而出,居中调停,避免了惨剧的发生,保护了群众的生命安全。

1928 年 5 月,西北军将领孙良诚任山东省政府主席之后,各县都有他派出的爪牙。杨静斋不满军阀的黑暗统治,愤然辞职回到自己的家乡。当时,孙良诚的爪牙刘隆震是个强取豪夺、鱼肉百姓的恶棍,杨静斋疾恶如仇,回乡后连夜写出诉状,发动地方上有胆识的人士赴省城告状,终于赶走了刘隆震,为梁山人民除了一害。

后来,韩复榘占据山东,东平县县长范学铭接受贿赂,默许官钱局滥印纸币,搜刮民脂民膏。杨静斋抱病写出诉状,由郭复先等人出面,上告到督办公署。后来,官司打到韩复榘那里,韩复榘扬言要拿告状人和写状人治罪,终因郭复先据理力争,诉状言而有据准了状子,取消了东平县私征的税收,解散官钱局。

杨静斋是奋起抗日的志士。七七事变后,日军轰炸东平县城,县长孙永汉携财潜逃,东平城里一片混乱。当时的教育局长、国民党员耿仁山浑水摸鱼,借机成立政训股,自任股长,将全县中小学教师全部任命为政训员,企图控制爱国知识分子的抗日活动,发展个人势力。1938 年春,耿仁山为了镇压抗日进步力量,策动国民党新任县长姚孟源将从事地下活动的中共党员王伯谋、田怀先二人逮捕，阴谋杀害。杨静斋闻讯后，立即找郭复先等人商量营救措施，向姚孟源要人。经过斗争，终于救出王、田两位同志。当时，党在东平的活动还没有公开，多以“民族解放先锋队”的名义发动和组织群众抗日。杨静斋积极支持并参加“民族解放先锋队”的活动。因此，反动派说起他，总是称其“老先”，对他又怕又恨。

东平县城被日寇占领后，为了掌握抗日主动权，地下共产党员周持衡、邹鲁凤分别出任东平县长和秘书，暗地进行抗日活动。杨静斋给予有力支持，联络七区、八区和九区的区长在政治上和财政上积极配合。三个区队奉周县长之命，驻扎在城西解河口一带，监视城内日伪军的动向，以备不测。后来，周持衡被撤换，国民党员刘衍同做了县长。杨静斋立即找七区、八区、九区的区长商议，对刘衍同在政治上和财政上进行抵制。有一次，县里征集钱款，七区只送去了破烂角钱17元，应付了事。

1937年秋，东平县组建抗日民主政权，杨静斋和郭复先、代泮洲、陆蔼如等参加了县长人选的研究，推举马继光任县长，为东平县抗日民主政权的建立做出了积极贡献。

这年冬初，郭复先、陈伯衡等同志率东进梯队从聊城回到东平、汶上一带，发动群众进行武装抗日。杨静斋从各方面给予支持，动员七区、八区和九区共三区区队加入了东进梯队，组成第一团，由郭复先任团长。

杨静斋是名馨河山的烈士。1940年4月，杨静斋被选为鲁西区行政公署行政委员。当时，东平县西部连年水患，庄稼几乎颗粒不收，人民群众生活十分困苦。杨静斋提出“以工代赈”的建议，被公署采纳。由抗日政府调集民工，疏浚河渠，修筑堤防，使近五千亩农田得以耕种，五万多群众有了饭吃。

1942年，杨静斋当选为冀鲁豫边区临参会、冀鲁豫办事处驻会委员。当时，抗日战争正处于最艰苦的阶段。杨静斋不顾家人亲朋的劝阻，置个人安危于度外，毅然以年老体弱之身，投入民族解放事业，随机关转战南北。同年 9 月 27 日，日寇疯狂地进行大“扫荡”，杨静斋等人在濮阳杏子铺被敌包围。突围时，杨静斋不幸中弹牺牲，为中华民族的解放事业洒尽了最后一滴血。

1946 年 1 月，我边区政府、边区临时参政会和昆山、寿张、东平、汶上、南旺等五县群众公议，在烈士家乡小安山为其修墓立碑。烈士墓竣工后，墓碑上镶刻了“名馨河山”四个大字。杨勇、宋任穷、段君毅等领导同志分别为杨静斋烈士题写挽词，以示悼念。

16.金乡县第一位中共党员马希文

马希文(1906～1927)，金乡县城东马庄村人，生于一个较富裕的农民家庭，革命烈士。

马希文 8 岁开始读书，1923 年考入济南私立正谊中学部。当时，正谊中学成立了中国共产党组织，一些共产党员经常向学生宣传革命道理。马希文积极参加革命活动，思想进步很快。1925 年，经马志先、陈少壮介绍，马希文加入中国共产党，主要任务是从济南到黄台向地下党负责人马志先投送情报，他每次都出色地完成了任务。

1926 年冬，党组织决定动员北方青年南下，到武汉参加培训，作为北伐战争的骨干。马希文根据党组织安排到达武汉后，于 1927 年考入中央军事政治学校，被编在一大队。同年 8 月，中央军事政治学校一大队改编为军官教导团，马希文转入军官教导团。

由于蒋介石、汪精卫相继叛变革命，形势急剧恶化，中共中央决定以革命武装反抗国民党反动派的血腥屠杀政策。马希文根据党的指示，随叶剑英率领的教导团到达广州，于 12 月 11 日参加了广州起义。马希文所在部队担任攻打广州公安局的战斗任务。12 日，部队又开赴珠江沿岸，向张发奎第四军司令部留守处发起进攻。在战斗中，马希文冲锋陷阵，勇往直前，身中数弹，壮烈牺牲，年仅21岁。

1982年，山东省人民政府评定马希文同志为革命烈士。

马希文烈士家乡金乡县的文峰塔

17.金乡县早期党组织主要创始人之一翟子超

翟子超（1912～1939），原名翟振起，金乡县马庙镇翟庄人，革命烈士，金乡县早期党组织的主要创始人。

1927年春，翟子超高小毕业后，以优异成绩考入山东省立第一师范（习惯称“济南一师”）农村讲习科，同年加入中国共产党。1928年，日军侵占济南，制造了五三惨案，学校无法上课，翟子超被迫辍学。1929年，日军撤离济南，学校复课，翟子超返校学习。翟子超除认真完成学习任务外，还挤时间为报刊撰写稿件，宣传革命道理。

1930年，翟子超以“稚心”为笔名，在《大明湖畔》报上发表了多篇文章，引起济南学生界的广泛注意。同年底，翟子超修业期满，回到家乡。

1931年1月，翟子超被金乡县立第三完小（咸固店小学）校长梁希贤聘为该校训育主任。同年8月，经人介绍去齐东县台子小学教书，因宣传革命思想，1932年被解聘。1932年7月，翟子超转往成武县第一高小教书。1933年7月，因革命工作需要，又去阳谷县安乐镇小学教书。其间，他与共产党员杨一斋、盛北光、申云浦等取得联系，建立了阳谷县的第一个党支部。

1934年冬，翟子超在阳谷县参加了"中坚社"，编演了《孔雀东南飞》《九一八》等剧目，扩大了党的政治影响。由于在阳谷一带积极开展党的工作，1935年6月，翟子超被学校辞退。他返回原籍金乡后，应聘到金乡县第一高小教书。

1936年6月初，翟子超组织"读书会"和"中华民族解放先锋队"。11月，建立金乡县的第一个党支部——中共金乡县第一高小支部，他和秦和珍为支部负责人。

1937年9月，中共山东省委派共产党员王鉴览到金乡县，与翟子超、耿荆山、秦和珍等人取得联系，成立了金乡县最早的党的县级领导机构——中国共产党金乡县工作委员会。10月，翟子超奉上级党组织的命令到单县以教书为掩护，从事党的工作。不久，翟子超组织建立了中共单县特别支部，并担任书记。

1937年12月底，经金乡县工委要求，鲁西南工委将翟子超从单县调回金乡县。1938年初，金乡县工委研究了组建抗日武装问题。2月15日，抗日武装建立，取名为第五战区第二抗日游击纵队，共100余人，40多支枪，翟子超任纵队民运干事。3月，国民党的第三路军要收编这支队伍。为保存实力，党组织命令第二抗日游击纵队主动分散隐蔽。5月13日，日军侵占金乡县城，3000余名守城民工惨遭杀害。侵略者到处烧杀掳掠，无恶不作。为抗击日寇，翟子超等人在耿楼重新拉起一支50余人的抗日队伍。6月13日，湖西各县抗日武装会师，被统编为人民抗日义勇队第二总队第十三大队，翟子超任政治指导员。8月，翟子超参加了攻打汉奸王献臣部的战斗。年底，第二总队改编为山东纵队苏鲁挺进支队，1939年2月，又改为苏鲁豫支队第四大队，翟子超任指导员、宣教股长。7月7日，鱼台县建立了湖西地区的第一个抗日民主政府，翟子超兼任教育科长，不久又升任苏鲁豫支队四大队某营教导员。

翟子超家乡金乡县的文渊阁

1939年8月底，混入党内的坏分子王须仁（湖边地委组织部长）制造了湖西“肃托事件”。9月15日，翟子超等人被王须仁以“托派分子”的罪名非法逮捕；27日，不幸遇难。

1941年春，湖西地委根据中共中央文件精神，在单县辛羊庙为“肃托事件”中被害的同志举行了隆重的追悼大会，翟子超同志被追认为革命烈士。

18.中共金乡县委第一任书记秦和珍

秦和珍（1913～1996），原名秦令璞，字玉轩，金乡县鱼山街道秦庄村人，曾任中共金乡县委第一任县委书记。

秦和珍出身于农民家庭，家境贫寒，8岁时进入一所乡村小学就读，学习刻苦，成绩优秀。1925年，秦和珍初小毕业后，考入金乡县第三完小（咸固店小学）继续读书。

1927年，秦和珍完小毕业后，父母无力供其继续读书，于是他一边劳动一边自学。1931年夏，秦和珍以优异成绩考入滋阳乡村师范学校。不久，九一八事变爆发，血气方刚的秦和珍义无反顾地投入到抗日救亡运动，并于12月参加了由曲阜二师、泰安师范、济宁七中、曲阜明德中学和滋阳乡师等七校师生在兖州火车站卧轨截车到南京请愿的斗争。教师孙铁夫（共产党员）很欣赏秦和珍的斗争精神，对他生活上照顾、学习上帮助，并借给他《社会科学大纲》《社会主义大纲》《政治经济学》等马列主义书籍，引导他参加了“读书会”“社会科学研究会”“教育劳动协会”等进步组织。秦和珍如饥似渴地阅读《北方少年》《联友》等党内刊物，接受了马列主义，思想觉悟不断提高。1933年7月，经乔海秋、张开文介绍，秦和珍加入中国共产党，成为金乡县早期共产党员之一。

1935年7月，秦和珍带着在学校学到的知识，带着对中国革命前途的思考，以优异成绩毕业，回到了家乡，被金乡县第二完小（耿楼完小）校长周惠符聘为国文教员。秦和珍教书时，注重向学生介绍进步思想，启发学生的政治觉悟。

1936年初，秦和珍经金乡县第一高小教导主任、共产党员翟子超介绍，到该校任国文教员。他和翟子超除向学生宣传进步思想外，还在学生中组织起“读书会”，建立了“中华民族解放先锋队”。同年5月，中共济南市委书记赵健民来到金乡县，与他们取得联系，介绍了当时的抗日形势，安排了工作任务，要求他们宣传抗日救国思想，组织抗日团体，将抗日爱国分子团结到党的周围，发展新党员。他们以金乡县第一高小为基地，宣传党的抗日主张，揭露国民党政府不抗日、假抗日的丑恶嘴脸，向进步师生和社会人士介绍革命书籍。11月，秦和珍与翟子超等首批发展了3名共产党员，建立起金乡县第一个党支部——中共金乡县第一高小支部，秦和珍、翟子超为支部负责人。到1937年6月，金乡县党员已发展到20人，并在翟庄、周楼等村建立了党支部。

1937年9月，中国共产党金乡县工作委员会（简称“金乡县工委”）建立，秦和珍任工委委员。这年冬天，秦和珍等共产党员决定组建抗日武装，在较短的时间内，发展到100多人，番号为“第五战区第二抗日游击纵队”。秦和珍说服父母，动员侄子等四位亲属，带着一支枪，参加了这支部队。后来，为了避免武装力量被国民党金乡县政府收编，根据党组织的安排，第二抗日游击纵队暂时分散隐蔽。

1938年5月，日军侵占金乡县城，3000多名守城民工惨遭杀害，人民处于水深火热之中。秦和珍、耿荆山、翟子超、袁汝哲、杨绪明、周冠五等人重新组织游击队，编为苏鲁人民抗日义勇队第二总队第十三大队。9月，秦和珍等带领部队参加了攻打土匪汉奸王献臣的战斗。12月，部队改编为八路军山东纵队第十三支队。1939年2月，第十三支队又随第二总队一起编入八路军主力一一五师苏鲁豫支队第四大队，秦和珍任一营一连指导员。

1939年9月，因湖西“肃托事件”，秦和珍在邹县郭里集被开除党籍，并被关押起来。11月，八路军一一五师政委、山东军区司令员罗荣桓和中共山东分局书记郭洪涛亲自来到湖西，采取紧急措施制止了“肃托事件”，秦和珍才幸免于难。被解救出来并恢复党籍后，秦和珍立刻投入到革命工作中。他不辞辛苦，深入乡村，传达上级有关处理湖西“肃托事件”的指示，发展党员，整顿恢复党的基层组织，建立了中共金乡县委，并担任书记，初步扭转了混乱局面。

1941年3月，秦和珍调任中共湖西地委秘书长。1943年初，湖西地委粉碎日军的大“扫荡”后，设立金巨县，加强对金乡西部和巨野南部地区的领导，秦和珍被任命为金巨县县长兼县大队大队长，领导金巨县的政府工作和武装斗争。1945年5月，秦和珍改任冀鲁豫十一专署巨南办事处主任。

解放战争时期，秦和珍先后担任冀鲁豫行署第七专署副专员、专员兼第二军分区战勤指挥部司令员，冀鲁豫区战勤总指挥部副司令员，中共冀鲁豫区泰西地委书记兼军分区政委等职，领导人民深入开展土改复查，建立党和政府的各级组织，调动广大军民生产、支前、参战的积极性，参与组织陇海、定陶、巨野、鲁西南、沙土集等战役的支前工作，为革命胜利贡献了力量。

新中国成立后，秦和珍先后任中共山东分局组织部副部长兼人事厅厅长、组织部长，山东省委委员、山东省委组织部长、省委常委、省委书记处候补书记兼组织部长等职。“文化大革命”中，秦和珍被扣上各种政治帽子，降职下放。1969 年 8 月，秦和珍恢复工作，任省革委政治部副主任。1977 年 1 月，任中共山东省委书记，后兼任省革委副主任、山东省政府常务副省长，主持省政府日常工作。

1983 年 4 月，秦和珍当选为山东省人大常委会主任、党组书记，是第五届、六届全国人大代表。在人大常委会工作期间，秦和珍努力加强地方国家权力机关建设，特别是为省人大常委会的思想建设、组织建设和制度建设倾注了大量精力和心血，为全省的人大工作和社会主义民主与法制建设做出了重要贡献。

1985 年，秦和珍离休后，担任省政府顾问，参与冀鲁豫边区党史编写和他本人回忆录的撰写工作，并到各地演讲，对干部和青年学生进行革命传统教育和爱国主义教育。为了总结历史经验和教训，秦和珍撰写回忆录，历时八年，数易其稿，为党和人民留下了一份珍贵的历史文献。

1996 年 9 月，秦和珍同志在济南因病逝世。

19.中共金乡县工委书记王鉴览

王鉴览(1917～1939)，金乡县城北郊孙庄村人，出生于农民家庭，全民族抗战爆发后，参加共产党领导的队伍，投入到抗日战争的硝烟烽火中，打击日本帝国主义的侵略。

青少年时期，王鉴览先后进入金乡县私立里仁学校初中部、山东省立高级中学等校学习。1935 年，王鉴览以优异成绩考入清华大学地质系。这一年，日本帝国主义策划所谓“华北自治运动”，加紧对我国进行侵略。国民党政府采取“攘外必先安内”的不抵抗政策，激起了全国人民的愤慨。在中国共产党的领导下，北平的广大爱国师生组织了著名的“一·二九”运动。王鉴览积极参加这一运动，接受党的教育，成长为一名学生干部。

“一·二九”运动后，王鉴览参加了中共北平市委领导的“平津学生南下宣传团”，1936年初，他加入“中华民族解放先锋队”（简称“民先队”），决心为中华民族的独立英勇奋斗。同年5月，王鉴览学习了共产主义理论，认识到只有共产党才能救中国的道理，加入了中国共产党。

1937年8月，王鉴览按照中共山东省委的部署，回到家乡金乡县开展抗日救亡工作。王鉴览与金乡县的共产党员翟子超、秦和珍、耿荆山、郭耕夫、周又程等接上了组织关系，传达了省委指示，迅速成立了中共金乡县工作委员会。工委由王鉴览、翟子超、耿荆山三人组成，因联络点设在王鉴览家里，王鉴览担负起了工委书记的职责，并负责与上级党组织联络。

中共金乡县工委成立后，王鉴览经耿荆山介绍到抗敌后援会工作，宣传抗日救国的道理，很快成为抗敌后援会里的一名核心人物，发挥了重要作用。

王鉴览十分重视党组织的发展，在工作中注重发现和培养爱国青年。1937年底至1938年底的一年时间内，王鉴览发展了十多名共产党员，包括周冠五、杨如岱、刘清怀、张心通、袁汝英等金乡县著名的早期共产党员。

1938年1月16日，中共金乡县工委在城西马庙村建起了一支百余人、三四十支枪的队伍，取名第五战区第二抗日游击纵队，开始武装抗击日本帝国主义的斗争。王鉴览在政治部负责宣传工作。1938年4月，为保存实力，避免被国民党第三路军收编，按照上级党组织的安排，第五战区第二抗日游击纵队主动疏散。

1938年5月13日，日军侵占了金乡县城，大肆烧杀掳掠。中共金乡县工委又在耿楼重新拉起一支队伍，编为“湖西人民抗日义勇队第二总队第十三大队”，袭击日军小股部队，打击汉奸卖国贼。同年6月，重新组建了中共金乡县工委，隶属中共苏鲁豫特委，王鉴览任工委书记。1939年6月，王鉴览按照中共苏鲁豫区党委的命令，离开金乡县工委书记的岗位，前往湖边地委报到，被分配做宣传队编导工作，成为一名党的宣传干部。

1939年秋天，发生了著名的湖西“肃托事件”。9月15日，混进革命队伍的坏分子王须仁非法逮捕了王鉴览等多位革命同志，把他们关押在邹县郭里集。坏分子王须仁亲自对王鉴览进行审讯，逼他承认是“托派”。在严刑拷打之下，王鉴览始终坚信自己的清白，坚信共产主义必然胜利，宁死也不屈服于王须仁的淫威。这天夜里，王鉴览被秘密杀害。临刑时，党的好儿子王鉴览高呼“共产党万岁！”，表达了坚贞不屈的理想信念，表现了一个共产党人的浩然正气。

王鉴览同志牺牲时年仅22岁。1941年冬，中共中央山东分局根据中央决定，在单县辛羊庙举行隆重追悼大会，为在湖西“肃反”中牺牲的王鉴览等革命同志平反昭雪。王鉴览等同志被追认为革命烈士，永远受到党和人民的纪念。

20.牺牲在莱阳的抗日英烈韩炳宸

韩炳宸(1898～1939)，字星坦，金乡县金乡街道高庄人，在莱阳抗日前线牺牲后，被国民政府授予少将军衔。

1918年，韩炳宸应募投军。1929年，经表兄李友渔介绍到即墨县警备大队，不久到高密县任职，被提升为高密县警备队大队长。“七七”事变后，韩炳宸又回到了即墨县城，秘密组织队伍，成立了“即墨县抗日游击队指挥部”，自任指挥。抗日游击队接受国民党鲁东行署领导，以“抗日”为名，扩充实力，队伍很快发展到2000多人，编成两个团，号称“韩部”。1939年，“韩部”与山东省第十三区保安司令赵保元部合并，编为保安第二旅。韩炳宸升任保安第二旅第十三区保安副司令，率部北上莱阳抗击日寇。

1939 年 11 月 10 日拂晓，韩炳宸率部抵达莱西郭家庄一带，正面阻击日军。他迅速占领了有利地形，同敌人展开激烈战斗。全体将士同仇敌忾，英勇顽强，视死如归，击退敌人一次又一次进攻，顽强地守住阵地，拒敌于太平山高地之下。日军凭借强大的炮火，疯狂地向韩炳宸阵地轰炸。韩部官兵伤亡惨重，营长负伤，4 个连长阵亡。此时，韩炳宸怒不可遏，双目圆睁，脱下上衣，手举匣枪，率众杀向敌群，不幸身中数弹倒下。受伤后，韩炳宸仍裹伤指挥战斗，将敌压制在埠沟下，直至敌人主动撤退。韩炳宸在被送往莱阳途中，因伤势过重壮烈殉国，年仅 39 岁。

韩炳宸牺牲后，被国民政府追赠为陆军少将，以示表彰。各民众团体群众 2000 多人为韩炳宸将军举行了追悼会。

后人有诗一首，悼念韩炳宸烈士：

> 硝烟战火罩莱阳，弹雨倾盆袭郭庄。地恨倭侵遭践踏，天惊寇害毁城乡。挥军杀敌公骁勇，率士冲锋怒上膛。中弹负伤何所惧，短兵相接永留芳。

21.共产主义战士王杰

王杰(1942～1965)，革命烈士，出生在金乡县城郊乡华堌村(今山东省金乡县金乡街道王杰村)一个普通农民家庭。王杰为保护 12 名民兵和人民武装部干部壮烈牺牲，是著名的共产主义战士，先后被评为“100 位新中国成立以来感动中国的人物”“100 位新中国成立后为国防和军队建设作出重大贡献、具有重大影响的先进模范人物”。

1961 年 8 月，王杰参加中国人民解放军，在济南军区装甲兵某部工兵一连当战士。第二年，王杰加入了中国共产主义青年团。王杰认真学习毛主席著作，自觉接受党组织的教育，政治思想觉悟提高很快。

1963年2月21日，王杰在日记中写道："今后不论干什么工作，我一定要做到对党的事业忠心耿耿，为革命胜利勇于牺牲；是共产党员哪能不视死如归，做革命军人岂能管个人安危。"王杰以雷锋为榜样，从"微不足道"的小事做起，处处以身作则。在长途行军中，他主动关心新战友，帮助新同志扛枪、背背包。他学习毛主席著作，经常坚持学到深夜。在抗洪救灾中，哪里危险他就冲向哪里；在施工中，哪里有重活，他就奔向哪里。他总是抢着到最危险的地方作业，坚持抡大锤，胳膊累肿，手磨起血泡。他用自己的行动实践着自己"一不怕苦，二不怕死"的誓言，入伍以后，多次受奖，连续三年被评为"五好战士"，两次荣立三等功，被评为"模范团员"。

1964年1月，王杰被提升为副班长，后任班长。2月3日，他在日记中写道："我们青年人要像疾风中的劲草、岁寒时的松柏，经得起艰难困苦的考验，勇敢地担当起建设社会主义的重担。"3月，他因为珍惜时间，刻苦钻研，获得"一级技术能手"称号。王杰始终把革命利益放在第一位，任爆破手期间，不浪费一寸导火索，决心"把艰苦奋斗的作风接过来，传下去"。9月，家里多次去信催王杰回家结婚，他因工作需要，一再推迟婚期。

1965年初，王杰的母亲心脏病复发，他以战备为重，三次推辞连里安排的假期。

王杰坚持写日记，1965年5月1日在日记中写道："我们要一不怕苦，二不怕死，做一个大无畏的人。"从此以后，"一不怕苦，二不怕死"就成了王杰精神的集中概括。几天后，他奉命到江苏省邳县张楼公社执行民兵训练任务，7月14日上午，他们进行最后一项训练——地雷实战爆破。王杰让大家围成一圈，由他做示范动作。突然，埋设炸药包的土层冒出了白烟。在这千钧一发之际，王杰大喊一声"闪开"，便飞身而起，扑向炸药包(实战爆破训练用炸药包代替地雷)。随着一声巨响，王杰倒在了血泊之中，在场的12名民兵和人民武装部干部得救了，年仅23岁的王杰献出了自己的生命。

金乡王杰塑像

根据他生前的愿望，王杰所在部队党委追认他为中国共产党正式党员。党和国家领导人毛泽东、周恩来、朱德、叶剑英、董必武、陆定一等同志亲笔为王杰题词。周恩来的题词录自王杰的日记："座座高山耸入云，我们施工为人民。不怕施工苦和累，愿把青春献人民。"中国人民解放军总政治部、全国总工会、共青团中央、全国妇联先后发出通知，号召全国军民向王杰同志学习。

1965年11月，国防部命名王杰生前所在班为"王杰班"。1968年，家乡人民为纪念王杰，将其故里华垧村更名为"王杰村"，并在村东建立王杰烈士纪念馆，又在金乡县城金山街北矗立起王杰大理石塑像，让子孙后代永远铭记烈士的英雄事迹。

金乡王杰纪念馆

22.鲁西南党组织主要创始人之一马霄鹏

马霄鹏(1903～1939),出生于鱼台县谷亭镇陈丙村,湖西地区早期党组织创始人和鲁西南党的主要领导人之一,革命烈士。

马霄鹏6岁入私塾,16岁考取山东济宁甲种工业学校,1923年考入东南大学心理系。在学校里,马霄鹏接受了马克思主义,积极参加革命活动。1927年四一二反革命政变后毅然加入中国共产党。大革命失败后,中国革命暂时处于低潮,国民党反动派大肆屠杀共产党人和革命群众。这是对每个人的严峻考验,假革命者、投机分子在敌人的屠刀面前畏缩了,逃跑了,甚至叛变了。真正的勇士敢于迎着艰险而上,冒着生命危险而上。马霄鹏就是这样的勇士,在白色恐怖最严重的时刻,他加入了党组织,决心把自己的一切献给党,献给人民的解放事业。

1927年底,马霄鹏受党组织派遣到上海,以书店为掩护,从事党的秘密工作,组织工人罢工斗争和学生罢课活动。1931年春,马霄鹏被派回山东,到济南第一师范任教,在师生中进行革命宣传。同年秋,他又被派到平原县第五乡村师范任教,同时在党内担任中共鲁西北特委委员。1934年10月,马霄鹏在平原县第五乡村师范建立了中共支部。

1937年,根据党的安排,马霄鹏又转到山东省立第六乡村师范学校(惠民乡师)任教。到惠民后,他首先在学校中建立中华民族解放先锋队组织,后又建立了学校中共支部,并任支部书记,在斗争中发展了一批党员,奠定了党组织发展的基础。

七七事变后,马霄鹏回到家乡鱼台,组织领导抗日救亡工作。1938年1月,被调到金乡县担任工委书记,后任县委书记。根据鲁西南工委建立抗日武装的指示,马霄鹏率领城西、城南、城北几处的武装队伍,与另一支武装会合,成立了金乡县第一支抗日武装,取名“第五战区第二游击纵队”,陈笃卿为司令,董元为副司令,马霄鹏任政治部主任，耿荆山、王鉴览、翟子超分别担任组织、宣传、民运干事。不久，第五战区第二游击纵队改编为“抗日义勇军第二总队”，在中国共产党的领导下，投入到轰轰烈烈的抗日洪流中。

1938年4月，马霄鹏先后在鲁西南工委、鲁西南特委、苏鲁豫特委、苏鲁豫区委等党的机关工作，历任宣传部部长、民运部部长等职。这期间，马霄鹏忘我工作，先后在苏北丰县的欢口、吴庄、沙庄等地举办各种类型的抗日训练班，为各县培训了大批抗日骨干。马霄鹏走到哪里，就将宣传鼓动工作做到哪里。他亲自上课，发表演讲，历数日寇侵华暴行，号召人民在共产党的领导下投身到革命中去，打败日本帝国主义。马霄鹏领导的苏鲁豫区委宣传部还办起了区党委的机关报——《团结日报》，扩大了党的影响。

1939年9月，马霄鹏被暗藏在党内的坏分子王须仁和王宏鸣以“肃托”为名迫害致死，年仅36岁。

1941年冬，中共中央山东分局根据中央决定，在单县辛羊庙举行隆重追悼大会，为马霄鹏同志平反昭雪，并追认他为革命烈士。

新中国成立后，在山东单县建立了湖西区抗战烈士纪念塔和湖西革命烈士陵园，马霄鹏烈士的遗骨迁葬于陵园内。

23.鱼台县抗日根据地的创建者之一郭耕夫

郭耕夫(1910～1939)，名宗虞，字耕夫，出生于鱼台县王庙镇程庄寨，鱼台县早期共产党员，鱼台县抗日根据地的创立者和领导人之一，革命烈士。

1931年8月，郭耕夫考取山东省立第四乡村师范学校。九一八事变后，他怀着极大的爱国热情投身于抗日洪流中。1935年7月，郭耕夫师范毕业，先后在兖州、金乡教书，积极从事抗日救亡工作。1936年上半年，郭耕夫加入金乡知识界组织的“中华民族解放先锋队”，11月加入中国共产党。

1937 年七七事变后，郭耕夫毅然投笔从戎，组织成立了抗日游击队。在抗日战场上，经过血与火的考验，郭耕夫先后发展了汪伦堂、孙纪章、孙纪敏、孙凤池、仇友元、于伟民等人加入中国共产党。同年 11 月上旬，郭耕夫受中共鲁西南工委派遣回鱼台工作，与赵芳洲等人一起动员著名爱国人士聂峨亭率四五百人的民团加入抗日救亡的行列。

1938 年初，郭耕夫组织建立了程庄寨等 4 个党小组；7 月，建立中共鱼台县领导小组，任组长，同时建立鱼台县第一个农村党支部——程庄寨支部；9 月，建立中共鱼台县委，任县委书记。在县委第一次会议上，他针对当时鱼台的形势，就党组织建设、武装斗争、统一战线等工作提出建议。会后，农村党组织有了较快发展。到年底，全县共建立了 18 个党支部，党员发展到 111 人。同时，为了加强地区之间的协作，在苏鲁豫特委领导下，建立了中共丰（县）沛（县）鱼（台）中心县委，郭耕夫任中心县委委员。

1939 年 4 月，郭耕夫任八路军苏鲁豫支队后方办事处湖边游击第四大队教导员；8 月，调任中共金（乡）嘉（祥）巨（野）中心县委书记。

1939 年 9 月，湖西“肃托”开始，中共金嘉巨中心县委接到苏鲁豫区党委关于县委和区委以上干部到区党委“受训”的命令。当时，已有一批干部被杀害，其中有不少郭耕夫熟知的共产党员和革命干部。为了遵守党的组织纪律，同时也为了保护同志，郭耕夫决定自己先去报到，并指示其他党员干部：“不接我的通知，谁也不许去。”

郭耕夫来到区党委驻地谷亭时，他的好战友、中共湖边地委警卫队队长黄明贵再三劝他不要露面，赶快躲起来，并说：“如果你同意我的意见，我可以保护你走。”党性、组织性一贯很强的郭耕夫拒绝了战友的劝告，冒着生命危险，毅然到区党委机关报到。

郭耕夫报到后，立即被当作“托匪”扣押。面对严刑拷打、逼供审讯，郭耕夫据理反驳，宁死不屈。9 月 26 日晚，郭耕夫被杀害于谷亭镇缪家林地，年仅 30 岁。

1941年秋，中共山东分局在单县辛羊庙召开隆重的追悼大会，追认郭耕夫同志为革命烈士。

24.党外的布尔什维克聂峨亭

聂峨亭(1886～1945)，名奉璋，字峨亭，鱼台县王鲁镇大聂村人，革命烈士。聂峨亭出身富裕家庭，清末秀才，后就读于山东省立师范讲习所，毕业后任鱼台县教育会会长。

1913年，聂峨亭在大聂村创办小学，招收学生25人，开始致力于教育事业。1925年，聂峨亭在全区倡导男子剪鬓、女子放足的革新运动，提倡新风尚，宣传新思想，得到各界人士的推崇。在办教育的过程中，聂峨亭以“民主政治，改革社会”为宗旨，提倡学生独立思考，自由创新，不为儒家经典及八股文所束缚；组织学生做社会调查，向农民宣传“耕者有其田”的主张，为穷人打抱不平，在社会上的影响越来越大。

1937年七七事变后，聂峨亭参加了济宁抗日后援会，并组织了一支农民抗日武装。到年底，抗日武装发展到3个中队400余人。国民党鱼台县县长杨启东弃城逃走后，鱼台县各界人士公推聂峨亭维持本县政事，主持抗日大局，稳定了人心，安定了社会秩序。

1938年1月，在共产党员马霄鹏、郭耕夫的支持下，聂峨亭组织起鱼台抗日司令部，兵力达到1000余人，并自任司令。7月改称为鱼台县抗日自卫总团，聂峨亭任团长。1939年2月上旬，驻鱼台日伪军奔袭大聂村，将聂峨亭家中财物抢劫一空，打死村里无辜群众2人。1939年4月，聂峨亭率部公开参加八路军，鱼台县抗日自卫总团改编为“八路军苏鲁豫支队后方办事处湖边游击四大队”，自任大队长，郭耕夫任教导员。湖边游击四大队成为中共鱼台县委领导下的第一支抗日武装。

为了工作的需要，根据党组织的意见，聂峨亭没有加入中国共产党，以一名党外布尔什维克的身份，积极为党、为人民做工作。

1940年7月,聂峨亭随县党政机关转移到丰县和鱼台县交界处,坚持抗日游击战争。1942年9月,聂峨亭先后策反伪军中队长周长臣及其子周明智,成立了鱼台县挺进大队。

1943年8月,聂峨亭任丰鱼县抗日民主政府副县长;1944年7月,任鱼台县抗日民主政府县长。

1945年3月,聂峨亭作为晋冀鲁豫边区参议员,参加了在濮阳县召开的边区参议会。会议结束时,被选为赴延安参观学习的代表。行军途中受到敌军袭击,掩护部队和代表被冲散,聂峨亭与其他代表失去联系,只好只身返回。因长时间奔波,聂峨亭病倒了,于9月与世长辞,享年59岁。

聂峨亭逝世后,中共鱼台县委、县抗日民主政府召开了隆重的追悼大会,《湖西日报》专版介绍了他的革命事迹。1950年1月,经山东省民政厅批准,鱼台县人民政府追认聂峨亭为革命烈士。

25.微山湖英烈褚雅青

褚雅青(1902～1942),原名雅卿,入党时改为雅青,喻革命、人生正处于青春之意。他出生于微山县韩庄镇李张阿村,阅历丰富,早年在旧军队服役,后从事党的地下工作,又转入人民军队任职,为人民的解放事业献出了生命。

褚雅青7岁入私塾,16岁因家贫辍学。1919年,褚雅青离开家乡,南下到福建、广东投军入伍,在军队中待了八年,历任班长、排长、连长。1926年,参加北伐战争,倾向中国共产党。1927年,国民党蒋介石集团发动四·一二反革命政变后,褚雅青愤然离开了国民党军队,前往徐州基督医院(徐州医学院前身)学习医学。两年后结业,到微山湖一带行医。

1931年九一八事变后,东北三省相继沦陷。褚雅青作诗一首,表明志向:“山河破碎吾心碎,世浊无处不冤魂。雅卿愿为苍生故,弃医寻法闯天门。”1932年，褚雅青南下，到汉口、九江等地寻找党组织，未有结果，便回到枣庄矿区开办了一家诊所和一所工人学校，白天行医，晚上帮助工人补习文化。由于业务上的交往，褚雅青认识了中共党员郭子化，并在郭子化的帮助和引导下，于1933年加入了中国共产党。

1935年2月，中共苏鲁地区临时特别委员会在枣庄成立，郭子化任书记，丛衍瑞、张光中为委员，丛林任秘书，褚雅青、肖继舟、郭致远为特委成员。特委成立前后，党组织派褚雅青到微山湖东畔开展工作。褚雅青经常以“行医出诊”为掩护，到临城以南沙沟、茶棚、南山、张阿、郗山、朱姬庄一带，秘密开展党的工作。不久，建立了临沙支部、张阿支部、黄庄支部、郗山支部、朱姬庄支部等党组织。以后又建立了鲁南第一个农村区委——中共临沙地下区委。

1936年6月17日，在雅青医院的小楼上召开苏鲁临时特委紧急会议，决定临时特委机关迁往抱犊崮，留下褚雅青负责联络工作。1937年1月，临时特委派褚雅青到运河两岸开展抗日武装斗争。1938年3月，临时特委指示朱道南、刘景镇、褚雅青和郭致远等人领导的抗日武装合编为抗日义勇总队第三大队，褚雅青任三中队队长。1938年5月中旬，成立人民抗日义勇队总队，褚雅青任军医处处长。

1939年4月，褚雅青被调到苏北邳县陇海游击支队(后改为一一五师陇海南进支队)任作战参谋。从此，褚雅青又开始了在共产党领导下的军旅生涯，先后任山东纵队十四区队参谋长、运河支队作战参谋等职。

1940年6月22日夜，微山湖附近的各路游击队的负责人在小袁庄附近召开军事会议，研究制订收复微山岛的作战计划，大家一致推选褚雅青为作战总指挥。经过激烈战斗，微山湖回到了人民的怀抱。

1942年春，鲁南军民的抗日斗争进入最艰苦的阶段。4月20日，日寇、伪军数千人向微山岛发起进攻。当天晚上，驻微山岛游击队及微山湖办事处负责人召开紧急会议，褚雅青被推选为总指挥。次日上午9时，褚雅青面对腹背受敌的严重情况，沉着应战。上午10时，身负重伤的褚雅青命令幸存的几个战士立即突围。战士们要背负他突围，迟迟不肯离去。他严肃地说："同志们，请服从我最后一次命令吧。"战士们才含着眼泪，依依不舍地突围出去。这时，敌人又攻了上来，他打倒几个鬼子后，饮弹自尽，壮烈殉国，把一腔热血洒在了微山岛上，时年40岁。

爱国诗人孙倚亭写诗赞扬褚雅青说：

> 我爱雅青勇出群，半生革命逐风尘。隐身自擅黄岐术，除恶人称"黑煞神"。百战英雄常藐敌，一朝湖水竟成仁。而今湖水明如镜，历数英雄更忆君。

20世纪90年代，原最高人民检察院检察长黄火青为褚雅青题写了"褚雅青烈士纪念碑"的碑文，原中央组织部办公厅主任刘向一为褚雅青题词："救死扶伤是广仁，冲锋陷阵是雅青。"

26.抗日家庭领头雁王志成

王志成（1891～1942），微山县汇子村（今微山县傅村街道汇子村）人，生于贫苦渔民家庭，著名烈士。在他的影响和带领下，王志成家有4位亲人参加了革命，儿子王吉善当上了八路军营长，是著名的战斗英雄。王志成性格刚直，待人热情，济贫救难，威望很高，被尊称为"王老大"。

1933年6月，王志成领导了微山湖区反封湖、反挖河斗争。国民党沛县政府为霸占湖产，强令封湖，沛县七区（夏镇区）区长布告沿湖各村，禁止打莲蕊、割湖草等。中共夏镇党组织发动群众进行反封湖斗争。在王志成的具体指挥下，伏击了搜查的区水警和乡丁，迫使区长取消封湖禁令。9月，他又组织群众进行反挖河斗争，也取得了胜利。反封湖、反挖河斗争使王志成增强了对党的认识，也扩大了党在群众中的影响。

1937年11月，王志成加入中国共产党，并在三孔桥组织起抗日自卫团。1938年3月，日军侵占夏镇，王志成卖掉自家仅有的一条大船和一条小船，得银币500元，为抗日自卫团购买枪支。在中共沛县县委领导下，他还组织了120余人号称“沛八”的队伍，自任队长。三弟志美，儿子吉善、吉德、吉森也相继参加了革命队伍。王家成为远近闻名的革命家庭，王志成被人们亲切地称为“革命家庭领头雁”。

1939年2月，王志成任中共沛滕边县委军事部部长，兼任后方第五大队大队长（五大队辖3个连，共300余人，活动于汇子村一带）。3月，为了打击欢城土豪劣绅的反动气焰，五大队在汇子村一带发动1500余名抗日积极分子，手持长枪短棍，一路高呼抗日口号，由三河口出发到欢城、阎村、陶阳寺等村游行示威，震慑了反动势力，鼓舞了抗日军民的士气。7月，王志成兼任沛滕峄游击大队大队长。

1940年夏，王志成任工农青联合武装大队长，成为中共湖区工委总指挥部成员。11月，国民党沛、滕、丰、铜、鱼5县军队2000余人合围微山湖区。沛滕边县办事处随同赴湖西地委任职的潘复生转移至单县一带。沛滕边县将所辖的3个连队改编为丰、沛、鱼三县县大队，王志成任大队长，郝子香任教导员，在丰县十字河一带开展游击活动。1941年5月，三县县大队改编为八路军主力部队第10团，王志成调湖西专署贸易局任局长。

1942年5月，湖西地委派王志成带领张振乐、李健民等人去济宁开展工作。他们在运河西岸三官庙开设“复兴炭厂”，以此为掩护，联络爱国抗日人士，发展地下党员，动员爱国青年抗日，购买大批敌人封锁禁运的药品、文具，运往湖西根据地。为了打入敌人的心脏，切实掌握敌人动向，王志成教育争取了伪水上自卫团团长顾维新，为我根据地船只在水路的行驶提供了方便，打通了物资转运渠道，打破了日伪军对湖西根据地的封锁。

1942年秋天，王志成在济宁的秘密活动被敌人发觉，就返回湖西根据地，暂避风头，并向地委书记潘复生汇报工作。9月，王志成回到济宁，设宴招待复兴炭厂的客户和关系人。由于叛徒出卖，王志成、张振乐等人被日军逮捕。

王志成被敌人押至济南,在狱中英勇斗争,宁死不屈。敌人恼羞成怒,举起了屠刀,微山湖人民的好儿子王志成同志壮烈牺牲。

27.勇猛善战的王吉善

王吉善(1915～1941),微山县汇子村(今微山县傅村街道汇子村)人,王志成烈士的儿子,著名战斗英雄,革命烈士。

王吉善18岁时跟随父亲王志成参加革命。抗日战争爆发后,加入了他父亲组织的抗日武装,先后担任锄奸队长、民运大队大队长、中共沛滕边县警卫营长。

王吉善长期斗争在微山湖区、丰沛滕县边境一带,领导渔民反湖霸、锄汉奸、灭日寇,英勇战斗,不怕牺牲。由于战斗的需要,部队经常住在渔家,隐蔽在芦苇荡中,王吉善与渔民兄弟结下了深厚的革命情谊。

1941年1月,王吉善从地方武装转为正规军,担任八路军115师教导4旅11团3营营长。1月16日,王吉善与教导员孙新民一起,率领3营奉命奔袭丰县欢口镇,拔除敌人据点。第二天黎明,部队到达预定位置,正准备发起进攻时,驻扎在丰县的日军300余人、伪军1000多人乘坐15辆汽车,在3辆坦克和3门大炮掩护下,气势汹汹地扑向欢口镇。敌情突变,营长王吉善当即决定,避敌锋芒,沿着壕沟向东转移。向东走了约七八里后,又遇到国民党顽军猛烈火力的阻击,3营被压迫在壕沟里。

当时情况万分危急。王吉善营长决定由副营长率主力突围,他亲自带领一个排作掩护。王吉善带领掩护部队进占了壕沟南面的一个名叫陈新庄的村子,迅速依靠一座大院占据有利地形,向敌人猛烈开火,把敌人吸引到了自己身边。这时,主力部队迅速向东突围,甩开了敌人。

主力部队脱离险境后，掩护分队却被敌人团团包围了。日军以为八路军主力仍留在陈新庄内，集中兵力发起疯狂攻击。一时间，土崩石飞，弹片四溅，火海一片。过了一会儿，一辆日军坦克又冲进大院，王吉善命令一名战士爬向敌人的坦克，把手榴弹塞进坦克的履带。随着“轰隆”一声巨响，那辆坦克顿时瘫痪起火。经过殊死搏斗，王吉善带领部队击退日军一次次进攻，守住了陈新庄。

夜幕降临了，王吉善决定让剩下的 8 名战士趁机突围，他来掩护。战斗中，王吉善不幸被枪弹击中，身负重伤。他坚持打完最后一颗子弹，然后引爆手榴弹，壮烈牺牲。

这次战斗，共击毁日军坦克 1 辆、汽车 3 辆，毙伤日军 100 余人，阻击日寇 10 多个小时，但王吉善等 35 位同志却献出了宝贵的生命。

1985 年，丰县人民政府修建了陈新庄抗日烈士墓并立碑纪念，后扩建为丰县抗日烈士陵园。在这里有一座引人注目的 35 烈士墓，安葬的就是以王吉善营长为首的在陈新庄战斗中牺牲的 35 位英烈。

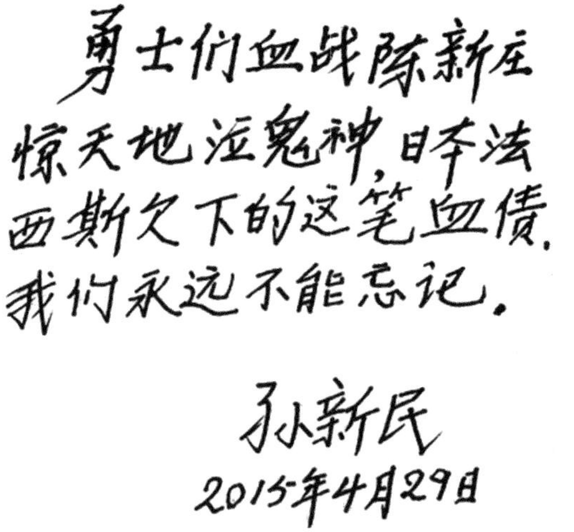
勇士们血战陈新庄
惊天地泣鬼神，日本法
西斯欠下的这笔血债，
我们永远不能忘记。
孙新民
2015年4月29日

王吉善烈士的战友孙新民纪念陈新庄战斗题词

28.“郭继胜连”连长郭继胜

郭继胜(1921～1948),微山县夏镇王庄人,出身于贫苦农民家庭,著名战斗英雄,革命烈士。

郭继胜19岁参加革命,历经曲折。1940年夏,郭继胜参加八路军黄河支队,后因形势恶化,奉命回家隐蔽。1941年秋,得知黄河支队在微山湖西一带活动后,郭继胜再次入伍。1942年7月,实行精兵简政政策,当时病魔缠身的郭继胜响应党的号召返回家乡,病好后,成为了一名民兵。1944年6月,郭继胜第三次参军,在中国共产党领导的鲁南军区八师五团当战士。

1945年2月,郭继胜加入中国共产党。同年5月,在攻打日伪据点临沂石坝子的战斗中,在多次爆破未成而炸药将要用完的紧急关头,郭继胜自告奋勇,光着膀子,抡起铡刀,一口气砍开敌人的5道铁丝网,为部队拔除据点开辟了进攻道路。战斗结束后,郭继胜被部队评为“虎胆英雄”,并升任排长。

此后,郭继胜率领战士们参加了峄县战斗、邹县战斗、官桥战斗、孟家仓战斗,均表现出色,战绩突出。尤其是在1945年12月的滕县战斗中,他只身冲入敌营,展开政治攻势,动摇了敌人的军心,使国民党军队一个营放下武器。战后,郭继胜被鲁南军区授予“甲等战斗英雄”称号。

1946年8月,郭继胜随所在部队攻打泗水城。他率领全排战士迅速攻占了北关,为后续部队打开缺口。在其后的巷战中,打死、打伤、俘虏敌人400余人。战后郭继胜被任命为华东野战军第三纵队八师二十四团一营一连连长。

1947年4月24日,在围歼据守泰安的国民党军的战斗中,郭继胜连队担任攻打西关的任务。他率领全连连续突破敌人多道防御工事,击退敌人20多次反扑,俘敌600余名,缴获大批武器、弹药等军用物资,而一连仅1人轻伤,50多人立了战功。郭继胜英勇善战,灵活机动地打击敌人，创造了以小的代价换取大的胜利的战斗范例。

1947 年 5 月 5 日，陈毅、粟裕、谭震林、陈士渠等首长联合签署命令，以华东野战军司令部、政治部名义，授予郭继胜“华东战斗英雄”称号，并任命他为一营副营长，授予郭继胜所在的连为“郭继胜连”。

1948 年 1 月，郭继胜荣获“华东一级人民英雄”奖章。同年 6 月，郭继胜被任命为先遣营营长，率队南下。在攻打开封时，郭继胜率领战士们向驻守在龙亭的国民党军整编第六十六师师部发起猛烈进攻，一举全歼该师部之敌，击毙师长李仲辛，创造了“中心开花，飞兵奇袭，以少胜多”的光辉战例。

1948 年 11 月，在淮海战役中，郭继胜营奉命攻打据守董庄的国民党军一八一师。守敌在强大的炮火轰击下，放弃阵地向张公店方向逃窜。郭继胜率部猛追，不幸被一颗流弹击中腹部，抢救无效，壮烈牺牲，年仅 27 岁。

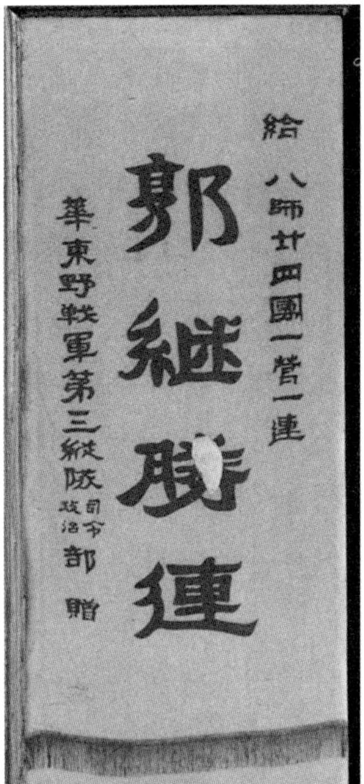

郭继盛连锦旗

郭继胜虽然牺牲了，以他的名字命名的“郭继胜连”却永远写在了人民解放军的光辉历史上。在解放战争时期，“郭继胜连”先后参加济南战役、淮海战役、渡江战役及石坝子、泰安、许昌、洛阳、开封、龙亭、沙士集等战斗，威震敌胆，屡战屡胜，获得“突击模范班”“遵纪模范班”“团结模范班”“龙亭班”等英雄荣誉称号，从该连涌现出了13名战斗英雄，73名战斗、工作、团结、遵纪模范，550多名人民功臣。

29.革命音乐家李淦

李淦(1918～1966)，曾用名骥秋，笔名水金，任城区龙门口街人，革命音乐家。

1931年，李淦考入山东省立第七中学(济宁)。1934年，进入省立第一师范学校(济南)学习。1936年，参加中华民族解放先锋队。1937年春，加入山东各地抗敌救亡协会和山东文艺界抗敌救亡协会，担任秘密社刊《联系报》编辑，负责报道抗日救亡活动。同年7月，李淦毕业回乡加入了济宁县学生抗敌后援会，参加《抗战新闻》报的编辑工作。同年9月，到城东南贾村小学任教。其间，结识了中共地下党员万明礼(即万里)同志。

1938年1月，李淦奔赴革命圣地延安。8月，进入鲁迅艺术学院音乐系学习，11月加入中国共产党，结业后分配到八路军一一五师师部工作。1939年春，李淦创作了歌曲《谁是乌龟王八蛋》，用充满民间风味的辛辣讽刺音调，倾诉对汉奸卖国贼汪精卫的满腔仇恨。这支歌经战士话剧社演唱后，很快在鲁南地区广大军民中传唱开来。

抗战期间，李淦还写出了许多鼓舞解放区军民抗战的歌曲，如《保卫峄县》《纪念五一劳动节》《红五月之歌》《欢迎新战友》《红军是个红太阳》等。这些歌曲语言生动，旋律优美，贴近生活，深受战士和群众喜爱。

抗战胜利后，李淦先后担任一一五师战士剧社的音乐教员、政治指导员、宣传队长、旅部宣传科干事、文工团俱乐部主任、文工团音乐股长等职，为部队培养了大批音乐艺术人才。在此期间，他创作了数十首革命歌曲，产生了较大影响，其中《模范战士何永福》《王洪九，你个“老中央”》《别让它遭灾害》《夏收小调》，均为其夫人蒙沙（真名“王霞岚”）作词，被人民广泛传唱，新中国成立后又在电台播放，影响深远。

1946 年到 1947 年 7 月，李淦历任山东军区兼新四军文工团政治教导员、华东军区文工团政治教导员。因工作成绩显著，被华东军区记一等功。

1949～1966 年，李淦先后任南京军区宣传部副部长、济南军区文化部部长，全国音协理事、山东省音协主席，为部队文化工作和专业团队的建设做了大量工作。1958 年，参与筹建前卫歌舞团，主要开展了民族乐队的组织、业务建设，使前卫民族乐队的艺术水平得到提高。1962 年，他作为山东省音协主席主持召开了全省民间音乐座谈会，提出了搜集、挖掘、研究、编写民间音乐的任务。这一年，他在周恩来总理的亲切关怀下，先后以中国人民解放军歌舞团政委、中国艺术团团长和中国音乐家的身份，出访了朝鲜、日本、阿尔巴尼亚、智利、古巴等国家，为增进同各国人民之间的友谊做出了贡献。

“文化大革命”中李淦遭受迫害，于 1966 年 10 月 30 日含冤去世。1978 年，中共济南军区党委为李淦平反昭雪，追认他为革命烈士，其骨灰安放在济南英雄山烈士陵园。济南军区的悼词写道：“李淦同志忠于党，忠于人民，忠于毛主席革命路线，是个好党员，好干部。他光明磊落，襟怀坦白，对革命忠心耿耿，对同志热情诚恳……他是一个很好的政治工作干部，也是一个有影响的音乐家。”这是党和人民对李淦的客观公正的评价。

1987 年，解放军文艺出版社出版了《李淦歌曲选》。

30.舍己救人的烈士陈波

陈波(1941～1969),曲阜市王庄镇五行村人,革命烈士。

陈波1959年参加中国人民解放军,1962年加入中国共产党,历任班长、排长、副连长等职。

在短短28年的生命历程中,陈波曾13次奋勇抢救人民的生命财产。

1960年,部队在国防施工中进行爆破作业,有一次靠近坑道口的一炮不慎被一个同志过早地点燃了。这时,坑道里还有10名战友没有来得及撤出,导火索嗤嗤冒着青烟,眼看就要爆炸。危急关头,陈波大喊一声:“同志们,快出坑道!”边喊边猛冲过去拔出即将燃尽的导火索,保护了战友们的安全。

1964年11月,陈波随部队在山东福山县岗嵛地区野营。一天傍晚,狂风骤起,海面上传来了呼救声。他寻声入海,乘风破浪,救出了3名因捡海蜇而遇险的儿童。同年冬天,岗嵛公社的10条渔船被大风吹断了缆绳,他带领几名战士,冒险入海,将渔船全部安全拖回。

1969年2月,陈波奉命到河南省罗山县子路公社执行任务。一天深夜,附近一座榨油房失火,他冒着烈火浓烟冲上房顶,用铁耙截住火路。群众见他身上着了火,向他身上泼水。他说:“不要管我,往火上泼。”瓦片划破了陈波的小腿,鲜血染红了鞋袜,但他仍然和大家并肩战斗,直到扑灭了大火才离去。

最难忘的是1969年7月28日。这天下午,陈波和战士们在江西省新建县石岗公社参加“双抢”(抢收成熟的庄稼、抢种秋季庄稼),突然电闪雷鸣,风雨大作。陈波和战士们正要到一位社员家抢修被暴风掀起的房顶,突然听到水渠边传来急切的呼救声。他们当即奔向出事地点,原来是暴风雨刮倒了横跨水渠的广播线和高压线,社员余荣华过水渠时不慎被电流吸住。千钧一发之际,陈波勇敢地从身旁的社员手中夺过木杆，迅速挑起高压电线。余荣华脱险了，但是被挑起的电线却顺着木杆滑到了陈波自己身上，曲阜人民的好儿子陈波壮烈牺牲。

福州军区、江西省革命委员会、江西省军区联合对陈波进行表彰，当地政府建立了“陈波烈士事迹展览馆”，怀念英烈，教育后人。

1970 年江西人民出版社出版的连环画《陈波》

31.“大功三连”连长田传贝

田传贝（1956～1985），微山县付村街道樊村人，一等功臣，革命烈士。

1975 年冬，田传贝应征入伍，他以家乡革命前辈铁道游击队英勇抗敌的事迹激励自己，努力学习，刻苦训练，积极上进。1978 年，田传贝升任班长，并加入中国共产党；1979 年底，担任排长。

1985 年 1 月，田传贝被任命为著名的“大功三连”连长，随部队参加对越自卫反击战。

1985 年 4～5 月，田传贝率领三连击退敌人数十次进攻，圆满完成任务。战果虽大，但连里有 5 名战士负伤、2 名战友牺牲。每次战斗，当越军遭受惨败、国土得到捍卫时，都使他深感一名祖国卫士、基层指挥员职责之重大，也使他“报国甘洒满腔血”的信念更加坚定。在战斗最艰苦的日子，田传贝托人把为妻子选购的上衣和为年仅5岁的儿子购买的2盒麦乳精寄到家中，并在附信中写道：“……振英，我爱微山湖，我属于养育我的微山湖。然而，当我在南疆目睹越军侵犯我边境的罪行时，作为一名军人，一个有爱国心的炎黄子孙，我更应该把对家乡的爱，对亲人的情，化为对祖国的爱，对人民的情！振英，生命对人只有一次，但为了千千万万个家庭的幸福与安乐，我愿把生命交给保卫祖国的正义战争……”

1985年7月11日，攻克“E”高地的战斗打响了。田传贝被敌人炮弹炸伤，仍然忍痛指挥部队前进。进入一片树丛后，田传贝又不幸踩中了敌人埋设的压发雷，倒在了血泊中。战士们要背他下去，他毅然推开，坚定地说：“不要管我，快往上冲！”田传贝拖着受伤的身躯，艰难地向“E”高地爬去。此时，如果他让战友抬下去，完全有生的希望！然而，他想到的不是个人的生死，而是尚未收复的国土以及战友的安危！他以勇士的铮骨，爬呀！爬！一条殷红的血迹，彰显着他对党的忠贞，对祖国的赤诚！

战斗胜利了。当田传贝清醒过来时，已是第二天凌晨。他躺在前沿指挥所的坑道里，看看自己的伤势，又看看在场的战友，断断续续地说：“我没有完成好指挥任务，也不能再跟同志们一道冲锋了，希望你们一定要勇敢战斗，多打胜仗，为我们大功三连增光。同志们保重……”说完，他带着胜利的微笑闭上了双眼，再也没有睁开。

田传贝牺牲后，解放军老山地区前线指挥部为他追记一等功。

32.受伤不下火线的刘满朋

刘满朋（1966～1985），任城区金城街道董庄村人。他从小就养成了吃苦耐劳、乐于助人的美德，学习成绩也名列前茅，受到老师和同学们的称赞。

1984年11月，刘满朋应征入伍，不久加入中国共产主义青年团。

1985年初，刘满朋随部队赴云南老山前线，参加对越自卫反击战。前线的生活是极其危险的，刘满朋所在的前沿阵地经常遭敌炮击，岩体工事多次被炸毁。有时他和战友们被埋进泥土里，要像“金蝉脱壳”一样，需要脱掉衣服才能获得自由。刘满朋和战友们除了与敌人斗智斗勇外，还要同大自然斗争。老山地区属于亚热带气候，天气多变，时而骄阳似火，赤背五分钟肩膀就晒脱一层皮；时而暴雨如注，工事坍塌无处安身。白天，置身于炎热潮湿的猫耳洞里，夜晚与老鼠、蚊子等为伴。在这样恶劣的环境和条件下，刘满朋始终保持着旺盛的革命斗志和乐观主义精神。面对敌人的炮击，他幽默地对战友们说：“我人瘦体积小，炮弹打不着；个小受弹面积小，子弹打不着。”

5月31日，在一次战斗中，刘满朋冒着敌人的枪林弹雨，增援右侧战友，与敌人展开激烈战斗，圆满完成了任务。战斗结束后，连长在全连同志面前表扬他：“能拼能打，是个战斗力很强的小战士。”

经过“五三一”战斗的磨炼，刘满朋更加坚强勇敢，更加明确了军人的神圣职责。在一次班务会上，他说：“别看我才18岁，但我这18年过得很充实，也许我到不了19周岁就要在战斗中捐躯，然而我并不感到惋惜和后悔，因为我对祖国尽到了一名军人应尽的责任。”

12月2日，人民解放军打响了收复“A”高地的战斗，刘满朋任第二梯队第二组组长，任务是协助第一梯队消灭“A”高地敌人，救护伤员。战斗中，刘满朋发现敌人一个火力点严重威胁了第一梯队的侧翼安全，就向队长请战，要求去炸毁它。在战友的掩护下，刘满朋巧妙地利用地形地物，向敌人据点迅速靠近，转眼间就到了离敌人火力点十几米的位置，他回头朝队长摆摆手，队长立即命令暂停射击。刘满朋猛地向前打了两个滚，一翻身就到了敌人的火力点下。他迅速取下炸药包，放到敌人火力点洞口，拉燃了导火索，转身滚翻隐蔽起来。随着

“轰”的一声巨响，敌人的火力点飞上了天。勇士们迅速拿下了敌人重兵设防的“A”高地。

按照原定计划，刘满朋和战友们迅速转入第二项任务——救助伤员。在硝烟弥漫的战场上，他接连把两位受伤的战友背下火线。他的左手也被弹片炸伤，流血不止。连长让他休息一下，刘满朋不同意，他说：“看到受伤的战友在前线呻吟，我心里难受。”他简单地包扎了一下伤口，又冲向前去。当他背着第三位受伤战友下山的时候，一发炮弹飞来，刘满朋来不及躲闪，壮烈殉国。

刘满朋用自己的行动，实践了在入团志愿书中立下的誓言：“树立崇高的共产主义理想，时刻准备为保卫祖国和人民，贡献自己的青春和热血。”战后，部队党委追认刘满朋为中国共产党党员，追记一等功。

33.战场上的小老虎刘廷怀

刘廷怀(1965～1985)，兖州区小孟镇刘李村人，革命烈士，因作战勇敢，被领导和战友们称为“战场上的小老虎”。

1984年底，刘廷怀应征入伍，参加了中国人民解放军。在军事训练中，刘廷怀一切从实战出发，对每一个动作都认真学、刻苦练，各项考核均获得优异成绩，受到上级通报表扬。

1985年4月，刘廷怀随部队开赴对越自卫反击战前线。队伍出发前夕，刘廷怀率先向连队党支部递交了请战书。在请战书中，刘廷怀写道：“我虽然是一名新兵，但我是80年代的一名热血青年。只要祖国和人民需要，我愿意献出自己的一切，希望党组织在战火中考验我。”同时，刘廷怀还向父母写了一封信：“敬爱的父亲、母亲：孩儿就要上战场了，请二老不要悲伤，不要流泪。您二老明白，一个军人是和牺牲连在一起的，一旦被弹片击中，我也将含笑九泉。因为我不仅是为了保卫您二老牺牲的，更重要的是为保卫伟大祖国而牺牲的……”几句朴实无华的话语，显示出刘廷怀为了祖国和人民不怕流血牺牲的崇高精神。

5月13日，刘廷怀所在的班担任向前沿阵地运送弹药的任务。战士们行进在崎岖的山路上，背着沉重的弹药箱，每走一步都十分艰难。摔倒了，咬紧牙关，爬起来，再继续前进。战斗结束后，指导员抚摸着刘廷怀划破的双手说："多好的战士啊！像小老虎一样。有了这样的战士，我们还有什么理由打不赢这场战争呢？"

6月13日，部队发起了攻打221高地的战斗，刘廷怀报名参加了突击队。战斗打响后，他冒着敌人的炮火勇猛地冲向敌人的阵地，当冲到一片开阔地时，敌人的一排炮弹飞来，他的左腿被弹片击中。不能继续冲锋了，刘廷怀就匍匐前进，奋力向前爬去，直到因流血过多而昏迷。

被抬下战场后，经过一段时间的治疗，刘廷怀身体好转，又坚决要求重返战场，投入到防守"李海欣高地"的战斗中。7月20日凌晨，阵地隐没在夜色之中，英雄的"李海欣高地"在4天里经历了5次战斗，仿佛也疲倦了。此时，周围一片寂静。但是，守卫在这里的战士们却保持着高度警惕。在哨位上担任观察任务的刘廷怀发现阵地前沿有黑影晃动，于是立即向班长报告。班长边呼唤炮火支援，边带领3名战友进入战斗位置。当他们的机枪、冲锋枪喷出火舌时，高地上其他哨位的战友们也向敌人开了火，在战友们齐心协力的反击下，敌人丢下了一些尸首，仓皇而逃。

敌人偷袭未成，立即转入强攻。敌人的大炮、机枪一齐向我阵地打来，阵地上顿时火光冲天、弹片横飞。敌人用一个加强连的兵力，在炮火的掩护下，分成多路，叫喊着向高地冲来。其中一路约有20多个敌人扑向刘廷怀所在的13号哨位。刘廷怀用机枪向敌人猛扫，把敌人死死地压制在沟底。敌人发现13号哨位的机关枪对他们威胁很大，就用迫击炮打来几发炮弹。强大的冲击波把刘廷怀掀出1米多远，他的左臂负伤，鲜血浸透了军装。这时敌人又趁机冲了上来，情况十分危急。班长正要派人将刘廷怀换下，只见刘廷怀脸上满是灰尘，嘴唇上滴着血，两眼怒视着敌人，从碎石焦土中挣扎着爬起来，回到机枪位置，拼尽全力向敌人猛扫，连续击毙了四五个敌人。后面的敌人见势不妙，龟缩了回去。敌人的进攻又一次被打退了。

阵地上出现了暂时的平静。刘廷怀被战友们抬进防炮洞进行包扎。他从凌晨两点进入哨位，一直战斗到下午四点，实在是太疲劳了，竟在包扎中昏睡过去。昏迷中，他又被激烈的枪炮声惊醒。当他看到战友们已进入阵地，便不顾伤口的疼痛，抓起冲锋枪就朝洞外冲去。“轰”的一声巨响，敌人的一发炮弹在刘廷怀身旁爆炸了，弹片刺入了他的胸膛，我们的好战友刘廷怀同志不幸壮烈牺牲。

战斗结束后，部队党委给刘廷怀同志追记一等功，并追认他为中国共产党党员。

34.战斗英雄李庆双

李庆双(1965～1985)，邹城市大束镇岗上村人。1984 年 12 月参加中国人民解放军，在云南前线多次立功受奖，被授予“战斗英雄”称号。

1984 年 5 月，李庆双随部队来到了云南边防前线。

1985 年 5 月 30 日，在“1072”高地作战中，他毙敌 4 人，身负重伤入院治疗，伤未痊愈便返回前线。在 7 月 19 日夜战中，李庆双在负伤 10 余处的情况下，仍然坚持为战友压子弹。战斗结束后，李庆双荣立一等功。李庆双在医院治疗 3 个多月后，未等痊愈就又返回了部队，这时他身上还带着 5 块弹片。

李庆双回到部队后，营教导员汪连不让他上阵地。李庆双就和教导员“磨”起来：“不让我上阵地怎么行？我回来，就是为了替换战友下去休息！”汪教导员对他下了“死命令”：“休息一个月，以后留在营部当通信员！”全营同志心里都明白，李庆双是全营唯一活着的一等功臣，更何况他身上还有 5 块弹片没有取出呢。

不让上阵地，李庆双就一次次地“磨”。这次不成，下次再“磨”。他说：“我虽是个新兵，身上多次负伤，但我军事技术好，有作战经验。现在又是立了一等功的人，在前线比在后方的作用大。”汪教导员还是不理他这个茬，李庆双急得流下了眼泪，拉着教导员的手说：“答应我吧，让我到前沿阵地去战斗！我们班已有两名战友为国捐躯了，那里需要我呀！”

汪教导员的眼睛湿润了。他明白，李庆双不是争名争利，而是在争吃苦，争流血。他激动地说：“我的好战友，去吧，要谨慎，多保重……”

11月20日早晨，指导员刘元庆把李庆双叫到连部的猫耳洞中，庄重地通知他说：“李庆双同志，你被批准为中国共产党的预备党员了。”李庆双激动得说不出话来。要知道，这是他梦寐以求的愿望啊！

李庆双含着眼泪，对刘元庆说：“指导员，我现在入党了。只有一个要求，那就是，让我担负最危险的战斗任务！”

这天深夜，细雨蒙蒙。持枪站在哨位上的李庆双警惕地注视着对面60米处越军阵地上的动静。他已整整20个小时没有合眼了，但一想到战友那疲倦的面容，就又打起精神坚持下去。多站一会儿岗对他来说已是习以为常的事了。可是这天，不幸的事情发生了。越军打来的一发罪恶的炮弹击中了李庆双坚守的哨位。年仅20岁的他为祖国、为人民献出了宝贵的生命。

1986年5月，成都军区授予李庆双“战斗英雄”光荣称号。

35.钢铁战士赵广来

赵广来(1966～1985)，邹城市看庄镇金山村人，一等功臣，因作战勇敢，吃苦耐劳，被誉为“钢铁战士”。

1984年冬天，赵广来应征入伍。他在步入军营后的第一篇日记中写道：“我是一个兵，扛枪为人民，平时多流汗，练好真本领；战时敢流血，卫国可捐身！”

1985 年 5 月 19 日，赵广来和战友们一起接受了老山最前沿一个高地的防御作战任务。5 月 31 日，是赵广来年轻的生命中最有意义、最悲壮的一天。这天清晨，阵地上笼罩着茫茫浓雾，赵广来加倍警惕地守卫着阵地。突然，东南侧传来一阵脚步声和拨动树枝的声音，他循声望去，只见 10 多米处有几个黑影正向我哨位慢慢移动。“敌人要发动进攻了！”他一边注视着前方，一边发出了战斗警报。不一会儿，越军蓄谋已久的大规模进攻开始了。在炮火的掩护下，越军以一个加强连的兵力向我阵地扑来。赵广来一边呼唤炮火，一边和战友们一起迅速地把手榴弹投向敌人，并拉响了预设的定向地雷。随着一阵阵的爆炸声，越军丢下一片横七竖八的尸体狼狈逃去。

敌人偷袭不成，开始转入强攻，各种轻重武器一齐向我阵地打来，阵地上顿时硝烟弥漫，弹片和碎石乱飞。50 多个越军在炮火的掩护下，兵分两路，叫喊着扑向一号哨位。赵广来在敌人炮火停止射击的间隙，迅速跃出防炮洞，当敌人离他只有 20 米的时候，一气投了十几枚手榴弹，当即毙敌三名。接着他又举起冲锋枪，向敌人猛烈射击。

就在这时，敌人的一发炮弹在距赵广来一米远的地方爆炸，他的左腿被炸断，血顺着裤筒流了出来。他忍着剧痛，扎上止血带。突然，敌人的又一发炮弹在他身边爆炸，赵广来左手的三个手指被炸断，脸部和胸部多处负伤，昏迷了过去。班长见赵广来负了重伤，急忙为他包扎。可是血止不住，班长抱起赵广来要送他下去，这时赵广来醒了过来。他十分清楚，这样下去，自己还有生存的可能；如果继续留在阵地上，就有死的危险。但是敌人正在疯狂进攻，阵地上本来兵力就不足，再减少两个人，一号哨位就有失守的危险。这时，他用力在班长怀里挣扎，大声喊道：“班长，班长，我受伤了，你可不能只顾救我，不顾阵地啊！”班长含着热泪同意了他的请求，转身投入了战斗。

激战中，赵广来机警地注视着阵地上的一切。突然，他发现我哨位左侧 20 多米处出现了缺口，越军一个班的兵力从这个缺口爬上了我军阵地，情况万分危急。赵广来咬着牙，拖着断腿，以惊人的毅力爬到哨位左侧，双膝跪在地上，依托着石头，把一颗手榴弹投向敌群。就这样，他以顽强的毅力连续打退敌人四次反扑，歼敌八人，牢牢地守住了哨位左侧阵地。

我军增援部队很快赶到了。可是，就在这时，敌人罪恶的炮弹又打了过来。赵广来喊了声“防炮”，迅速扑到前来增援的战友齐秋祥身上。“轰”的一声，炮弹爆炸了。战友齐秋祥安然无恙，可赵广来的肩部、头部又多处中弹。人民的好儿子赵广来，倒在血泊之中，为祖国献出了宝贵的生命。

战斗结束后，在清理烈士遗物时，发现了赵广来生前写的求战决心书和一份入党申请书。他在求战决心书上写道：“马上就要投入战斗了，我是‘钢铁连队’的一员，我要做钢铁战士。80 年代的军人，在保卫祖国的战场上，只要还有一滴血，也要洒在阵地上。生为人民生，生生死死都伟大；死为人民死，死死生生都壮丽！”

赵广来在入党申请书上写道：“我要时时刻刻想着祖国之恩，祖国之情，祖国寸土不能丢。请党在战火中考验我！”赵广来没有任何个人要求，只有对党、对祖国、对人民的一颗赤胆忠心。他牺牲后，祖国给他追记一等功，党追认他为中国共产党党员。《人民日报》报道了他的英雄事迹。

赵广来同志牺牲时只有 19 岁，他的生命是短暂的，但他为祖国、为人民英勇献身的精神永远激励着我们。

36.一等战斗功臣顾克路

顾克路（1968～1985），邹城市北宿镇小北村人，对越自卫反击战一等功臣。

1984 年 12 月，顾克路参加中国人民解放军，两个月后，随部队奔赴云南老山前线。战争对这个只有 17 岁的新兵来说，是异常陌生的。

然而，打仗就会流血牺牲的道理，他却理解得很清楚。他还知道他的很多老乡——邹城籍入伍的战士，连续几年参加了保卫边疆、收复和守卫老山的战斗，有的就长眠在祖国南疆的土地上。由于在训练中刻苦认真，在战斗中表现突出，顾克路于 1985 年 10 月加入了中国共产党。

1985 年 11 月 30 日，顾克路被选进突击队，潜伏在某高地下，准备向敌人发起出其不意的进攻。12 月 2 日 9 时 10 分，我军向敌人阵地发起了总攻，顾克路所在的突击队从左侧直插敌人占领的 968 高地主峰。接近敌主阵地后，顾克路左腿负伤了。他一边匍匐前进，一边用冲锋枪掩护战友向敌阵地发起强攻。顾克路拖着受伤的左腿继续前进，很快接近了敌人盘踞的洞口。他把冒烟的手榴弹和炸药包一起投进了敌人据点，然后滚向远处。随着几声巨响，敌人的据点被摧毁了，战友们踏着顾克路扫清的道路继续前进。

顾克路还没有停止滚动的时候，敌人的一发炮弹落在了他身旁。顾克路多处负伤，昏迷过去。他苏醒过来后，做的第一件事就是继续向主峰爬去。战斗胜利后，两位战友跑回来抢救顾克路。这时，顾克路发现一个残存的敌人拿枪瞄准了战友。在此千钧一发时刻，顾克路挺直了身躯，用自己的胸膛挡住了射向战友的子弹。战友们奋起还击，消灭了敌人，顾克路却壮烈牺牲了。

顾克路用自己的生命实践了在决心书中写下的诺言：“青春是美好的，生命是可贵的。我在人生的道路上才度过了 17 个春秋，我向往未来，热爱生活，但当祖国需要我把生命献出时，我将毫不犹豫地把鲜血洒尽！”

战后，部队党委为顾克路同志追记一等功。

37.突击队员张先军

张先军(1965～1985)，金乡县化雨镇唐楼村人，为保卫祖国争当突击队员，在云南前线壮烈殉国。

1985 年 1 月，张先军应征入伍。随部队来到长岛后，张先军处处严格要求自己，不畏艰苦，以岛为家，积极练兵，技术过硬，年终连队考核时获队列第一名、军体第一名、投弹第一名、专业技术第二名，尤其是射击技术高超，获得“特等射手”称号。

祖国南疆战火纷飞，召唤着热血男儿。1985 年 10 月，张先军两次写血书要求参加保卫边疆的战斗，决心用自己过硬的技术为保卫祖国贡献力量，获得部队领导的批准。

1985 年 11 月，张先军加入中国共产党，随部队奔赴云南老山前线，立即投入了激烈的战斗。12 月 2 日，张先军报名参加了突击队，来到了打击敌人的第一线。当时，敌军在我方领土上修建了大大小小的工事。战壕、暗堡和坑道纵横交错，地雷密布，形成了一套进可攻、退可守的防御体系。但是，在我英勇顽强的人民解放军面前，没有攻克不了的阵地，没有战胜不了的艰难险阻。

在拔掉敌人 405 高地工事的战斗中，张先军协同班长首先开辟了 50 米的通道，直接贴近 302 高地与 405 高地之间的 2 号洞，迅速歼灭了洞中敌人，取得了攻占 405 高地的有利位置。接着，在战友的掩护下，张先军第一个冲上 405 高地，开始搜剿敌人、巩固阵地。这时候，同一组的战友或者牺牲，或者负伤倒下，与班长也失去了联系，但是张先军毫不畏惧，迅速转入防御作战。凭借过硬的技术，张先军孤身作战，连续射杀 5 个敌人，压制住了敌人的反扑，巩固了 405 高地。救援部队到达后，张先军不顾伤势严重，坚决不下火线，反而再一次冲向敌人，不幸中弹，英勇牺牲，年仅 20 岁。

战友们在清理他的遗物时，发现了他写给父母的一封信。在信中，张先军写道：“战争是残酷无情的，战场上随时都有牺牲的可能。想到死，我没有半点犹豫。‘人生自古谁无死，留取丹心照汗青。’爸爸、妈妈，请相信我吧，为了祖国的尊严，为了千家万户的幸福生活，我愿洒尽一腔热血。”

张先军把自己的一切奉献给了祖国，在祖国人民心中竖立起一座永不磨灭的丰碑。

战后，张先军因作战勇敢，作风顽强，战果显著，被部队党委追记一等功。

38."亿元村的穷支书"刘运库

刘运库(1947～1998)，济宁市高新区王因镇沙河村人，担任村支部书记后，领导群众走上致富道路，使沙河村成为远近闻名的亿元村。群众富裕起来了，刘运库还一直过着清贫的生活，被群众誉为"亿元村的穷支书"。

1976年，刘运库担任村党支部书记后，牢记党的宗旨，团结党支部一班人，带领群众走共同富裕的道路，不仅使沙河村由过去的贫困村发展成远近闻名的富裕村，而且带动了周围的十几个村，带动了全镇油罐加工业的发展，王因镇成了远近闻名的"油罐之乡"。油罐加工厂产品销往全国20多个省份。1997年全村实现经济收入1.38亿元，人均纯收入3286元，远高于当时当地的平均水平。有句顺口溜这样评价沙河村的富裕："十万八万不算富，几十万元才起步。"沙河村因此被评为山东省乡镇企业"明星村"。

为带领群众走共同富裕的道路，刘运库一次次放弃了自己致富的机会，把自己的聪明才智和心血汗水都倾注在了沙河村的基层党建和集体事业上。群众富裕起来以后，他一直过着清贫的生活，被称为"亿元村里的清廉支书"。村里的财务开支是他"一支笔"，但是当支部书记20多年来，他没有在村里报销一盒烟、一两茶叶。他带头推行村务党务公开，建立"村民议事委员会"，自觉接受人民群众监督。因此，刘运库深受群众的拥护、爱戴和信任。

因长期超负荷工作，刘运库积劳成疾，患了癌症，但仍以顽强的毅力，带病坚持工作，直到1998年3月病逝。

“生命如火，不燃烧就会熄灭。”刘运库写在日记里的这句话，是他的座右铭。刘运库的病情得到了社会各界的重视和关心。在生命的最后一段时间里，他念念不忘的仍是沙河村的父老乡亲，他对上级领导和家人说：“我的病治不好了，我想把社会上捐给我治病的钱拿出来。”于是，按照他的意愿，家人将2500元捐给了村里的孤儿，拿出1500元为村小学预交了5年电费。

“我死后，不要给组织上提任何要求”，刘运库对家属交代了一遍又一遍。

1998年6月22日，《大众日报》推出通讯《农村党支部书记的榜样——刘运库》和评论员文章《一切为了群众》，报道了刘运库的事迹。时任中共山东省委书记阅后，要求全省乡镇党委、村党支部书记认真学习刘运库同志的先进事迹。中共山东省委当日作出《关于开展向刘运库同志学习活动的决定》。

刘运库同志一切为群众谋利益的情怀，是新时代的民族魂。他是千千万万农村党的基层干部的代表，值得我们永远怀念和学习。

39.消防英雄刘洪魁

刘洪魁（1985～2005），曲阜市息陬镇南夏宋村人，北京市石景山区消防支队八大处消防中队副中队长，为保卫人民的生命财产安全献出了宝贵的生命，被称为“消防英雄”。

2005年12月，刘洪魁应征入伍。2009年11月，他加入中国共产党，后考入武警昆明指挥学院，取得大学专科学历。2012年6月，刘洪魁任北京市石景山区公安消防支队八大处中队副中队长，晋升为副连职，被授予武警中尉警衔。

2013年10月11日2时59分，北京市石景山区喜隆多商场发生火灾。接到报警后，北京市公安局迅速调集15个消防中队、63辆消防车、300余名官兵会同石景山分局相关部门救援人员赶赴火灾现场。在灭火救援战斗中，北京市石景山区消防支队参谋长刘洪坤、八大处中队副中队长刘洪魁深入火场内部侦察，因建筑物坍塌不幸牺牲。

2013 年 10 月 12 日，公安部政治部批准刘洪坤、刘洪魁为烈士，并颁发“献身国防金质纪念章”。献身国防纪念章是中国人民解放军总政治部根据《中国人民解放军纪律条令》的有关规定设计制作，于 2011 年 8 月 1 日起正式启用的纪念章之一，是为表彰牺牲或致残军人而专门颁发的纪念章。献身国防纪念章分金、银、铜质三种，其中金质纪念章颁发给军队烈士。

10 月 17 日上午，刘洪坤、刘洪魁烈士遗体告别仪式在北京八宝山殡仪馆隆重举行，3000 多名干部群众为两位烈士送行，哀乐低回，泪水挂满人们的脸庞。刘洪魁烈士的骨灰被安放在北京八宝山烈士骨灰堂。

一年后，按照父母意愿，刘洪魁“回家”了，安葬在曲阜革命烈士陵园。

人民不会忘记功臣，历史永远铭记英雄。2014 年 11 月 3 日，备受社会各界关注的第五届“我最喜爱的人民警察”评选活动正式揭晓。因公牺牲的“烈火双雄”刘洪坤、刘洪魁被授予“特别致敬奖”。

40.好军嫂韩素云

韩素云出生于梁山县马店村一个普通农民家庭，长期以来竭尽全力支持丈夫倪效武为国戍边，被誉为“好军嫂”。2009 年 9 月当选“100 位新中国成立以来感动中国人物”。

1983 年，在家务农的韩素云为了支持参军戍边的未婚夫倪效武安心服役，未过门就主动搬进未婚夫的家，毅然挑起了一家 9 口人的生活重担。她既要照料多病的祖母、公婆，又要照顾双目几乎失明的小叔和上学的双胞胎小姑，还辛勤耕种着 12 亩责任田。10 年来，她含辛茹苦，任劳任怨，孝敬公婆，和睦乡邻，受到人们的称赞。

由于长期劳累过度，她不幸患上股骨头缺血性坏死。在重病缠身的情况下，她每次给丈夫去信却从不透露任何难处，总是宽慰丈夫要安心在部队工作。在她的支持鼓励下，倪效武10多次受嘉奖并荣立二等功。

1994年春天，韩素云在丈夫倪效武的陪同下，来到广州中医药大学看病，被确诊为股骨头坏死。由于生活贫困，他们付不起巨额手术费。医生袁浩深表同情，主动写信给医院，提出要免费为她做手术。这件事情经过媒体的报道，唤起了广州人民的爱心，许多市民主动到医院看望韩素云，纷纷捐款帮助她治病。而韩素云支持丈夫戍边、侍奉患病的公婆、独力挑起家庭重担以致积劳成疾的故事也感动了社会。1995年1月26日，中共中央总书记江泽民等党和国家领导人亲切接见了包括好军嫂韩素云在内的“爱国拥军先进群体事迹报告团”成员，韩素云也获得了“全国劳动模范”等多项荣誉。

1995年2月，根据国家政策，韩素云成为广西凭祥市夏石镇财政所正式职工，同时被吸收为中共预备党员。5月，韩素云调到广西凭祥市财政局工作。1996年5月起任办公室副主任。1997年3月调到广西南宁市财政局。

调入财政系统工作后，韩素云爱岗敬业，工作从未出过差错。每逢春节或老兵退伍、新兵入伍，她都赶到部队看望。她先后为11名大龄军官做“红娘”，并帮助8名待业军嫂找到了工作，还资助辍学孩子重返校园。多家企业想请她做产品广告或当企业形象代言人，都被她婉言谢绝。她说：“‘好军嫂’的荣誉是党和人民给的，不能为个人谋利。”

1998年，南宁邕江涨大水，财政局的工作人员都上了大堤帮助救灾，韩素云也悄悄加入到扛沙包的行列中。被发现后，局领导坚决要她撤下来，给她指派了一个新任务：在球场分发救灾物资。韩素云不满足于执行这项“轻松”的任务，发扬沂蒙老区的支前传统，组织了一个“妈妈队”，为上大堤支援的子弟兵洗衣服，一时传为美谈。

韩素云的先进事迹被报道后，感动了山东人民、广西人民，也感动了全国人民。1994 年，韩素云被中共山东省委、省政府授予“模范军属”称号。1995 年，韩素云入选广西“十大女杰”。1995 年 3 月，韩素云被民政部、解放军总政治部授予“优秀军人妻子”荣誉称号和二级英模奖章。此外，韩素云还获得了“全国先进工作者”“全国劳动模范”“全国三八红旗手”等荣誉称号，成为全国闻名的“好军嫂”，鼓舞和激励了越来越多的人民群众关心支持国防事业。

41.一级英雄模范程广泉

程广泉(1946～1996)，山东滕州市人，生前系济宁市公安局市中区分局渔山派出所民警、副科级侦查员，二级警衔。1996 年因病医治无效，不幸去世。公安部追授其“全国公安系统一级英雄模范”称号。他 28 年如一日，始终战斗在公安工作第一线，忠实履行打击犯罪、保护人民的神圣职责，被群众誉为“雷锋式的好民警”。以程广泉事迹改编的电视剧《民警程广泉》，受到群众广泛欢迎和高度评价。

程广泉始终把帮助别人，为群众做好事作为本职工作。从部队复员到公安部门后，他专门准备了一个记录本，从早到晚挨家挨户地转，哪家有困难，需要怎么解决，都一一记在本子上。特别是对辖区 7 户孤寡老人、2 户盲人、2 户烈属，他更是无微不至地关怀照顾。辖区孤寡老人周苏氏，无依无靠，程广泉从分管付家街区那天起就承担起照顾老人的义务，买面、买煤、扫地、打水、看病，直至老人去世，整整 18 年。

程广泉把保护人民、打击犯罪，确保一方平安作为神圣职责。他在日记中写道：“民安我荣，民忧我耻，我为人民管治安，就一定要把工作做到群众心坎上”。辖区发生了案件，程广泉总是一马当先跑在前面。1983 年冬季，辖区发生了一起拦路抢劫案，为寻找犯罪分子作案用的凶器，他毅然跳入已结薄冰的齐腰深的河水中，连续搜寻了半个多小时，终于把凶器摸到手。等同志们把他拉上来时，他下肢已冻僵不能站立。从此，他落下了坐骨神经痛的毛病。据不完全统计，程广泉先后参与侦破各类案件 70 余起，抓获各类违法犯罪分子 81 名，其中逮捕 22 人，治安处罚 60 余人。程广泉忠实地履行了保护人民、打击犯罪的职责，在平凡岗位上做出了不平凡的事迹。

程广泉坚持生命不息，奉献不止，为公安工作鞠躬尽瘁，献出了宝贵生命。长期的超负荷工作，使程广泉积劳成疾，但他从不放在心上，经常带病坚持工作。直至有一天，他一头栽倒在地上，被人强行送往医院。经诊断，他患的是淋巴腺癌，已到晚期。就要动手术了，程广泉躺在病床上还挂念着警务区的工作。半夜里，他瞒着护士偷偷地跑回警务区巡逻了一遍，最后躺在值班室的连椅上睡着了，被所里的同志发现后硬送回医院。市政府为照顾程广泉治病，专门救济他一万元钱，作为营养费，让他补补身子。但是当他从领导手里接到那沉甸甸的一万元时，想到的不是如何有效地利用这一万元钱为自己治病，而是想到贫困地区失学的孩子，毅然嘱咐妻子把一万元钱捐献给了希望工程。临终前他对守在身边的所长说："所里工作重要，不要来看我了，我很好。"直到生命的最后一刻，程广泉依然惦念着工作、关心着他人，而唯独没有他自己。

病床上的程广泉曾说过这样一段话：名和利不是一名人民警察的追求。为党和人民多出力多流汗，使别人过得更幸福更美好，是我人生最大的乐趣。程广泉干了 28 年的户籍民警，直到逝世的那一天，他的家却仍然简陋清贫得令人难以置信——一个退了漆的大衣橱和一个半旧的电冰箱是妻妹搬家时不要的旧家具；烧水的壶底、做饭的锅底全都打着"补丁"；洗脸的瓷盆用"创可贴"粘着。程广泉始终坚守着这样的信条：不属于自己的钱一分也不能收。警察的形象不好，不是哪一个人的问题，它影响党和政府的形象。程广泉用生命实践了他全心全意为人民服务的诺言，被群众誉为"雷锋式的好民警"。

好民警程广泉

42.齐鲁时代楷模陈新宁

陈新宁(1974～2014),曾任金乡县纪委纪检监察室主任。2005年,陈新宁被济宁市纪委、监察局评为“全市执纪办案工作先进个人”;2006～2013年,连续8年被金乡县委、县政府授予嘉奖;2014年荣获“金乡好人”称号。2014年5月9日因病医治无效去世。2015年4月被追授山东省首位“齐鲁时代楷模”。

陈新宁无私无畏,恪尽职守。2007年的一段时间里,陈新宁经常收到恐吓短信,当时陈新宁正在着手调查金乡县某公司负责人贪污、挪用公款的案子。“法律会让每一位公民对自己做的事情负责,你们如果犯了法,也同样会受到法律的制裁!”陈新宁义正词严地告诫他们。

陈新宁对待贪腐分子铁面无私,同时又侠骨柔肠,注重保护公民合法权益。2007年12月,一封反映金乡县某局在超限超载专项治理中不作为、乱作为的举报信送到县纪委领导的案头。县纪委立即成立由陈新宁带队的暗访组,蹲守七天七夜后终于揭开了车轮上的腐败黑幕。经过缜密调查，大量证据直指时任某局下属单位负责人的王某。在审查认定王某非法所得过程中，令陈新宁不解的是竟然多出了60多万元不能对号入座。为了弄清事实真相，陈新宁和同事们带着收缴上来的18张银行卡，到涉及的银行调出所有的收支明细，分别与王某的生意合作伙伴交流、取证，最终确认这67.3万元属于王某以前的合法经营收入。第二天，陈新宁和同事拿着财产托管协议去监狱探望告知王某这件事，并按照王某嘱托对这笔钱进行了妥善安排。王某痛哭流涕地说："我已经是违法犯罪人员了，哪还敢指望这笔合法收入能回来？没想到碰见陈主任您这个大好人替我作主了。"王某袒露心扉："我现在才知道纪委是真正的惩前毖后、治病救人。陈主任不仅救了我，还让我家避免了妻离子散。"

陈新宁坚持原则，有案必查。2009年5月，在查办金乡县某案时，有领导给陈新宁打来电话求情，陈新宁说："我也知道他工作能力强，有过贡献，但功不抵过，这不能成为搞腐败的理由！"他和专案组一追到底，把案子办成金乡县近年来最具影响力的案件，为国家挽回经济损失1300多万元。

陈新宁对党无限忠诚，秉公执纪，敢于担当。从一名普通办案人员到案件审理室主任再到纪检监察室主任，陈新宁牵头或参与调查各类案件90余件，其中重要案件48件，为国家挽回经济损失3000余万元。在查出患有脑胶质瘤后，他仍然心系纪检监察事业，用实际行动体现了党员干部爱岗敬业、无私奉献的崇高精神，用生命铸就起"忠诚、干净、担当"的纪检监察干部形象。

2015年4月，山东省纪委在全省纪检监察系统开展向陈新宁同志学习活动，并在全省纪检监察系统举办了陈新宁同志先进事迹报告会。山东省委宣传部追授陈新宁同志为首位"齐鲁时代楷模"，组委会给陈新宁的颁奖词是："手持纪检监察利剑，秉公无私洞察秋毫，他是'正义的守护者'；献身使命矢志不移，执着谱写无悔人生，他是'党的忠诚卫士'；心怀拳拳爱民之心，日夜奔波不计劳苦，他是'百姓的贴心人’；廉洁清正克己自律，不滞于情不为物役，堪当‘齐鲁时代楷模’。”

43.“微山湖上好支书”孙茂东

孙茂东（1962～2020），微山县高楼乡渭河村党支部书记、村委会主任。自2002年担任渭河村党支部书记、村委会主任以来，孙茂东全身心投入到村庄发展、服务村民中，十余年如一日践行着“为民、务实、清廉”要求，用自己的爱岗敬业、辛勤工作赢得了党和群众的支持、信任和称赞，获得“全国十佳农民”荣誉称号，被亲切地称为“微山湖上好支书”。

2002年6月，孙茂东上任后，多次强调：“要想富，就得甩开膀子干！”他从养殖大闸蟹开始带动渭河村群众致富。过去渭河村养殖的主要是四大家鱼，经济效益低。为了破解养殖难题，孙茂东大胆尝试引进大闸蟹养殖。2008年，渭河村联合周边的3个村成立养蟹专业合作社，注册“八条腿”“江北第一湖”等河蟹商标。全村养蟹水域面积达到7000余亩，养殖场成了村民们的聚宝盆。2012年3月，高楼乡被中国渔业协会命名为“中国河蟹之乡”，微山湖大闸蟹连续多年在全国河蟹大赛中荣获“金蟹奖”。居民人均纯收入突破2万元，村集体年收入达到近百万元。然后是发展运输业。渭河村一直就有水上运输的传统，但使用的大多是水泥船，吨位小、市场竞争力弱、安全性差。最好的运输船是钢质驳船，但价格很高，多数村民买不起。孙茂东与村干部出面担保，把养殖户手中的闲钱借给运输户，解决了运输户资金短缺的问题。买来船只后，又因为运输零散、不成规模，运费兑现不及时等，受到外地运输船排挤，开展业务困难。孙茂东看在眼里，急在心里。2003年底，他带领村“两委”成员外出考察学习，回来后以村集体名义注册成立微山兴渭航运公司，把从事运输的村民纳入航运公司，抱团发展。很快，兴渭航运公司成为拥有运输吨位26万吨的企业，年营业收入达3500余万元。

渭河村经济发展的同时，孙茂东采取措施，建立健全基层党组织，发挥党员作用。孙茂东带领党支部一班人多方筹措资金，购买大船，建立了党群服务中心，集党员活动、代表活动、服务代办等功能于一体，加强党的阵地建设，让党旗在微山湖上高高飘扬。如今这艘大船已成为渭河村的一张亮丽名片，被群众亲切地称为“红船”。渭河村流动党员较多，如何对这部分党员进行有效管理、发挥党员的先锋模范作用成为一个问题。孙茂东和“两委”班子商量后，首先对党员进行登记，然后就近与当地党支部结成友好支部，让渭河的党员在当地参加组织活动。同时，在运输船队上、党员聚集较多的地方，成立流动党小组，实行自我管理。孙茂东推动党支部做出规定，外出党员在“七一”建党节这天必须回村参加党支部集体活动。通过建立流动党员 QQ 群、微信群，党组织随时掌握流动党员的工作、学习情况，也让党员及时了解村内的发展变化，为家乡发展出谋献策。这些措施较好地解决了部分流动党员村里管不着、驻地无人管的状况。2012 年 6 月，中组部授予渭河村党支部“全国创先争优先进基层党组织”称号。

孙茂东为了长远地造福村民，带领全村党员干部群众大力改善村庄基础设施建设。为方便村民出行和学生上下学，在村小学周围河道上架设了 5 座钢架过河桥，在村东头建设了 1 座钢结构码头。几年下来，渭河村这个偏居大湖一隅的小渔村面貌焕然一新，获得了群众的一致好评。渭河村先后被评为“全国农业旅游示范点”“山东省旅游特色村”，成为远近闻名的集餐饮、娱乐、休闲、度假为一体的旅游景点。

2019 年 11 月，孙茂东查出患有胆管胰腺癌。住院治疗后，医生千叮咛万嘱咐要回家静养。但是为了村里的事，孙茂东一直没闲着。2020 年 2 月 24 日，正在村里忙活的孙茂东身上的引流管突然蹿了出来，紧接着开始发烧。在济南住院期间，孙茂东瘦得不到 60 斤。生命的最后几天，孙茂东坚持要出院，家人和村干部都不肯，他恳求说：“我是支部书记，让我再回村看看乡亲们。”回村后，他用最后的气力坐着轮椅把村“两委”干部叫到党旗雕塑下留下最后的嘱托：“你们要拿群众当自己的亲人对待。”5 月 31 日晚，孙茂东走完了他人生的 58 个春秋。孙茂东的精神，犹如微山湖畔的杞柳，深深扎根在这片水域热土，深深扎根于群众心间，大风吹不倒，大浪打不倒，他的先进事迹在湖区百姓心中树立起一座不朽丰碑。

渭河村党支部被中组部授予“全国创先争优先进基层党组织”

五、革命战争中的重大事件

1926年夏天，中国共产党山东省立第二师范学校支部成立。从此以后，在济宁大地上，党的组织如雨后春笋般蓬勃兴起，领导人民掀起了轰轰烈烈的革命运动，做出了惊天地、泣鬼神的壮举，在济宁市历史上写下了浓墨重彩的篇章。

1.曲阜红二师

山东省立第二师范学校（简称"曲阜二师"）成立于1914年，是当时山东省仅有的4个师范学校之一，是曲阜师范学校的前身。1926年夏天，在这里诞生了鲁西南大地上第一个中共党支部——中国共产党山东省立第二师范学校支部，简称"红二师"。曲阜二师党支部的建立，不仅为曲阜师范学校厚重的文化涂上光艳的一笔，也为济宁、枣庄、菏泽等地的革命与新生开启了先河。

曲阜师范学校工字楼

对于曲阜二师中共党支部的诞生，学校校长范明枢先生功不可没。当时，曲阜省立二师的校长范明枢先生是北大校长蔡元培先生的崇拜者和追随者，是清末山东公派留学日本、专攻师范教育的先行者，位居近代山东四大教育家之首。五四运动时期，范明枢正在山东省立第一师范教书，他带领学生冲上街头，游行示威，遇到警察阻拦，就用刚理的光头撞向警察的刺刀，迫使警察后退。范明枢就任曲阜省立二师的校长后，以“真、善、美”三字为校训，奉行“兼容并包”的办学方针，宣传新思想，鼓励师生追求进步和真理。因此，从某种意义上说，正是范明枢校长的开明办学方针促成了曲阜二师中共党组织的建立。

1919 年，在五四运动影响下，曲阜二师进步师生掀起反帝反封建的学潮，喊出了“打倒帝国主义”的口号。1924 年，国共两党实行第一次合作，中共一大代表王尽美、邓恩铭参与组织并任执行委员的中国国民党山东省党部成立。王尽美和邓恩铭很快派人来曲阜省立二师开展活动，建立地方组织。在范明枢校长的支持与帮助下，学校很快成立起省党部直辖的曲阜区国民党分部。虽然是以国民党的名义建立组织，但主要领导人大多是共产党人。曲阜区国民党分部的建立被认为是共产党在曲阜省立二师开展革命活动的开端。

此后，曲阜省立二师聚集了许多在知识界、教育界有造诣、有名望的进步学者。一些共产党员也先后来校开展革命活动。1926 年春，共产党员马守愚奉命从济南来到曲阜二师，在短时间内发展了一批共产党员。到了夏天，党员人数达到 20 多人，正式建立了中国共产党山东省立第二师范学校支部，马守愚为负责人。这是曲阜周边地区最早的共产党组织。不久，马守愚离开曲阜二师到莱芜活动，曲阜二师支部改由巩长富负责。

曲阜二师的共产党员大多是品学兼优的学生，他们思想进步，成绩优异，关心时局，积极参加社会活动，宣传革命思想。后来，他们当中的许多人南下广州、武汉，报考军校，参加北伐，投身革命，有的还献出了生命。

在中国共产党的领导和影响下，曲阜二师进步学生开展的运动连绵不断，高潮迭起。1929 年夏天，曲阜二师进步师生以大无畏的精神，演出了轰动一时的历史讽刺剧《子见南子》，学校大礼堂就是该剧演出的重要场所。1931 年“九一八”事变之后，曲阜二师师生爱国抗日热情更加高涨。这年 12 月，他们联合鲁南其他六校进步师生，冒着风霜严寒，在兖州车站卧轨截车，要求南下请愿，坚持斗争达四天之久。

演出《子见南子》和兖州卧轨截车等重大事件，都曾震动全国。曲阜二师因此声威大震，与河北保定二师并称“南北红二师”。学校虽于 1934 年再度易名为“山东省立曲阜师范学校”，但“曲阜二师”的校名早已深入人心，以至多年以后，人们仍然这样称呼这所有着光荣革命传统的学校。

从五四运动开始，到 1937 年底学校停办，曲阜二师的革命斗争不断发展。封建势力、帝国主义的镇压和摧残曾经使这里的进步力量屡受挫折，但是却不能让他们屈服。范明枢、宋还吾、张郁光等曾在此办学，楚图南、任白戈、陶钝等曾赴此执教，万里、程照轩、周蓝田、陈楚、吴伯箫等曾在此就读，从事进步活动和革命斗争。

抗日战争时期，曲阜共产党人的活动中心由县城转向农村，创建了曲泗北和邹东尼山革命根据地，为抗日战争的胜利贡献了力量。

解放战争时期，曲阜共产党组织带领全县人民积极参军参战，全力支援前线，为中国革命胜利贡献了力量。

曾在曲阜二师任教的部分教师和该校毕业的大批进步学生投笔从戎，为争取民族独立和人民自由幸福浴血奋战。在血与火的斗争中，他们锻炼成为党的优秀干部，许多同志后来在山东和冀鲁豫解放区乃至全国各地担任党、政、军领导职务。全国解放后，有的同学成为党和国家的重要领导人。

曾在曲阜师范学校求学的原国务院副总理、第七届全国人民代表大会常务委员会委员长万里同志就是从这里走向革命道路的。

原曲阜师范学校大门

2."模范的歼灭战"独山战斗

抗日战争时期,八路军一一五师一部在梁山县独山村附近全歼日军一个大队,受到八路军总部和国民政府的嘉奖。这次战斗就是著名的"独山战斗",被国共双方称为"模范的歼灭战"。

全民族抗战爆发后,日寇凭借优势装备发起猖狂进攻,国民党正面战场节节败退,山东省政府主席、第三集团军总司令兼第五战区副司令长官韩复榘畏敌如虎,不战而放弃济南,向山东省西南部菏泽方向撤退。韩复榘后来虽然被国民政府在开封处决,但山东省大部国土已陷于敌手。

中国共产党放手发动群众,开展敌后游击战争。1938 年 9～11 月,在党的扩大的六届六中全会上,党中央决定"派兵去山东"。1939 年 5 月,八路军一一五师代师长陈光、政委罗荣桓率师部和主力一部进入鲁西一带领导抗日运动。

1939 年 7 月底,日军第三十二师团派出其精锐部队约 400 余人,由长田敏江少佐率领,从汶上出动,向梁山地区进发,进行所谓"扫荡"。我八路军一一五师侦知敌人企图后,决心以师特务营、骑兵连和独立旅一团为主、以地方游击队为辅歼灭该敌。

8 月 2 日上午,日军抵达梁山南麓的前集庄附近,一一五师特务营和骑兵连从侧背袭击该敌，歼其一部后，迅速撤离。敌人受到打击，沿梁山南麓向西北搜索前进，进至马振扬村，又遭一一五师特务营伏击，被歼40余人，被迫退至梁山西南麓的独山村。

独山村位于梁山的西南方向，现在隶属于梁山县水泊街道。村北有座小山，不太高，是周围地区的制高点。由于与其他山头都不相连，所以这座小山被称作“独山”。日军孤军深入，距郓城、汶上、东平、寿张等据点均有20多公里，一时无法得到有力支援。当晚8时，我军独立旅一团和师特务营在杨勇旅长的直接指挥下，对该敌发起攻击。激战至3日晨，将该敌大部歼灭，敌首领长田敏江自杀，残敌向汶上县城逃窜。我骑兵连乘胜追击敌人，几个趁乱逃出村子的日军士兵被活捉。转移出去的老百姓听说八路军正在痛歼日寇，也纷纷赶回来助战，抓俘虏、抬伤员。此次战斗，我军共毙日军少佐大队长以下300余人，俘10余人，缴获炮3门、各种枪械200余支、战马20余匹。

当时负责管理日本俘虏的独立旅秘书阎学增作了一首名为《梁山战斗》的诗：

> 七月鲁西唱大风，梁山好汉请长缨。冲锋彻夜英雄胆，歼灭整营鬼子兵。少佐长田非命死，十三战俘得新生。东平湖卷千重浪，万里青纱正向荣。

独山战斗胜利结束后，新华社记者康茅召进行了采访。据被群众击伤头部而抓获的日本军医佐藤猛夫供认，长田部队是1939年5月由东京来到中国的。在青岛登陆后，经过济南、济宁，没有休息就来到汶上，担任汶上警备区的警备。来到中国后的第3个月，长田部就被消灭了。

8月7日和8日，八路军总司令朱德和副总司令彭德怀联名向国民政府和军事委员会委员长蒋介石接连发出两封战绩电报：“扫荡鲁西之敌，被陈师粉碎后，本月冬日又复将山口长田全部歼灭……”（电文中的“山口长田”即长田敏江）

独山战斗创造了兵力与日军相等、装备上处于劣势情况下，全歼日军一个大队的模范战例，被击毙的长田敏江少佐出身日本皇族，战后，日军对此次战斗始终秘而不宣，第 32 师团师团长木村兵太郎受到处分，一些军官相继被追究责任。此战打出了当年“老八路”的威风，提高了一一五师坚持平原游击战的信心，鼓舞了广大人民群众的抗战热情，增强了抗日必胜的信念。

2010 年，梁山县人民政府在独山歼灭战遗址西侧 200 米处，建立了梁山抗日纪念馆。2014 年 4 月，纪念馆正式开馆，纪念在独山战斗中、抗日战争中牺牲的人民英雄。

梁山抗日纪念馆

3.汶上抗日反击战

全民族抗战爆发初期，国民政府军队向侵占汶上的日军发起主动攻击，打击了敌人的嚣张气焰。

1938 年 1 月 11 日，日军攻陷济宁，随后占领汶上。2 月 7 日，第五战区司令官李宗仁为迟滞日军南下，争取时间完成徐州防御部署，电令第三集团军孙桐萱部向济宁、汶上实施反击，以便牵制泰安、兖州日军精锐师团南下。孙桐萱接到电令，立即指挥第十二军所属八十一师展书堂部、二十二师谷良民部，分别进攻汶上、济宁；二十师周遵时部进驻巨野、独山为预备队。同时，命令五十五军曹福林部协同作战。

反攻汶上是在2月12日晚上开始的。八十一师接到命令之后，师长展书堂当即率部从开河镇悄悄渡过大运河，将师指挥部设在汶上南旺分水岭龙王庙内。

晚上11点，八十一师包围汶上。根据确切情报，汶上城内驻有日军500多人，有火炮6门。师长展书堂认为，自己兵力近2万人，对付区区500多个鬼子应该不成问题。他认为当天就能拿下的汶上县城，不但没有拿下，还使整个八十一师陷于危险境地。

深夜，八十一师一团两个营，在营长赵来喜和孔凡林带领下，分别从东南角和西北角涉护城河，攀上围墙，潜入城中。

这天晚上，没有月光，夜黑魆魆的，风刮得很紧。从东南角入城的赵来喜营，是在偷袭日军司令部时被发现的。赵营士兵偷偷向日军司令部摸去，在一条小巷里，与几个日本兵和汉奸遭遇了。

赵来喜本来不想打枪，想用大刀干掉他们。可是那几个鬼子和汉奸手里有手电筒，他们一照，马上认出了是中国军队，便朝赵来喜他们开了枪。赵来喜当即还击，将这几个日军和汉奸击毙。

枪声惊动了城里的日军，日军的集合号划破了夜空的宁静。侵占汶上的是第八旅团51联队206大队，队长加腾光一。加腾光一出身武士世家，曾在日军情报部门工作，还到德国学习军事，受过特殊训练。城中突然出现中国军队，他并不惊慌。他知道这肯定是一小股中国军队，大部队是进不了城的，他马上命令集合起来的日军把守主要路口，以攻为守。

城内枪声炸豆般响起，埋伏在城外的八十一师主力从四面八方迅速攻城。八十一师没有重武器，仅有几门92式步兵炮和一个迫击炮连。炮兵对步兵进行了有效的火力支援。92式步兵炮将汶上县城东门炸开，步兵潮水般涌进城中，在大街小巷和日军开展了巷战。

拂晓，日军集中火力开始反扑，将攻进城中的中国军队阻截在东门南市。日军配置了十几挺轻重机枪、迫击炮、火焰喷射器等武器，中国军队成批地冲上去，又成批地倒在敌人的机枪下。

从西北角潜入城中的孔凡林部，也没有取得较好的战果。战斗打响不久，孔凡林中弹牺牲，部队被堵截在几个小巷里。日军使用了火焰喷射器，孔凡林部伤亡惨重，阻挡不住日军的反扑，被迫退往一所小学校内，继续抵抗。

此时，五十一师敢死队杀上来了。他们光着上身，提着大刀和短枪，从东门南市发起了冲锋。日军不甘示弱，也端着明晃晃的刺刀迎上来。

一阵激战之后，日军退了下去，一直退到县政府驻地死守，中国军队将他们团团包围。

汶上遭到中国军队围攻，驻济宁的日军第八旅团长赖武平少将命令驻扎在济宁城北九女固堆的第 33 联队 1500 余人，火速向汶上增援。

第 33 联队长清兵卫接到命令，马上命令田中上尉率领一个骑兵中队为前卫，大队人马在后面跟进。日军杀气腾腾，直扑汶上。

日军一路畅通无阻，数小时后到达辛店。辛店是一个不大的小镇，位于汶上县城南 5 公里处。展书堂知道日军从济宁增援，辛店是必经之路，预先部署了八十一师新二团在这里埋伏，阻击增援汶上的日军。新二团是八十一师的一支劲旅，战斗力较强，团长胡海林打起仗来不要命，号称“拼命三郎”。

太阳刚刚爬上屋墙，寒冷的北风猛烈地摇晃着干枯的树梢，天上几只大雁慢慢飞过。田中上尉的骑兵队飞驰着冲进了八十一师设伏的辛店，马队的后面扬起滚滚烟尘。

枪声突然响起，跑在最前面的几匹日军战马嘶鸣着栽倒在地。房顶上、树林里、残墙后突然冒出无数的中国士兵，他们一边打枪，一边向日军投掷手榴弹，同时，在另一地段，他们又拉响了地雷。爆炸声响成一片，扬起的尘土遮住了太阳。很多日军骑马栽下马来，后面的步兵也倒下一片。

田中上尉一看势头不好，命日军一面还击，一面撤退。日军一直撤到辛店以南400米的地方才稳住阵脚。他们构筑了机枪阵地和迫击炮阵地，开始向辛店疯狂开枪开炮。

经过半个小时的炮火准备之后，日军一个大队的步兵开始冲锋，数百名日军端着刺刀扑上去，他们刚一靠近村子，中国军队就奋起还击。日军被压制在村外，无法前进半步。

双方对峙到黄昏，日军依然无法逾越辛店防线。

这时候，汶上县城里，八十一师正在与日军展开激战。日军动用了飞机增援汶上，几十架飞机超低空飞行，对攻打汶上县城的中国军队进行轰炸、扫射，大批中国军人倒在血泊中。

这一天，八十一师未能消灭汶上城里的日军。

第二天，日军7000多人从泰安、宁阳、兖州等地出动，携带重武器，驰援汶上。八十一师不得不调集两个团的兵力在白石一带阻击日军。日军动用了上百架飞机，对八十一师阻击阵地进行了狂轰滥炸。同时又对攻打汶上县城的八十一师进行了反复轰炸。经过数昼夜的激战，日军仍不能解汶上之围，我军也没有完全消灭城里的日军。1938年2月17日，日本空军对攻打汶上的中国军队投放了毒气弹，八十一师伤亡惨重被迫撤出阵地。与此同时，辛店、白石一带的防线也被增援的日军突破。新二团团长胡海林阵亡，八十一师有被分割包围的危险，情况十分不利，第三集团军参谋部电令展书堂撤出汶上，向大运河西岸转移。

这次战役，八十一师虽然没能攻占汶上，但却消灭了日军1500多人，有力地打击了日军的嚣张气焰，牵制了日军，迟滞了日军南下进攻徐州的速度，为完成徐州防御部署赢得了时间。然而，八十一师也付出了沉重代价，共伤亡6000余人。

在为全面推进中华民族伟大复兴而团结奋斗之际，我们更加怀念在抗战中牺牲的先烈。他们浴血奋战、顽强杀敌的壮举，表现了中国军人誓死捍卫民族独立与尊严的坚强决心，值得我们发扬光大，永远激励我们为了祖国和人民前赴后继、发奋努力。

4.汶南战斗

1940年底到1941年初，我八路军主力部队一一五师六八六团与地方武装联合作战，在汶南消灭日伪军400多人，沉重打击了敌人。

汶南，处于泰山之阳的大汶河以南、东平与汶上两县的接壤地带，方圆20平方千米。这里有汶河水的浇灌，土地肥沃，河堤上古树参天，荆棘丛生。汶河北岸不远处是连绵起伏的山丘。抗日战争时期，日伪在这一地区的统治力量较为薄弱，我党在此开辟了一块抗日根据地，建立了抗日政权。清清的汶河水，香喷喷的窝窝头和煎饼，养育了我抗日军民。这块被我军民所珍惜的"风水宝地"，被日伪军恨之入骨。1940年春，日伪调集重兵对汶南抗日根据地大举进犯。汶东县抗日政权和地方武装被迫转移到汶河北岸，伺机消灭敌人。

日伪军占据了汶南。这伙强盗在这块土地上实行了惨无人道的"三光"政策，推行所谓"治安强化运动"，修碉堡、挖封锁沟。一时间，汶南抬头见岗楼，迈步遇壕沟。黑云压城，汶河呜咽，汶南陷入一片白色恐怖之中。

汶河水岂能倒流！具有光荣历史的汶南怎能任敌宰割！为鼓舞人民的抗日士气、打击日伪军的嚣张气焰，1940年底，泰西军分区决定发起汶南战斗，集中优势兵力，进攻汶南，拔除日伪据点，开创抗日斗争新局面。

1940年12月23日的下午，在泰肥山区南部的牙山老鼠裕村前的一片空地上，泰西军分区机关人员及直属警卫连、特务连，同活动在泰西地区的八路军主力部队一一五师六八六团陕北营，共500多人，听取军分区首长作战前动员。"同志们，汶南是我们的老根据地，现在那里的人民正在日伪军的屠刀之下受苦受难，我们同胞的鲜血染红了汶河水！今天我们要打回汶南去，拔掉敌人在那里设立的据点，把我们的父老乡亲从水深火热中解救出来!”军分区政委李冠元的动员令,似熊熊烈火把战士们的热血燃沸了:“打回汶南去,消灭日伪军,愿洒一腔血,夺回根据地!”战士们的铮铮誓言在雪后的旷野上空回荡。随即,部队在军分区司令员刘贤权、政委李冠元及陕北营首长的指挥下,从老鼠裕村出发,长途奔袭,直插汶南。

夜幕刚刚降临,我军就向彭集(汶上北,今属泰安市东平县)据点的敌人发起了进攻。八路军陕北营的战士们胳膊上绑扎着白毛巾,作为识别标记,分两个梯队从东、西两个方向同时发起了攻击,进展顺利。当攻击部队到达彭集的中心据点彭家家庙时,遇到了敌人的顽抗。战士们在火力掩护下,迅速接近了彭家家庙所在的大院,然后用事先准备好的铁锹猛挖院墙,很快挖出了一个大洞,战士们冲进了大院。驻守的敌人除少数潜逃外,大部分成了我军的俘虏。

彭集首战告捷,极大地鼓舞了部队士气。重见天日的乡亲们欢天喜地,奔走相告。为了扩大战果,军分区首长决定,乘胜拔除汶南的沟头、李集、松山三个敌人据点。我军通过内线,掌握了敌人三个据点的兵力部署情况和内部矛盾,采用强攻、震慑等不同的方式,各个击破,较为顺利地解决了战斗,全部占领了这三个据点。

八路军接连打下敌人的四个据点,引起了敌人的恐慌和疯狂报复。1941 年元旦这天,敌人纠集汶上、东平、泰安等地的日伪军 1000 多人,利用我军民欢庆胜利和喜迎新年之际,偷袭了八路军六八六团陕北营驻地小代村。我军指战员临危不惧,沉着应战,涉小汶河,到达泗汶村,在泗汶村吉市街口与敌人展开激战。为甩开敌人,我军分路突围,相继摆脱了敌人的围堵。突围部队中陕北营一连的战斗最为艰苦。陕北营一连在小汶河西岸的将军庙村被敌人包围,经激战突破包围后,转向戴村坝,又经黄土岭,到达平阿山区,才跳出敌人的包围圈。战斗中,泰西军分区政治部主任吴涛同志受伤牺牲,陕北营一连 60 多名指战员,包括几名经过长征的红军老战士,壮烈牺牲。

汶南战斗历时 10 天,先后拔掉了伪军四个据点,吓跑了两个据点的敌人，歼灭日伪军400余人，缴获了大批枪支弹药和军用物资。汶南战斗中，我军虽遭受一定损失，但阻击了日伪军对我抗日根据地的“扫荡”“蚕食”，打击了日伪军的嚣张气焰，鼓舞了人民群众的抗日热情。

5.南阳战斗

1939年9月，我八路军一一五师苏鲁豫支队与游击队相互配合，在南阳岛设伏，消灭日伪军200多人，打击了敌人的嚣张气焰。

1939年6月底，八路军一一五师苏鲁豫支队四大队遵照苏鲁豫区党委的指示，与湖边游击四大队互相配合，在谷亭、南阳同时解除了不抗日、专搞摩擦的国民党县长朱启森的武装。7月1日，宣布成立鱼台县抗日民主政府。随后，地方抗日武装不断壮大，人民抗日热情不断高涨。抗日形势的好转，引起驻扎在邹县、滕县日军的恐慌，他们频频调集兵力，妄想消灭驻扎在南阳岛的苏鲁豫区党委，摧垮我抗日政权。

南阳岛位于微山湖北端的南阳湖中，四面环水，面积约3.5平方千米。南阳岛上的南阳镇是一座古镇，为古运河畔四大名镇(扬州、镇江、夏镇、南阳)之一。古老的京杭大运河穿镇而过，石拱桥横卧古运河上，连接着运河两岸的数百户人家。

9月19日拂晓，邹、滕两县的千余日伪军开始进攻南阳岛。我苏鲁豫区党委得到情报后，立即部署战斗，决定由苏鲁豫支队四大队大队长梁兴祚指挥，在南阳镇狠狠打击这股敌人。梁兴祚决定，四大队二营八连在南阳镇北部的烂石桥阻击敌人，区党委警卫营四连作为预备队留驻南阳，五区(南阳区)的武装力量布置在南阳东南，掩护主力作战，其余人员暂时撤往谷亭一带。

南阳镇北旱路口上的烂石桥，是通往南阳镇的唯一道路。小路弯弯曲曲，两旁长满了芦苇。我八连指战员埋伏在小路两旁的芦苇丛中，静静地等待敌人的到来。

微山湖上的南阳古镇

不多时，来了一支黄、黑装夹杂的队伍，战士们吁了一口气。敌人的先头部队进了旱路口，他们望着密不透风的芦苇，开始还抖抖索索，弓着身子不敢挪大步，后来见芦苇丛中没什么动静，才稍稍放开胆子。当敌人走到烂石桥上钻进我伏击圈时，八连指战员一阵猛烈射击，前边的日军猝不及防，纷纷倒地。后边的日伪军在一名手持东洋刀的矮胖子军官的威逼下，盲目放着枪向前猛冲。由于敌人在明处，我在暗处，敌我双方距离较近，加之敌人地形不熟，内心恐慌，个个像没头的蚂蚱，瞎撞乱撞，只能处于被动挨打的境地。我军八连指战员沉着机智，弹无虚发。冲在前面的敌人大都中弹身亡，侥幸没被打死的赶紧调转方向，逃出我伏击圈，趴在地上还击。

敌人吃了亏，开始整顿队形，对我阵地进行猛烈射击。我军主动向南撤退，引诱敌人。镇上的小路崎岖狭窄，敌人的兵力无法展开，而我军利用有利地形和茂密的芦苇掩护，从暗处沉着机智地打击敌人，使敌人每前进一步，都要付出巨大代价。

南阳战斗，我军共打死打伤日伪军 200 余人。

夜幕降临后，我军主动撤离南阳岛，转移到湖西根据地，继续进行抗日斗争。

南阳古镇

6.名扬全国的鲁南铁道游击队(一)

抗日战争全面爆发后,我党领导的鲁南铁道游击队在以枣庄、临城(今枣庄市薛城区)、微山湖为中心的鲁南大地上,开展了轰轰烈烈的抗日游击战争,令日寇闻风丧胆。

1938 年 3 月,枣庄矿区被日军侵占,我地下党发动了邹坞(临枣铁路的一个车站)暴动,建立了鲁南人民抗日自卫团,后改为鲁南人民抗日义勇队第一总队,开始了武装抗击日本帝国主义侵略的斗争。

为了及时获取敌人的情报,总队长张光中派两位原矿区工人洪振海、王志胜返回枣庄矿区,负责了解敌人情况,并伺机夺取武器,发展矿区抗日武装。

洪振海和王志胜回到枣庄后,很快建立了枣庄情报站。王志胜会说日语,就到日本人开办的枣庄国际公司(当地人称“洋行”)干起了搬运工。王志胜发现,枣庄国际公司并不是单纯的贸易机构,而是日本人的地下情报站。掌握敌人的活动规律后,王志胜、洪振海联合抗日志士宋世九在一天夜里,杀死了熟睡中的 3 个日本特务,摧毁了敌人的秘密情报站,并缴获步枪、手枪各一支,然后安全撤出。这就是在群众中流传甚广的“血染洋行”。

1939 年 11 月,洪振海召集 6 名“吃两条线”(以“扒火车”为生的形象说法)的铁杆弟兄,在枣庄情报站的基础上秘密成立了一支队伍。因为他们主要在铁路线上活动,洪振海将这支队伍命名为“枣庄铁道队”。又因为铁道队来无影、去无踪,灵活机动地打击敌人,老百姓亲切地称之为“飞虎队”。

1940年1月25日,根据我党的指示,正式成立“鲁南军区铁道大队”,受八路军五师苏鲁支队领导,洪振海任队长,王志胜任副队长,并抽调苏鲁支队三营副教导员杜季伟任政委。“鲁南军区铁道大队”人员最多时达300余人,对外称“铁道游击队”。人民群众仍然称之为“飞虎队”。

在“枣庄铁道队”和“鲁南军区铁道大队”创建的同时,在津浦铁路沿线,以临城为界也建立了两支铁道游击队。一支是以孙茂生为首的铁道游击队,主要在临城以南活动,成员有20多人;另一支是以田广瑞(后叛变)为首的铁道游击队,主要在临城以北活动,也有20余名队员。他们都不断截击敌人火车,获取物资,破坏交通,打击小股敌人。

1940年7月,鲁南军区成立后,为了统一对三支铁道游击队的领导,决定将这三支武装合编为鲁南铁道大队,仍然以杜季伟为政治委员,洪振海为大队长,王志胜为副大队长。下设4个中队,各中队以分散活动为主,伺机打击敌人。

1940年夏,日军“扫荡”频繁,抗日战争进入残酷阶段,我山东八路军缺乏活动经费和战略物资。鲁南军区函令铁道游击队筹措一部分资金,以解决我军急需。铁道游击队将当初开炭场结余的8000元资金交给鲁南军区后,又截击日军票车,将押车的20余名日军全部消灭。铁道游击队在最后一节车厢内找到了装现款的帆布袋子,收缴现金8万多元。劫车成功后,铁道游击队立即撤出战斗,我队员无一伤亡。这次打票车除截获部分现金外,还缴获短枪8支、长枪12支、小炮1门、机枪1挺。

1940年8月下旬,铁道游击队员乔装进入枣庄城区,混入日军特务机关枣庄国际公司，杀死了13名日军和1名日伪翻译，缴获长短枪各6支，手表、怀表100多块，打击了日军的嚣张气焰。这就是著名的第二次“血染洋行”。

第二次“血染洋行”之后，铁道游击队为配合山区反“扫荡”，发起了破袭临枣铁路的行动。一天晚上，铁道游击队出动了30余人，并发动沿铁路线的上百名群众，扒掉临枣支线铁轨1.5公里，砍断电线杆100余根。破坏的铁轨、枕木、电线和电线杆，能运走的运走，不能运走的就地破坏或埋掉，或丢进水塘里，使日军的交通运输线被破坏，短时间内难以复原。铁道游击队公开活动的半年时间内，共袭击日军10多次，给驻枣庄—临城一线的敌人以沉重打击，而日军对他们却束手无策。

魯南鐵道隊介紹 杜季偉

—編者—

鲁南铁道队原政委杜季伟1946年2月所作《鲁南铁道队介绍》

7.名扬全国的鲁南铁道游击队(二)

1941年6月,接鲁南军区命令,铁道大队配合运河支队、微湖大队,夜袭驻微山岛的伪军阎成田部一个营,击毙营长,全歼该营,共毙俘敌伪340余人,缴获步枪200多支、机枪4挺、小炮2门以及其他战利品。

1941年11月,天气已相当寒冷,鲁南军区被服厂遭日军破坏,战士们的棉衣成了大问题。获得布匹成为铁道游击队的首要任务。这时,洪振海获知,日军装有布匹的列车将路过沙沟车站。在该站站长张允骥的暗中配合下,列车经过塘湖附近时,洪振海等跃上火车拔下连接插销,摘掉风管,使两节载布车厢甩在预定地点,早已埋伏在那里的队员和群众将布匹卸下并迅速转移到安全地带,来不及运走的则放火焚烧。此次战斗,共计缴获细纱棉布千余匹、军服百余套,还有毛毯、日用品等,解决了鲁南军区部队越冬棉衣问题,受到军区首长的表扬。

电影《铁道游击队》剧照

铁道游击队一系列对敌斗争的胜利,沉重地打击了敌人,使敌人又气又恨。1942年春,日寇集中兵力3000余人,在枣庄、峄县、滕县日军的配合下,配备了骑兵、炮兵及橡皮船等,对我铁道游击队所依托的微山湖地区展开了大“扫荡”。这时，活动于微山湖一带的抗日武装除铁道大队外，还有运河支队、尼山大队、微湖大队、滕沛大队、微湖办事处和滕沛办事处等机关共2000余人。按照鲁南军区的指示，上述武装成立了联合指挥部，以运河支队参谋长兼微湖办事处主任褚雅青为总指挥。由于这些部队均为地方武装，装备较差，战斗经验不足，尽管干部战士的战斗热情异常高涨，并打退了日伪的多次进攻，但仍然无法坚守微山岛。最后时刻，铁道大队乔装成日军，用旗语迷惑了敌军，安全突围。总指挥褚雅青在突围时不幸牺牲。微山湖地区又沦于日伪之手。

在这次战斗中，诞生了后来名扬全国的革命歌曲《弹起我心爱的土琵琶》：

西边的太阳快要落山了，
微山湖上静悄悄。
弹起我心爱的土琵琶，
唱起那动人的歌谣。
爬上飞快的火车，
像骑上奔驰的骏马。
车站和铁道线上，
是我们杀敌的好战场。
我们爬飞车那个搞机枪，
闯火车那个炸桥梁，
就像钢刀插入敌胸膛，
打得鬼子魂飞胆丧。

西边的太阳就要落山了，
鬼子的末日就要来到。
弹起我心爱的土琵琶，
唱起那动人的歌谣。
哎嗨……

1942年6月，日军纠集徐州、济南、青岛等地兵力，集中“扫荡”我鲁中南地区。鲁南军区指示：铁道大队要马上展开大破袭，断敌交通和通信联络，以配合山区反“扫荡”。这次对敌破袭行动采取了分散的方式，由铁道大队几位领导人分别带领队员进行。政委杜季伟等人将张桥以北至官桥以南的电话线全部破坏；副大队长王志胜在枣庄西侧王沟大桥上制造了日军车头相撞事件，撞坏机车2辆、车厢4节，同时使王沟大铁桥坍塌；大队长刘金山（第一任大队长洪振海于1941年12月在战斗中不幸壮烈牺牲）等在临城以南扒轨破路，颠翻敌人军车20余节。这次铁道大队的连续行动，严重破坏了日军的交通与通信，有力地配合了八路军主力的反“扫荡”斗争。

1942年7月，铁道大队遵照鲁南军区的指示，向国民党顽军发起进攻。铁道游击队对敌伪采取“打拉兼施、争取多数、打击坏中之坏”的方针，先后镇压了湖边剿共司令殷平华、西万村恶霸伪乡长张先锋等。在铁道游击队的有力打击下，一些伪职人员的反动气焰大为收敛，有的保持中立，有的转而为我方办事。从此，铁道大队在微山湖一带又能比较自由安全地活动了。

1942年夏，鲁南军区交给了铁道大队一项重要任务：护送苏北、滨海、鲁南等抗日根据地的领导干部安全跨越津浦路，通过微山湖，前往延安。1942年夏到1943年底，铁道大队先后护送了刘少奇、陈毅、朱瑞、萧华、陈光等领导人及其他数百名干部安全通过敌人设在津浦路两边以及沿微山湖一带的封锁沟、封锁墙，保证了从苏北和山东解放区到延安的交通线畅通无阻。

1945年8月，日军宣布无条件投降后，驻守临城、枣庄一带的日军向铁道游击队投降，大长了中国人民的志气。

1945年12月，铁道大队奉命到滕县接受整编。整编后除留两个连队归鲁南铁路工委领导外，其余100余人编入鲁南军区特务团。大队长刘金山调任鲁南铁路局副局长，副大队长王志胜调任该局办公室主任。至此，鲁南铁道大队完成了它的历史使命，番号撤销。

鲁南铁道游击队从创建到撤销番号前后有五年的时间。在这五年的战斗历程中，铁道游击队沉重地打击了敌人，给主力部队提供了大量的战备物资，并先后为各主力部队输送了十几个连队的兵力，为部队建设做出了重要贡献。

铁道游击队塑像

8.微山湖上的秘密交通线

正如八路军一一五师政委罗荣桓在给铁道游击队的嘉奖信中所说：铁道游击队就像一把钢刀插入了敌人的胸膛。

抗日战争时期，微山湖地区是从鲁南根据地到湖西根据地的最危险地段，也是从新四军活动中心华中到党中央所在地延安的交通枢纽，地理位置十分重要。

新四军军部经过考察，决定与活动在鲁南一带八路军领导的微湖大队、运河支队、鲁南铁道大队等抗日队伍共同开辟一条湖上交通线。此线由华中新四军邳睢铜根据地出发，经运河支队活动的鲁南黄邱山套游击区，从沙沟附近跨越津浦铁路，去微山湖东岸，然后过微山湖，再经湖西的冀鲁豫根据地去延安，主要任务是护送领导干部在华中与延安间往返。

八路军一一五师领导的鲁南根据地要保持与湖西根据地、与党中央的联系，微山湖是一个重点区域。

经过各方的共同努力，到 1941 年皖南事变发生前后，这条“秘密交通线”已经正式建立。这条交通线除了保证党中央所在地延安与华中新四军和鲁南八路军人员往来之外，还担负着情报传递、物资运送等工作，发挥了重要作用。

承担这条交通线任务的部队主要有鲁南铁道大队、运河支队、微湖大队和湖西军分区。山东的过路干部由鲁南军区护送给鲁南铁道大队，华中的过路干部则由运河支队护送给鲁南铁道大队。鲁南铁道大队负责把八路军、新四军的人员和物资从津浦铁路东护送至津浦铁路西、微山湖东岸，然后与微湖大队接头。微湖大队负责微山湖地区的交通往来。这一段交通线的起点是微山湖东岸的乔庙、蒋集一带村庄，在葫芦头上船，途经微山湖中的大捐，终点是湖西岸的封大庄。湖西段交通线则由湖西军分区负责。

1942 年，抗日战争进入最艰苦的岁月。这条秘密交通线一度受到敌伪破坏而暂时中断。在日寇的残酷“扫荡”、分割“蚕食”下，鲁南山区根据地不断被压缩，形成“南北十余里，东西一线连”的严重局面。湖滨平原上，敌人的碉堡林立，沟路纵横。从鲁南到湖西、华中到陕北的交通线，完全被敌人切断，上下不通，左右失去联系，对我方十分不利。山东分局和鲁南、湖西区党委的首长都很着急，一再指示在微山湖区活动的游击部队，要尽快恢复微山湖地区的交通线。为此，湖西区党委派教导员孙新民到微湖大队担任政委。临行前，军区首长说：“你们的主要任务是开辟湖上交通线，护送过往的干部。”中共中央山东分局书记朱瑞、八路军一一五师政治部主任萧华再三指示：“要服从大局，做好争取、瓦解敌人的工作，千方百计地保证湖上交通线的畅通。”

孙新民就任微湖大队政委后，分析了部队中存在的错误思想，贯彻落实上级领导“争取敌人、瓦解敌人”的指示。当时，有的干部不善于做敌伪的工作，总认为敌人就是敌人，反动派不打不倒，有什么好谈的。还有些同志片面地接受了“湖西肃托”的教训，怕犯“右倾”错误，不敢沾敌人的边。在这种错误思想指导下，许多同志一味地靠枪杆子，硬拼，硬打。但微湖大队这支不满200人的地方武装，面对着成千上万敌伪顽军，单靠镇压，适得其反——四面树敌，处处挨打。别说护送过往的干部，就连自己的队伍，也三天两头吃不上饭，有时一夜要换几个地方。情况紧急时，只能待在船上，在芦苇荡里飘来飘去。现在上级给他们指明了“开门的钥匙”——争取敌人、瓦解敌人。

微湖大队对附近的敌人进行了深入研究，制定了不同的斗争策略，改善了微湖大队的处境，恢复了秘密交通线。这条交通线开辟后至抗日战争胜利，先后护送了1000多名干部、战士往来于华中、鲁南与延安之间，保证了苏北、鲁南与延安交通线的通畅，从未出过差错。这些干部之中就有我们所熟知的刘少奇、陈毅、朱瑞、萧华、陈光等党的高级领导人。

罗荣桓、萧华、黎玉、陈光等领导同志曾联名写信给微湖大队，信中说：“你们像一把钢刀插在敌人心脏，用你们的勇敢和智慧，在星罗棋布的据点中，趟出一条通往延安的坦途，保证了南北交通的通畅。”

9.护送刘少奇同志过微山湖

皖南事变后，刘少奇同志根据中共中央部署，在江苏盐城重建了新四军军部，又来到山东根据地指导工作。各项任务完成后，要经过微山湖区的秘密交通线返回延安，准备参加党的第七次全国代表大会。护送刘少奇同志过微山湖的重任落到了微湖大队的肩上。

1942年7月，微山湖周围二三百里都是敌占区，敌人的据点、碉堡林立，封锁沟、封锁墙纵横相连，敌人还经常进行残酷的“扫荡”。只有微山湖在我军控制下，是鲁南、华中通向延安的唯一通道。

微湖大队大队长张新华奉湖西军分区司令员邓克明、政委潘复生之命，接受了护送刘少奇同志过微山湖的光荣任务。

与微湖大队接头的是鲁南军区一一五师教导二旅旅长曾国华和滕沛大队政委李明。按照约定的时间、地点，张新华提前放出警戒，安排船只，做好了各项准备工作。

拂晓前，张新华与李明政委取得了联系。李明说："胡服同志(刘少奇同志的化名)马上就到，还有工作人员和警卫班，共10多人，是铁道游击队的同志护送的。"张新华说："这边一切都准备好了。"

不一会儿，刘少奇同志和同行人员在曾国华旅长的陪同下，由孙茂生同志(原铁道游击队三队队长)带路，风尘仆仆地走上湖堤。张新华忙上前迎接，说："首长一路辛苦了。"刘少奇同志握住张新华的手，风趣地说："辛苦倒不辛苦，就是有些疲劳。"接着，便向湖边走去。

张新华一声招呼，从芦苇丛中划出7条小船来。刘少奇同志站在船尾上，向铁道游击队的同志挥手告别。小船像离弦之箭，穿过芦苇向湖心飞驶而去。

由于当时特别干旱，湖中有的地方干涸了。走出二三里路光景，湖水越来越浅，船不能负重，刘少奇同志就卷起裤腿，涉水而行。刘少奇同志边走边问护送的民兵，用的什么枪，开展了哪些对敌斗争，湖区人民生活怎么样，等等。大约过了一小时，就到了大捐村。

大捐村位于大运河、王鲁河的交汇处，群众基础好，是我党领导的抗日模范村。

到达大捐村后，刘少奇同志和护送民兵一一握手致谢。民兵们望着这位和蔼可亲的首长，有说不出的激动，依依不舍地离去了。接着，刘少奇同志又换乘小船，驶向大捐村西南，在一个芦苇包围的沙峪上落了脚，住在刘钦田夫妇的一只大船上。

遵照上级首长的嘱托，张新华事先找来自己的朋友、三孔桥的厨师张本义。张师傅做了鱼、虾、鸡、藕等几个菜，还买了两条天坛牌的烟。刘少奇同志说什么也不自己食用，把烟分给大家，还硬把张新华和曾国华等同志拉到一块，共同就餐。吃过饭后，刘少奇等同志就休息了。休息的时候，刘少奇同志也不闲着，借机和刘钦田夫妇拉家常，倾听群众的反映，了解湖上生活和对敌斗争情况。

夜幕降临了，微山湖格外寂静。曾国华同志问张新华估计哪里有敌情，我们暴露没暴露，据点有什么变化等问题，张新华都一一回答。曾国华同志又说："首长长途跋涉，很疲劳，想住一宿，明天傍晚再起程，你看行吗？"张新华沉思了一下，答道："没有什么事，住就住下吧。"为了慎重起见，张新华在周围又增派了岗哨。

那天晚上，刘少奇同志休息一会儿后，就开始了紧张的工作，一会儿写，一会儿看材料。张新华和警卫员几次催刘少奇同志休息，都不起作用。刘少奇同志说，在敌占区哪有这样幽静的地方，不抓紧不行啊，机会难得。微湖大队的同志只好先睡了。微山湖的夏夜，天气还很凉，刘少奇同志把自己的军毯盖在警卫战士身上，又继续埋头工作。张新华一觉醒来，看了看油灯下的刘少奇同志，又看了看军毯下熟睡的战士，顿时热泪盈眶，深深地被刘少奇同志忘我工作的精神和关心爱护战士的行为所感动。第二天，东方破晓，一轮红日跃出湖面，微山湖天清气爽。为了驱散工作一夜的疲劳，刘少奇还和同志们划着小船，迎着朝霞，到大捐村西侧的荷花荡里去观赏了一会儿运河景色。

这天上午，刘少奇同志又派人找来滕沛边区县委书记张庆林同志了解情况，并和微湖大队的几位领导亲切谈话。刘少奇同志指示：微山湖是华东、华中通向延安的唯一通道，要保住这条水上交通线；要加强党的领导，统一行动，坚持斗争；要发动群众，组织群众，依靠群众，不断扩大革命根据地；要关心群众生活，搞好生产。后来，微湖大队认真贯彻执行刘少奇同志的指示，紧紧依靠人民，团结人民，关心人民，牢牢控制了微山湖这条水上交通线。

夕阳下的微山湖，碧波粼粼，白帆点点，芦苇丛丛，荷花争艳。刘少奇同志就要告别这美丽富饶的地方了。临别前，刘少奇同志向刘钦田夫妇辞行说："我们在这里，住得很好，生活得很愉快。多亏你们的照顾，谢谢你们！"说完，刘少奇同志又站到队伍中，和同行人员一起，听护送的同志讲途中注意事项。刘少奇同志严格遵守纪律,处处以一名普通士兵自居,使微湖大队的同志深受感动。

越过微山湖,刘少奇同志在湖西军分区骑兵排的护送下,跨上战马,踏上了新的征途。

刘少奇同志在微山湖只待了两天,虽然时间很短暂,但给微湖大队的同志们留下了深刻的印象。

10.护送陈毅同志过微山湖

陈毅同志长期在华中、山东地区领导革命斗争,曾经先后两次经过微山湖,前往革命圣地延安。这两次行程,都是由微山湖上秘密交通线的同志们安排并护送的。

1943 年 12 月的一天,清晨的霞光照耀着远山近树。微湖大队大队长张新华和政委孙新民、副大队长胡桂林查哨刚回到草庵子里,只见铁道游击队的交通员秦明道气喘吁吁地赶来了。秦明道来传达上级安排的一项重要任务——护送陈毅军长过微山湖,到延安去!

张新华知道任务艰巨,责任重大。为了做到万无一失,保证陈毅同志的绝对安全,必须研究可能遇到的各种情况,制订周密的计划。于是张新华决定马上和政委孙新民一起到秘密联络点,与铁道游击队的大队长刘金山、政委杜季伟、副大队长王志胜深入研究,制订具体的行动计划。

护送陈军长最危险的一段路程是津浦路上的沙沟据点。经过研究决定,首先由受我党控制的沙沟保长出面,邀请沙沟据点里的伪军队长到家中饮酒,然后派几位游击队员乔装到敌人据点里赌牌,稳住敌人。另外,为陈毅军长找一头代步的牲口。经过研究,一致同意用母驴代步。马虽然跑得快,但在夜里动静大,不利于隐蔽,而且微山湖地区有骑驴的习惯,被人看到了也不会介意。最重要的是母驴不叫,适合夜间行动。护送陈毅同志的方案便确定下来,大家开始分头行动。

第二天凌晨，陈毅同志按原计划顺利地通过了敌人的铁路封锁线，由铁道游击队护送到了微湖大队的接头地点。接头后铁道游击队的同志圆满完成任务，原地返回，改由微湖大队护送陈毅同志。沿着湖边小路，他们径直向葫芦头村走去。此时，天已大亮，太阳冉冉升起，满湖的水被金光照耀，像有人在抖动着一匹匹红绸缎。陈毅同志骑着毛驴，习惯地闭着双唇，翘首远望，舒展的眉宇间流露着淡淡的笑意。显然，他被这美丽的微山湖风光迷住了。

当微湖大队的同志走到距葫芦头村还有大约两千米的漫洼地时，意外发生了。一支敌人的巡逻队迎面而来，躲闪是来不及了，只好硬着头皮迎上去，队员们做好了迎战的准备。

奇怪的是，敌人并没有像往常那样，碰见人便张牙舞爪地围上去搜查、盘问，只是几个敌人狠狠地盯了几眼骑在驴背上的陈毅同志。陈毅同志目光炯炯，神态自若。双方谁也没有搭话，但气氛却异常紧张。

突然，敌人巡逻队里有人主动和张新华打招呼："三叔，你干什么去来?"张新华循声望去，是夏镇的王二民，他在徐州警备队干事，今天不知为何出现在这里。时间不容多想，张新华马上和他搭讪道："哦，是二侄子，我接你大姑父去来。"这时，陈毅同志心领神会地朝王二民点了点头。"那你们快走吧。"王二民又看了陈毅同志一眼。

巡逻队走远了，陈毅同志望了望敌人的背影，朗声大笑起来。来到葫芦头村，微湖大队把陈毅同志安顿在一间草庵子里，便准备离去。大家都知道陈毅同志一夜未合眼，现在急需休息。

陈毅同志看透了他们的心思，笑着说："咱们的毛主席、周副主席整宿工作是家常便饭喽，我也不是泥捏的，快坐下要一要。"其实，大家也正想倾听陈毅同志的指示，便高兴地坐下来。

张新华说："陈军长，我们的工作做得不好，刚才差一点……"陈毅同志打断了张新华的话："你们能果断机智地处理这个意外的情况，不简单喽！敌占区就是这么个特点嘛！就是要学会随机应变哟。"

接着，陈毅同志询问湖上游击队的情况，从战斗到生活，从人员成分到武器装备逐一了解。张新华一一进行汇报。

陈毅同志指出："你们和铁道游击队一样，斗争既艰苦又光荣。1934 年，我在江西南部山区坚持游击斗争，当时主力红军撤出江西苏区，北上抗日，我们也是历尽艰险，备尝辛苦的喽。不过有一点是一定要坚信的，只要忠实地执行毛主席的革命军事路线，就会无往而不胜哟！"

中午，陈毅同志要到微山岛上去看看那里的抗日军民，顺便再去看一看微子和张良的墓地。陈毅同志坐船上岛，顾不上休息，便与岛上的军民见了面，并作了关于国际国内形势的报告。接着，他又风趣地讲起楚汉之争的故事，批评项羽闹个人英雄主义，勉励大家团结一致，为赶走日本侵略者奋勇作战。

随后，微湖大队的干部战士陪陈毅同志一道游览了微子墓。微子墓前，碑碣数截，松苍柏翠，古色古香，陈毅同志一会儿到这块碑前看看，一会到那块碑前瞧瞧，俨然一位考古学家。接着，他扬起紧锁的双眉，眺望着浩渺的湖水。"陈毅同志此时在想什么呢？"大家心里暗自猜测起来。这时，他的随行人员悄悄地对张新华说："军长是在构思诗作呢。"

大家都知道陈毅同志不但是政治家、军事家，而且还是一位诗人。三天后的一个月夜，微湖大队的同志怀着依依惜别之情，用渡船把陈毅同志护送到微山湖西岸。

陈毅同志走了，但他的诗作留在了微山湖：

横越江淮七百里，微山湖色慰征途。鲁南峰影嵯峨甚，残月扁舟入画图。

11.收复微山岛

微山岛位于微山湖中，四面环水，东西长约 5 千米，南北宽约 2 千米，是一座孤岛。

1940年之前，敌人在微山岛的统治一直比较薄弱。由于这座岛是孤岛，兵派多了，敌人没有那么多兵源；派少了，又怕被地方武装分割围歼。再加上沛滕边县委武工队经常在这里活动，东有运河支队，北有铁道游击队，西有沛滕边县委警卫营，南有微湖大队，所以敌人不敢进驻。平常除有少数伪军土匪武装骚扰外，微山岛长期没有驻军，只有伪乡公所和保甲长。因此，微湖大队、铁道游击队等抗日武装决定把微山岛开辟为根据地。

1941年春节刚过，铁道游击队和沛滕边县委的两个直属班一起来到岛上，进一步扩大了革命影响，迅速打开了局面。接着，沛滕边县委、峄县路西办事处、水上区、滕八区等党政机关和运河支队一大队、沛滕游击大队、峄县县大队等也相继来到岛上，小小的微山岛成了湖区抗日军民的根据地。一向沉寂的孤岛开始活跃起来，农渔民群众先后成立了救国会、民兵连、儿童团等组织，宣传抗日，募捐支前，参军参战等搞得十分红火。各部队则动员群众，扩军参战，休整练兵，努力加强和巩固根据地的建设。微湖大队和铁道游击队的规模不断扩大，各地方武装以湖水为天然屏障，以岛为基地，不断派出武装小分队，神出鬼没地四处活动，巧妙地袭击敌人，打得敌人顾此失彼，惶惶不可终日。

微山岛根据地的日趋巩固和革命力量的不断发展壮大，使敌人寝食不安，无时不在策划进犯。

1941年6月中旬，临城的日寇派出一个小队，配合“鲁南剿共团”团长阎成田部的苏海如、郭玉林和韩庄汉奸队乘各游击队外出执行任务未归，岛上仅有少数人员留守之机，向微山岛发动偷袭，占领了微山岛。微山岛被敌人占领后，微湖大队便将部队化整为零，时分时聚，灵活地同敌人周旋，使敌人六神无主、寝食不安，最后迫使他们撤回临城。

日寇一撤，微湖大队便决定收复微山岛。1941年7月底的一天夜里，微湖大队、铁道游击队、运河支队的100余名游击健儿，分别由郗山湾、彭口闸乘船，插向微山岛。据侦察，苏海如的伪军大队计200余人，分别驻在杨村和小官庄，韩庄汉奸队驻吕蒙，大队部设在杨村伪乡长殷占鳌的大院里。指挥部进行了周密部署：沛滕大队攻小官庄，微湖大队攻吕蒙，运河支队一大队和铁道大队攻杨村，三点同时发动进攻。

夜里11点钟，吕蒙、杨村、小官庄三个方面的战斗同时打响。毫无戒备的敌人怎禁得住这突如其来的打击！官庄据点的敌人睡意正浓，闻枪声大作，全吓蒙了。他们来不及摸枪，向杨村方向奔逃。此时，微湖大队也包围了吕蒙据点。战斗打响后，村内毫无反应。逐段搜索，也未发现敌人，经了解原来汉奸已在当天下午撤走了。

小官庄残敌逃进杨村。各部队遂速往杨村集结。杨村之敌分三部驻守：苏匪及大队部驻伪乡长的四合院，另两部分别驻在村东头的两处大院。两处大院相距百余米，中间夹着几家农户、两条胡同和一眼古井。东院东临湖洼野地，与湖水相接，往南是一片空场。场外是几道水沟和苇草丛。院内有五间堂屋、三间南屋，东南角有座八尺见方、高约丈二的炮楼。敌人主要凭借炮楼上的火力控制附近的道路和民房，与西院相呼应。微湖大队迅速将两院包围，并占据高地，以土堆、大石、墙头、屋角为掩体，向敌人发起攻击。激战约两小时，两院一个也没有攻下，干部和战士们都有些着急。天一亮，敌人凭借炮楼火力控制，部队将无法展开。倘若临城、韩庄、夏镇之敌来援，战斗将更加艰难。因此，指挥部决定：先攻取力量薄弱的西院，然后进攻东院。

攻打西院的火力加强后，又展开了政治攻势。战士们以一一五师主力部队的名义向敌喊话，令其投降。敌人本来就弄不清虚实，听说是主力部队到了，顿时害怕起来，这时战士们又将几只大公鸡浇上煤油点燃，越过墙头丢进院里。公鸡拖着长长的火苗，拼命挣扎着在院子里乱飞乱窜。转眼间，房檐、秫秸和苇垛全着了火。火乘风势，风助火威，浓烟滚滚，大火熊熊，半壁湖山，一片通明。敌人鬼哭狼嚎，窜墙而逃，企图沿南北胡同，绕古井往东院钻。我部遂与敌展开巷战，半小时后，西院之敌大半死伤，活着的全被压缩进东院。西院被克，东院之敌更加惊恐。他们扼守炮楼，死命顽抗，妄图拖延时间，等待援兵。为缩短战斗时间，我部决定，必须争取在天亮之前将其歼灭，然而围攻半小时后，仍不能奏效。战士们急中生智，把与大院西墙相连的一口民房掏了个大窟窿，架起机枪和鸭枪，猛烈扫射。院内之敌再也禁不住这种“连根拔起”的打击，推倒东墙，窜了出来，分别向东、东南涉水溃逃。跑得慢的当了俘虏，跑得快的又撞上了当地渔民下的鱼钩。此时，日出天亮，乡亲们从四面八方荡桨赶来，帮助战士们捕捉俘虏。

从此，微山岛又重新回到人民手中。

铁道游击队纪念园

12.微山湖畔接受日军投降

1945年8月15日，日本裕仁天皇发布《终战诏书》，宣布投降，但是驻扎在临城、枣庄一带的日军非常顽固，拒不缴械。迫使日军向我党领导的人民军队投降成为铁道游击队的一项重要任务。

铁道游击队了解到，距临城南6千米的沙沟，还驻有一个团的伪军，与临城日军成犄角之势，相互依存。要想使临城的日军投降，必须先消灭这支伪军。然而，沙沟火车站在日军手里，消灭伪军时又怕日军参与支援导致游击队腹背受敌。经研究决定，铁道游击队大队长刘金山只身一人去沙沟车站同日军谈判，不允许他们干涉游击队剿灭沙沟伪军的行动。谈妥以后，根据日军的要求，刘金山必须留在车站作为人质保障日军的安全。

稳住日军之后，铁道游击队向沙沟的伪军发起攻击，经过两个多小时的战斗，击毙伪军30多名，生俘百余人，占领了沙沟。战斗中，枪声由远到近慢慢地接近火车站，火车站的日军开始骚动不安，把刘金山控制起来，端着明晃晃的刺刀慌里慌张地大叫着。刘金山从容不迫，让日军问明情况，原来是日军庇护流窜的伪军，游击队追击伪军，才导致枪声在日军驻地响起。刘金山把事情的原委告知给车站的日军头目黑木，黑木把流窜的伪军控制起来，并把刘金山护送出沙沟火车站，同时把控制的伪军移交给铁道游击队。

沙沟战斗结束的第二天，铁道游击队大队长刘金山和政委郑惕代表铁道游击队又到沙沟会见黑木，就受降事宜进行谈判，没有结果。后来，这股日军乘夜色向北突围，妄图向兖州的日军靠拢，最后在滕县(今滕州)北部的界河被新四军某部截住强行缴械。

驻守在临城、枣庄一带的铁甲列车大队和铁道警备大队1500余名日军，看到向北突围无望，就转而向南突围，妄图向徐州逃跑。日军乘一辆铁甲列车强行通过临枣线向南突围，在沙沟附近被铁道游击队拦截住。日军将领无奈之下，被迫交出重炮2门、重机枪8挺、轻机枪180多挺、步枪800多支、手枪两麻袋、炮弹4吨、子弹两车皮。但是，铁道游击队侦查到他们手里还有六七十挺机枪、三四百把手枪和被拆散的枪械部件没交。日军声称这些是必须要留着的自卫武器。大队长刘金山要日军把武器全部交出来，没有讨价还价的余地，否则就坚决消灭他们。在我方强大压力下，日军不得不屈服，交出了所有武器。

铁道游击队举行了受降仪式。仪式从下午3点开始，地点在沙沟、塘湖两站之间铁路旁边的一个空地上，铁道游击队全体队员服装整齐，雄赳赳气昂昂地站立两排，步枪上刺刀雪亮，手枪上的红绿穗子迎风招展，机枪手趴在枪后处于临战状态。这时，西边的太阳就要落山了，西天上泛着晚霞，微风吹来湖里荷花的清香。大队长刘金山和政委郑惕昂首站立，日军军官上前敬礼，他俩只微微点头。

整个受降过程一直持续到后半夜。缴械投降的有铁甲列车大队、驻临枣铁道警备大队滕县中队和临城中队、铁道青年队第六大队、铁路警察和矿警，约1500人。此外，还有临城、枣庄车站的职员和商业机构人员以及日军、商人、职员的家属和孩子，总共2000余人。敌人共交出1000多支步枪和手枪、70多架照相机以及大宗弹药，满满地装了好几牛车，运往当时设在南常的鲁南军区前线指挥部。后来，铁道游击队又将收缴的临枣日军的武器及物资运送到抱犊崮八路军一一五师师部。这批物资是鲁南军区在抗战中收缴的最大的一宗战利品。

仪式结束后，铁道游击队的战士们打扫完战场已经到了黎明，微山湖铺金镀银，灿烂辉煌。战士们抑制不住内心激动的心情，用刚缴获来的机枪、步枪向微山湖里打去，用枪声代替喜庆的鞭炮，庆祝铁道游击队经过多年浴血奋战获得的全面胜利。

日军投降后，铁道游击队信守诺言，开了路条，让日军沿着津浦铁路步行去徐州。到达徐州后，我华东局出具了公函，最终让这些士兵回到了日本。

据专家统计，在整个中国抗战史上，这次受降获得的物资是整个非正规军体系中最多的。因此，铁道游击队在微山湖畔接受日军投降在整个抗日战争史上具有非凡的意义。

13.微山湖区剿匪记

1949年10月1日，中华人民共和国宣告成立。各地的反特剿匪斗争如火如荼地开展起来。对于《林海雪原》《乌龙山剿匪记》等文艺作品，我们耳熟能详。事实上，在齐鲁大地，在曾以铁道游击队闻名全国的微山湖区，也发生过惊心动魄的剿匪斗争。

微山湖地处山东、江苏两省交界地带，由微山、南阳、独山、昭阳四湖组成，东南至西北长150余千米。1948年底，随着济南战役的胜利和淮海战役的打响，散布在各地的土匪纷纷逃窜至此，加上国民党溃退时潜伏下来的特务、军棍等，共有土匪100多股，约3000人。其中，马耀武和刘景贤两个土匪头子手下各有近500人。这些土匪以欺压渔民为生，杀人劫货，无恶不作。

1949年8月，经中共中央山东分局批准，中共鲁中南区委建立剿匪指挥部，全面清剿土匪。然而，敌暗我明，湖内又苇草丛生，河汊纵横，土匪利用地形玩起了捉迷藏。他们白天扮民，夜间为匪，合则为匪，散则为民，很难对付，再加上普通渔民因害怕土匪而不敢配合剿匪工作，采取大兵团作战方式的剿匪部队虽然四处奔波，却收效甚微。

虽然剿匪部队战果不佳，但成功地震慑了土匪，使他们不敢大规模活动。在这种情况下，1949年底，鲁中南区委撤销了剿匪指挥部，成立湖区公安局，下设4个分局、1个直属派出所和1个检查站。另外抽调一个主力营，共5个连700多人，归公安局调遣。5个连分别随公安局机关和4个分局活动。29岁的尼山军分区保卫科长王树范被调到湖区公安局担任局长。

湖区公安局成立之后，重点加强群众工作，在土匪内部培养了积极分子，有的土匪还为我们通风报信。几次清剿行动成功后，土匪惶惶不可终日。他们将公安局视作眼中钉、肉中刺，决定伺机报复。

1950年4月的一天夜里，土匪头子刘景贤纠集了小股散匪数百人，偷袭公安局。湖区公安局事先通过内线已经了解到这一情报，做好了应战准备，而土匪却误认为我主要警力分布在各分局。土匪向驻扎在夏镇的湖区公安局大院发起了进攻，他们又喊又叫，气焰十分嚣张。然而，土匪毕竟是乌合之众，只凭着大喊大叫壮声势，打起仗来乱放枪，毫无章法。被打倒几个人之后，土匪们便开始四散溃逃。这时，埋伏着的警卫连杀出，这股土匪除少数逃跑或被击毙外，共有300余人被活捉。公安局实行了分化瓦解的政策，将大小头目逮捕后，其余的全部教育释放。这一战震慑了土匪，稳定了局势。

土匪头子马耀武长期盘踞在南阳湖，我剿匪部队进占南阳湖时，狡猾的马耀武却乔装逃跑了。1950 年 4 月，我湖区公安局在审问一个土匪时，了解到一个重要信息。马耀武潜逃后，到了南京浦口，以拉大板车为掩护，暂时栖身。湖区公安局决定千里大追捕，抓住马耀武，彻底解决湖区匪患。湖区公安局派预审科长步占沂和夏镇派出所所长王宪君前往南京浦口执行这一任务。步占沂等人经南京市公安局联系了浦口分局，顺利地将马耀武抓获，带回夏镇。

到 1950 年秋季，湖区公安局通过多种方式，共抓获了罪大恶极的土匪头子 28 人。经查证，这些土匪头子每个人身上都背有人命案，可谓恶贯满盈，不杀不足以平民愤。根据群众意见，报上级批准，将这 28 人全部枪决。这次公开镇压对土匪震慑很大，其嚣张气焰被彻底打了下去。

在公安局机关全力清剿土匪的同时，下设分局及各个派出所的同志们也积极行动，肃清残敌，教育民众。到 1950 年底，微山湖再也没有土匪活动，湖区人民的生活和生产安定下来。

14.羊山战役

解放战争中，刘伯承、邓小平在金乡县羊山集指挥晋冀鲁豫野战军，歼灭国民党整编六十六师大部，打开了战略进攻的通道。这就是著名的“羊山战役”。

解放战争进入第二年，中共中央决定，发起战略进攻，挺进中原，粉碎敌人将战争继续引向解放区、消耗解放区资源的恶毒计划，剑指国民党的统治中心南京和武汉。1947 年 6 月 30 日，刘伯承、邓小平率领晋冀鲁豫野战军 4 个纵队突破黄河防线，进入鲁西南，随后发起鲁西南战役。在消灭郓城、定陶等地的国民党守军后，晋冀鲁豫野战军与占据羊山集的国民党整编六十六师遭遇。

国民党六十六师师长宋瑞珂是蒋介石的亲信，黄埔军校第三期毕业生，少将军衔。六十六师装备精良，战斗力较强，是国民党军队的主力之一。

羊山集是金乡县城西北 15 千米处的一个大镇，居民千余户，背靠羊山，故名羊山集。羊山集东西长约 1 千米，因为靠山，以石砖房居多，周围环有寨墙，并有外壕一道，东南两边地势低洼。该集北面有一座东西方向长约 2000 米、高 400 米的孤山，名羊山。羊山有 3 个突出山峰，远处望去，犹如一只绵羊卧在那里，“羊山”由此而得名。当地居民称东峰为“羊头”，中峰为“羊背”，西峰为“羊尾”；羊身高于羊头和羊尾，俯视整个羊山和羊山集。

刘、邓首长把攻占羊山的艰巨任务交给了第二纵队和第三纵队。担任主攻任务的第二纵队司令员陈再道决定冒雨攻打“羊背”。7 月 15 日，天空阴雨连绵。陈再道派第 4 旅、第 5 旅分别向羊山集的西南和西北进攻，第 6 旅紧随其后，伺机投入战斗。同时，第三纵队司令员陈锡联也下达了助攻羊山的命令。战斗进行得并不顺利，经过两天的激战，第二纵队和第三纵队从“羊背”上败下阵来。

攻打“羊背”失利后，陈再道和陈锡联仔细分析了原因。他们认为，羊山集东、南、西三面都是沼泽地，水虽然不深，但从沼泽地里行军肯定很缓慢。随后，他们又观察羊山西部(“羊尾”)的地形，这里没有沼泽地，且工事比较薄弱。经过研究，他们决定将主攻方向定在“羊尾”——羊山集西南。7 月 18 日夜，空中飘着细雨。陈再道披着雨衣，带着 4 名警卫员来到第 5 旅旅长雷绍康的指挥所下达了进攻命令。“羊尾”上的战斗很激烈，敌我双方反复争夺展开了拉锯战。

由于第三纵队没能及时参加战斗，陈再道部仍然没有攻下羊山和羊山集。刘、邓首长分别征求了陈再道和陈锡联的意见后，决定以陈再道为主进行统一指挥，陈锡联协助指挥，集中力量，发起进攻。

7 月 27 日下午，我军向羊山集和羊山发起了总攻。一时间，羊山集四周炮声隆隆，解放军先后攻占了羊山集、“羊尾”、西门阵地、“羊背”和“羊头”。国民党六十六师全线溃退，宋瑞珂带着警卫营 400 多人收缩到羊山集一所大院，以楼房作为掩体负隅顽抗。在我军的强大攻势和政策感召下，宋瑞珂从楼上走下来投降，羊山战役宣告结束。

羊山战役共歼灭并俘获敌六十六师 2 万多人，活捉敌少将师长宋瑞珂，击落军机 2 架，缴获野炮 12 门、迫击炮 16 门、各种小炮 102 门，轻重机枪 367 挺、手提机枪 158 支、长短枪数千支、汽车 36 辆、电台 7 部、骡马 400 多匹。刘伯承司令员为此赋诗一首：

狼山战捷复羊山，炮火雷鸣烟雾间。千万居民齐拍手，欣看子弟夺城关。

羊山战役的胜利为人民解放军挺进中原，跃进大别山，把战争引向敌占区开辟了道路，揭开了中国人民解放军从战略防御转入战略进攻的序幕。

新中国成立后，1952 年建立的“羊山革命烈士陵园”就坐落在金乡县城西北羊山东部的“羊头”上。后又经过多次扩建，现在的烈士陵园占地8 公顷，主要建筑物有革命烈士纪念塔、烈士公墓、金乡县革命斗争史展览馆和羊山战斗纪念馆等。1992 年 6 月，羊山革命烈士陵园被山东省人民政府公布为山东省文物保护单位，2001 年被国务院批准为“全国重点烈士纪念建筑、革命历史教育重要场所”，成为鲁西南地区红色旅游的重要景点和革命传统教育的重要基地。

金乡羊山鲁西南战役纪念馆刘邓雕塑

15.解放济宁

中国共产党领导的人民军队曾经两次解放济宁。第一次解放济宁是在1946年年初,第二次是在1948年7月。

1946年元旦,嘉祥、南旺县(今汶上县南旺镇)等地相继解放,刘伯承、邓小平要求晋冀鲁豫第七纵队和鲁西军区在补充兵员和装备后,准备解放济宁。

当时,济宁经济发达,京杭运河穿城而过,控制济宁就控制了整个鲁西南。为保护文物,我党为和平解放做了大量工作。当时的济宁城并不大,东西只有1.5千米,南北只有1.1千米。但是,城区却拥有太白楼、铁塔寺等珍贵的文物古迹。为了不破坏文物,晋冀鲁豫第七纵队司令员杨勇派冀鲁豫第二分区政治部敌工科干部陈克潜入城内,与城内以教书为掩护的原第八地委敌工人员靳景文取得联系,通过地下党的各种关系,陈克等人分别向济宁城防司令刘本功、参谋长阎冠英、警备团长李学启宣传党的和平解放政策。刘本功的兵力超过1万人,解放军部队的兵力相对较少。刘本功觉得济宁城墙牢不可破,不愿意和平解放。但是,阎冠英和李学启并没有立即表示反对。阎冠英向陈克提供了城区布防图,并将他安全护送出城。李学启表示不抵抗。

陈克向杨勇汇报了争取情况和城区布防状况,杨勇又派济宁地下党员汪忠义联系阎冠英和李学启,要他们立即起义,但是没有回应。1946年1月9日早晨,国民党派飞机向济宁空投弹药,但是大部分落在城外,被解放军缴获。

刘本功实施缓兵之计,派人在济宁城墙上喊话,要求谈判。杨勇识破他的伎俩,不予理睬,决定发起进攻。

1946年1月9日上午8时,杨勇下达攻城命令。战役打响后,第五十六团、五十八团、五十九团首先从南门、东门发动攻击。国民党守军用火力封锁了被炸开的城墙，率先攻城的一连战士伤亡很大。负责指挥的第五十八团一营营长孙文轩冲锋在前，壮烈牺牲。

当时国民党部队的火力主要用于防御南门口，而太白楼东侧的一段城墙火力相对较弱。当时的济宁城墙既高又厚，如果直接架上云梯攻城，伤亡肯定很大。于是，攻城部队把太白楼东侧作为攻城重点。战士们在城墙上挖洞，然后放入炸药包，炸开了一个缺口，然后架上云梯，占领了这段城墙。

后续部队扩大战果，折转向东，很快攻占了南门。

随后，敌人的北门防线也被攻破。得知两个城门被攻破的消息，防守东门的李学启率部起义。进入城内的战士迅速向刘本功的指挥部推进，并展开巷战，将守城的国民党部队分割包围。三个城门都被攻破后，防守西门的王乃武看到继续抵抗也是徒劳，于是缴械投降。

上午10时，攻城部队在红牌坊、院门口、铁塔寺一带会师，济宁城第一次解放。这次战斗歼敌11000多人。

第二次解放济宁是在1948年7月。在我军的强大威压下，国民党军队不战而逃，解放军不费一枪一弹收复济宁。

1946年8月下旬，国民党第五军和整编第十一、八十八、五十五师，分东、西两路攻占金乡、巨野、东明、菏泽。9月15日，驻兖州国民党整编第八十四师吴化文部派出一个加强旅，在飞机、大炮的掩护下进犯济宁。冀鲁豫第二军分区第十九团留守部队进行英勇阻击，打退国民党部队的3次进攻，坚守10个多小时。下午6时，国民党部队突破济宁城东门，第十九团留守部队撤往城外，国民党部队占领济宁城。

1948年春，山东兵团连续发起攻势，控制了胶济铁路全线，随即发起对津浦路中段的进攻，歼灭了沿线的大部分守敌。5月下旬，发动了著名的兖州战役。7月12日发起总攻。13日16时，兖州城内的守敌开始突围。20时，守敌全部被歼。

7 月 14 日，中央军委指示许世友派部队进攻济宁、汶上，争取三四日内攻克这两个城市。同时派部队守住运河要点，使敌人援兵不能东渡。兖州攻克后，驻守济宁的国民党部队弃城逃往徐州。14 日，山东兵团不战收复济宁城。16 日，冀鲁豫第七地委、鲁中南区党委派员接管济宁城。

济宁终于回到了人民的怀抱。

1946 年 1 月解放济宁的战斗英雄合影

16.巨金鱼战役

解放战争时期，中国人民解放军晋冀鲁豫野战军及地方武装一部在山东省巨野、金乡、鱼台、定陶地区对国民党军进行的攻城打援战役，统称为“巨金鱼战役”。

1946 年 11 月 28 日，国民党军郑州绥靖公署集中主力第五军等部共 9 个旅，分别由滑县、安阳地区向濮阳、大名进攻，实现打通平汉路的计划。

晋冀鲁豫野战军司令员刘伯承、政治委员邓小平决定寻歼向解放区腹地进攻的第 5 军一部。由于进攻的国民党军队形密集，地形不利，未能得手。

12 月 18 日，中央军委指示晋冀鲁豫野战军，在此情况下应南下寻歼弱敌，收复巨野、金乡、鱼台等城，以调动国民党军主力回援从而一举歼灭。据此，刘、邓以第二纵队和部分地方武装伪装主力迷惑北进之国民党军，以第三、第六、第七纵队大踏步挺进鲁西南地区，进击分散守备的国民党军。22 日，第七纵队主力攻击聊城，野战军主力由范县以北地区南下；30 日夜，突然向巨野、金乡、鱼台地区国民党军发起攻击。至 1947 年元旦，野战军攻克聊城、巨野、嘉祥等地。1 月 4 日，第六、第三纵队强攻金乡未克，吸引了鱼台、定陶、菏泽地区的国民党军向金乡增援，我军遂改取围城打援战术。

1947 年 1 月 7 日至 9 日，野战军以一部兵力继续围困金乡，集中主力歼灭由鱼台来援的整编第八十八师第六十二旅全部和第七十师第一百四十旅大部于胡海子地区。随即转兵西向，于 12 日至 13 日歼灭由定陶来援的国民党军暂编第四纵队第一支队于白浮图地区。由菏泽来援的国民党军整编第六十八、第五十五师的 3 个团畏战，紧急调头回撤，也于 16 日被野战军主力聚歼于西台集地区。接着，野战军乘胜收复成武。

这次战役，人民解放军共歼灭国民党军 16400 人，其中俘敌 10900 人，毙伤 5500 人，解放县城 9 座，迫使已攻陷濮阳、大名的国民党军停止前进，并以主力回援鲁西南，从而粉碎了国民党军打通平汉路的计划，有力配合了华东解放军在鲁南的作战。

晋冀鲁豫野战军总结了这次战役的作战特点：避开强敌，大踏步向敌占区挺进，转战于敌兵力薄弱地区，有效地调动敌人，化被动为主动，同时利用各路敌军因派系矛盾不能积极配合的弱点，各个歼灭援敌。

刘伯承司令员总结巨金鱼战役作战经验时指出：“攻敌所必救，消灭其救者；攻敌所必退，消灭其退者，是求得打运动战歼灭敌人的好办法。”

17.兖州战没

兖州为古九州之一，历来是兵家必争之地，而且易守难攻，有“铁打的兖州”之称。解放战争期间，人民解放军经过激烈战斗，打破了这一神话，占领了这一战略要地。

1948 年夏，驻山东省国民党军由于连遭失败，被迫退守济南、青岛等城市，以一部兵力守备津浦铁路（天津—浦口）中段各要点，支撑山东残局。中共中央军委为了打通与鲁西南的联系，从战略上配合华东野战军西线兵团的夏季作战，指示华东野战军山东兵团出击津浦铁路中段，由北向南逐步歼灭泰安至临城各点守敌，进逼徐州。

根据中共中央军委指示，山东兵团司令员许世友、华东野战军副政治委员兼山东兵团政治委员谭震林决心首先攻占泰安及其南北地区，切断济南和兖州的联系，而后围攻兖州，吸引徐州国民党军北援予以歼灭。

5 月 29 日晚，山东兵团各部队对津浦铁路中段各要点发起攻击。泰安国民党守军整编八十四师一五五旅弃城北逃。山东兵团各部乘胜向泰安南北扩大战果，至 6 月 20 日，先后攻占泰安、大汶口、曲阜和邹县等地。第七纵队、鲁中军区部队包围兖州，至 25 日扫清外围并攻占四关。国民党陆军总部徐州司令部为解兖州之围，令整编第二十五师由苏北经徐州沿津浦铁路北援。该师先头部队于 28 日进抵滕县（今山东省滕州市）以北界河地区。山东兵团当即调第九、第十三纵队由济南附近南移打援，同时令第七纵队撤围兖州，准备协同第九、第十三纵队打援。这时，被华东野战军西线兵团围困在豫东睢县、杞县地区的区寿年兵团求援甚急，国民党统帅部遂将整编第二十五师车运商丘改援豫东战场。

山东兵团鉴于兖州国民党军处境孤立，就下决心攻取兖州。兖州为津浦铁路中段战略要点。控制该城，南可威胁徐州，北可攻击济南。该城城郭坚固，筑有半永久性防御工事，驻有国民党军第十“绥靖”区司令部、整编第十二师及保安部队共 12 个团 2.8 万余人。

山东兵团司令部决定集中兵团主力及地方武装共 45 个团的兵力实施攻城打援。以第七纵队、第十三纵队及鲁中军区部队担任攻城任务，第七纵队为指挥；以第九纵队集结于兖州以北，以鲁南军区部队置于兖州以南准备分别阻击济南和徐州援军；以渤海纵队驻扎济南以东牵制济南国民党军。

7月1日，山东兵团再次包围兖州。第七纵队、第十三纵队担任主攻，由西向东，以老西门、新西门为重点，并肩实施突击；鲁中军区部队和第十三纵队一部位于城东北及城东担任助攻。12日17时我军发起总攻，先以各种火炮进行火力准备，压制守军火力，摧毁老西门、新西门城墙及纵深工事；山炮抵近射击，打开突破口；步兵在炮火掩护下实施连续爆破，连续突击。至20时30分多路突破城垣，而后多次击退守军反扑，迅速向纵深发展。守军见大势已去，仓皇向东突围。经一昼夜激战，山东兵团于13日18时攻克兖州，将城内守军及突围的部队全部歼灭，俘整编第十二师师长霍守义。

当兖州再度被围时，济南国民党军整编第八十四师、第二师于7月1日南援，但惧怕被围歼，行动迟缓。其先头部队13日渡过汶河进至太平镇地区时，得悉兖州已失，趁夜北逃。至18日，第9纵队追歼其后尾整编第八十四师第一六一旅等部约万人。

兖州战役纪念碑和英魂长存石

这次战役，共歼灭国民党军6.3万余人，收复和攻克泰安、曲阜、邹县、兖州、济宁等城镇12座，有力地策应了西线兵团在豫东作战，使鲁中南、鲁西解放区连成一片，进一步孤立了济南国民党军。

兖州解放后县政府同志合影

18.《放下你的鞭子》泗水演出记

1937年七七事变之后，在中国共产党抗日民族统一战线政策推动下，全国军民万众一心，救亡图存，共赴国难，掀起了全民族抗战的热潮。

国民党山东省政府主席、第三路军总指挥韩复榘为保存实力实行不抵抗政策，率兵撤出济南，将大好河山拱手让与日寇，形势异常严峻。然而，全省军民不愿做亡国奴的呼声响彻黄河两岸，各地纷纷组织“抗敌后援会”，奔走呼号，宣传抗日，筹款募捐支援前线，并积极准备武装起义，组织抗日队伍。

“泗水县各界抗敌后援会”组织的一次抗日宣传演出《放下你的鞭子》，在泗水县引起了轰动，对宣传抗日救国的道理、进行战争动员起到了积极推动作用。

1937年11月上旬的一天晚上，泗水县运动场内搭起了一座舞台，几盏煤油马灯和大豆油灯把舞台照耀得如同白昼。抗敌后援会组织的演出开始了。

据当时人回忆，这次演出共有3个节目。从人们对演出情形的描述，我们可以体会到中华民族同仇敌忾、捍卫民族独立和尊严的气概和决心。

第一个节目是合唱，那时叫歌咏。当时共演唱了3支歌：第一支歌是《义勇军进行曲》，即现在的《中华人民共和国国歌》。第二支歌是《新凤阳花鼓歌》。凤阳花鼓原是皖北民歌，原歌词是“说凤阳，道凤阳，凤阳本是好地方”，当时演唱的歌词则是“说东洋，道东洋，东洋本是小地方”，内容鲜明地与当时抗日形势结合起来，所以叫《新凤阳花鼓歌》。第三支歌《打回老家去》出自大作曲家任光，这支歌当时在东北军和华北民众中广为流传。战士们唱这支歌时，受到民族意识的感召，激起对乡土故人的怀念，常常痛哭流涕，悲愤欲绝，高呼口号，决心打回老家去，收复失地，与家人团聚。那天晚上，合唱队最后以响亮的口号带动台下观众同声高呼，此起彼伏的抗日口号响彻夜空，把演唱者和台下观众同时卷入抗日救国的伟大洪流中去，号召力强，感人至深。

第二个节目是一出活报剧，内容是日军在华北某地杀人放火，老百姓不甘奴役，奋起反抗，杀死了一个日本军官又参加抗日军队的故事，向人们指明了反抗日本帝国主义的正确道路。

在群情激奋中，第三个节目街头剧《放下你的鞭子》隆重开演。该剧是1931年九一八事变后，由当时的进步文化人士集体创作的，能适应各种不同的环境和演出条件，是不论在城市或农村，都能随时随地演出的街头剧。像在全国各地的成功演出一样，这部街头剧在泗水的演出也收到了很好的效果。

《放下你的鞭子》全剧共3个人物，其中一个演员先在人群中观看演出，另外两个人物是一个老者和一个少女。演出开始时少女不言身世遭遇，只是沿途卖唱，糊口度日。老者则说这是买来的一个会唱歌的少女，并夸口说少女歌声优美。老者拉着胡琴伴唱，少女所唱歌曲的内容都是关于抗日救国的。但少女因饥寒交迫、体弱不支唱不下去时，老者却用鞭子抽打她，硬逼她接着唱。观众此时自然憎恨老者，认为他把买来的少女不当人看，有失仁道，而对少女则由衷地给予同情。

当老者再次举起鞭子抽打这个少女时，扮演观众的演员从人群中出现，对老者大喝一声："放下你的鞭子！"老者被突如其来的呵斥所震慑，鞭子当即脱手落地。"观众"走上舞台，质问老者为什么这样不仁道，如此虐待买来的少女。老者这才道出真情，说此女本不是买来的，实为自己的亲生女儿，只因东北老家被日寇侵占，国破家亡，流落关内，父女二人无以为生，只好靠卖唱糊口。

听完老者的诉说，扮演观众的演员便发表慷慨激昂的演说，揭露日军罪行，痛说国破家亡之苦，号召从军报国、守土杀敌、收复失地，并当场号召捐款，以支援前线，慰劳伤兵。一时间，观众将钱币纷纷投向舞台。演出在广大观众踊跃捐款告一段落时宣告结束。

先进的知识分子及其创作的艺术作品总是在社会变革的历史关头，从思想舆论方面起到号角作用。短短的街头剧《放下你的鞭子》就是一个突出的例子。

19.泗水抗战民歌《大辫子甩三甩》

泗水县是泗河的发源地，地处泰沂山区余脉，全县有大小山头560多座，是纯山区县，地形复杂，民风淳朴。

就是这偏僻的山区，日本帝国主义也不放过，派兵侵占，无恶不作，犯下了滔天罪行。泗水儿女不甘受外敌奴役，为了保家卫国，踊跃参军，投入到抗击日寇的滚滚洪流中。1937 年 9 月 27 日，泗水县建立了中国共产党的第一个基层组织——中共柘沟支部。1938 年 2 月，泗水县党组织动员了泗水抗日自卫团 60 余人奔赴徂徕山参加抗日武装起义。同年 6 月，中共泗水县委成立。在党的领导下，泗水先后建立了泗南、泗北两个抗日根据地。根据地军民采取灵活机动的战略战术与日伪军周旋，消灭大量日伪军，打击了敌人的嚣张气焰。抗战民歌《大辫子甩三甩》应运而生。

《大辫子甩三甩》共有三段，歌词全文如下：

大辫子甩三甩，
甩到了翠花崖。
娘啊娘啊，
队伍要往哪开？
小妮子你别哭，
哭也是挡不住，
八路行军不兴带媳妇。

同志们把号喊，
喊了个向右转。
走了！走了！
别忘了小妹俺！
小妮子你放心，
他不是那样的人，
忘不了爹娘，
忘不了心上人。

西北上大炮响，
队伍走得忙。

妮来妮来，
你看他回头望。
翠花崖上送亲人，
眼望队伍过山村，
盼着那胜利早日回家门，
盼着那胜利早日回家门！

这首歌曲内容丰富，每段歌词均包含三层意思。每段开头以场面描写切入。“大辫子甩三甩，甩到了翠花崖”一句表现了主人公妮儿鲜明活泼的形象“同志们把号喊，喊了个向右转。”这是妮儿眼中八路军战士整装待发的情景。“西北上大炮响，队伍走得忙。”这里表现了队伍奔向战场的场景，渲染了妮儿的担心之情。

歌曲的中间层次以妮儿与娘的问答传达情感，山区姑娘真诚、朴实的情感令人动容。

歌曲每段的第三层次也包含丰富的内容，有解释：“哭也是挡不住，八路行军不兴带媳妇”；有宽慰：“小妮子你放心，他不是那样的人，忘不了爹娘，忘不了心上人”；有殷切的希望：“盼着那胜利早日回家门”。

这首民歌具有重要的历史意义，反映了如火如荼的抗战岁月里，人民群众对日寇入侵使有情人不能成眷属的控诉，诉说了对坚持抗战的人民子弟兵的关爱和支持，表达了对争取抗战胜利的热切盼望。

听这首歌曲的时候，眼前仿佛展现出一幅古朴的山村画卷。村头翠花崖上身穿碎花布衣服，头扎乌黑亮丽长辫子，向远处张望着前行在蜿蜒山路上的八路军队伍，目光焦虑地在人群中寻找着自己的心上人。年轻的姑娘恐被乡亲们看到，娇羞的目光闪烁。一幅民送军上前线的山区美景，在大辫子姑娘这个人物的衬托下，显得格外质朴清新。

这首抗日烽火之中产生的泗水民歌，带着泥土的芳香，以其不饰雕琢、婉转悱恻的特点，震撼着人们的心灵。这首歌曲被泗水县周围地区以及从这些地区走出的军人带到大江南北、长城内外，不仅备受专业人士的推崇，还受到了广大人民群众的喜爱。

泗水抗战民歌《大辫子甩三甩》演出照片

泗水民歌《大辫子甩三甩》被上海音乐学院编入教材。1983 年，中央人民广播电台将其作为优秀节目播出。后来，中央电视台专门拍摄了音乐电视，改为独唱。作为优秀节目中的保留节目，《大辫子甩三甩》分别在多个知名节目播出。

2013 年，山东省人民政府公布的第三批省级非物质文化遗产名录和省级非物质文化遗产扩展项目名录中，由山东省艺术馆报送的山东泗水民歌《大辫子甩三甩》成功入选山东省级非物质文化遗产扩展项目名录。

20.悲壮的泗南小山战斗

小山位于泗水县圣水峪镇南部与邹县交界的地方。抗日战争时期，我八路军山东抗日游击纵队第四支队在这里进行过一次惊天地、泣鬼神的战斗。

1939 年 5 月 1 日，我八路军山东抗日游击纵队第四支队接到纵队的电令，命令四支队抽调 4 个主力连，组成南下挺进支队，由赵杰任支队司令员，汪洋任政委；挺进支队设党委，由汪洋任书记，赵杰任副书记。经过半个月的集中训练后，挺进支队奔赴泗南、邹东山区，开辟鲁南抗日根据地。

泗南、邹东山区位于邹县、泗水、曲阜三县交界处，方圆数十里，崇山峻岭，山高路险，素有“三多”之说，即土匪多、山寨多、枪多。部队到达该区后，支队党委立即召开党委会和干部会，分析了当地形势，确定了工作方针和具体政策。会议决定：采取多种方法抓紧做群众工作，同时争取上层人物的支持；大力宣传党的抗日主张和政策，宣传团结抗战、抗日必胜的道理；创造有利条件，及时建立乡村抗日民主政权；建立情报站；组织几个宣传小组到各村宣传，扩大我军影响。经过十几天的紧张工作，当地群众逐步了解了我党我军，有些群众还给部队送来给养，我党领导的抗日局面逐渐形成。

在泗南、邹东山区立足一个多月后，挺进支队得到情报：泗水、邹县、曲阜和南驿等敌据点都在增兵，企图向挺进支队发动进攻。

挺进支队决定，司令部与一、三、四连分路转移到外围地区，由作战科长王坤和营教导员王志耕带领二连占领小山牵制敌人。21日9时许，敌人出动千余人，兵分四路，向小山气势汹汹地扑来。

小山是一座秃山，巍峨高峻，山势险要。挺进支队司令部指示二连利用有利地形打击敌人后，迅速北撤，向主力靠拢，而后集中兵力打敌一路。可是战斗打响后，王教导员却错误地提出“与小山共存亡”的战斗口号，以至于失去了撤退的机会，陷入敌人重重包围之中。

这次战斗十分激烈，从拂晓一直进行到黄昏。敌人调兵遣将，连续向小山发起20余次进攻，均被我军击溃。山坡上，沟壑里，到处躺满了敌人的尸体。后来，丧心病狂的日伪军集中了所有炮火，向小山猛烈轰击。光秃的山顶，无遮无碍，许多战士倒在血泊中，但活着的还在继续战斗。为了营救小山的战友，我外线主力连续向敌人发起10次冲锋，终因寡不敌众，未能达到解救的目的。

在面临绝境的情况下，坚守小山的战士毫不畏惧，英勇顽强，战斗到底。子弹打光了，他们就用石头砸。最后，敌人攻上山顶时，战士们高呼着“中华民族解放万岁”的口号与敌人展开肉搏战，直到夜幕降临，战斗才结束。

这次战斗毙敌200多人，我军有74位勇士壮烈牺牲。敌人撤走后，当地群众纷纷上山，怀着悲愤的心情把烈士的遗体掩埋起来。

1943年，泗水抗日民主政府在小山之巅建起了一座纪念碑，铭刻74位烈士的英名和他们的英雄事迹。每年的清明节，人们纷纷来到这里举行悼念活动。

巍巍小山，屹立于群山怀抱中，像一座永不磨灭的丰碑记载着烈士们浴血奋战、可歌可泣的英雄事迹。

21.刘大娘冒死救伤员

抗日战争是中华民族反抗外族入侵历史上动员最广泛的一次战争，从长城内外，到大江南北，我中华民族，不分男女老幼，有爱国之心者都投身到这场伟大斗争的滚滚洪流中。

在泗水县就发生了刘大娘不顾生命危险救治八路军伤员李元水的故事。

刘大娘名叫赵协英，家住泗水县柘沟镇黄土村。李元水是泰泗宁独立营四连的通讯员。1943年农历腊月初六，日军对我根据地实行大“扫荡”，泰泗宁独立营四连在连长王进香、指导员陈长志的带领下，从宁阳县南葛村转移，黄昏时到达泗水县柘沟镇黄土村。

部队还没有站稳脚跟，就被4000多日伪军包围了。四连指战员仓促应战，部队来不及展开，敌人就攻了上来。这次战斗异常激烈，枪声、喊声、手榴弹爆炸声响成一片。战士们英勇无畏，边打边往街里撤。

李元水背着文件包，与指导员走散了。他和七八名战士撤到一个胡同里又和日军遭遇，经过一阵拼杀，当场牺牲4人，李元水手部受伤。李元水忍着剧痛，翻墙到了一户人家。这时，从屋里走出一位中年妇女，见状急忙把他拉进屋里，让他赶快把军衣、裹腿脱下，换上她儿子的旧棉袄，躺在东间床上装病，然后把换下的衣服以及文件包、手榴弹迅速埋在花生秧堆里。这时，日伪军已经进了院子。李元水简单地询问了大娘的姓名、家中人口和亲戚等情况，以应付日伪军的盘问。

日军进屋后，用刺刀指着刘大娘的心窝问："他的！八路的干活？"刘大娘从容回答："不是，是我的儿子，这两天有病，没能随他爹去卖柘沟家什。"（注：柘沟是远近闻名的"陶之乡"，制作的缸、瓮、罐、甏等陶器统称为"柘沟家什"）日军不信，一刺刀挑开李元水的束腰带，一看裤里是白色的，又见手上有伤，就反过头来逼问刘大娘。大娘回答："伤是随他爹卖柘沟家什摔的。"说着用手指了指院中没有卖出的柘沟家什。日军不信，就用刺刀砍、木棍砸，把刘大娘折磨得昏死过去。刘大娘一口咬定李元水就是她的儿子，日军见从大娘嘴里得不到什么，就把李元水架到西院，逼问手上的伤是怎么回事。李元水说是挑柘沟家什摔倒让瓮碴扎伤的，日军不信，硬逼着他找枪、找文件，并用枪托、木棍、刺刀对他乱砸、乱扎，直到把他折磨得奄奄一息才罢休。日寇见什么也得不到，就把大娘家的被褥衣物放在院中点着了火。

日军走后，小战士张致东也来到刘大娘家。刘大娘就像对待亲儿子一样照顾他们，喂饭喂水，直到他们康复归队。

那年春节过后的正月初四，泰泗宁独立营营长徐法斌同志在中册乡石桥村，集合全营战士召开会议，给刘大娘拜年、戴大红花，表达了人民子弟兵的敬意，并请刘大娘向全体战士讲述了掩护伤员的经过。事后，刘大娘的事迹刊登在《大众日报》上，在根据地广为传颂。

新中国成立后，李元水多次讲到刘大娘冒死救助人民子弟兵的往事。他深深地感受到，是刘大娘给了他第二次生命，是人民养育了共产党领导的军队。有了人民的支持，人民军队才能攻无不克、战无不胜，任何时候都不能忘记"人民，才是真正的铜墙铁壁"这一真理。

22.智擒日寇飞行员

中国共产党实行抗日民族统一战线政策，主张全民抗战。凝聚全国人民的力量，是中国人民抗战取得胜利的根本保证。

泗水县民兵王常和智擒日寇飞行员的故事，充分显示了人民战争的巨大威力。

1944年，泗水东部已经解放。这年初夏的一天中午，一架日本飞机在黄阴集北的泗河上空盘旋。起初，老百姓都很害怕，以为它又要轰炸附近的村庄。过了一会儿，飞机越飞越低，盘旋的圈子越来越小，最后降落在泗河沙滩上。

原来这是架日本战斗机，外出执行任务，迷失了方向，汽油耗尽，无法飞回，便降落在河道里。降落以后，飞机上两个飞行员都受了轻伤，满头满脸是血。他们爬出机舱，一个提洋刀，一个手握冲锋枪，守护在飞机旁边。

附近村里知道这一消息后，组织民兵围上来，准备活捉这两个飞行员。这时卞桥区的同志也闻讯赶来，区里同志根据上级指示精神，提议最好智取，如果硬来，敌人不投降，双方射击，不但机毁敌亡，我方也会受到损失。听了区里同志的意见后，李家庙村民兵王常和自告奋勇，要求担当智擒敌军飞行员的任务。王常和30多岁，年轻气盛，血气方刚，他当过八路军，会武术，当兵期间曾和日寇多次交锋，后因腿部受伤，才退役回家当了民兵。

王常和收拾利落，赤手空拳，不慌不忙地向敌机走去。敌人见他并无武器，便从隐蔽的地方探出头来发问："什么的干活？"他边打手势边回答："朋友的干活。"当王常和走到离飞机六七步远的地方时，拿枪的敌人把枪口对准他吆喝道："站住！不站住我的开枪。"王常和只好站住，因无法接近敌人，心里很着急，但立即又想，敌人并不愚蠢，绝对不会因为我说一声是"朋友"就轻易相信，必须设法慢慢靠拢才能动手。这时一个敌飞行员又发问："这里汶河的干活？"王常和开始一愣：这里明明是泗河，他为什么说汶河呢？他立刻省悟过来，汶河一带是敌占区，敌机一定误认为泗河就是汶河才降落的。于是便顺水推舟，忙笑着连连点头："汶河，汶河。"听说是汶河，两个敌人面有喜色，一个敌人又说："我们的朋友，你的送信，金票大大的有。"王常和点头道："我们的朋友，我送你们回去的干活。"

两个敌人相互叽咕了几句又说："肚子饿了，你家吃饭的干活，你的送信，皇军大大有赏，你的全家人的做保。"王常和明白了敌人的意思，这两个狡猾的家伙，要跟他回家，叫他去送信，用全家人的性命保证他们的安全。常言说："舍不得孩子打不得狼。"为了取得敌人的信任，寻找机会下手，王常和只有顺从敌人，点头答应了。敌人叫他背过身去，然后迅速扑上来，抓住他的胳膊，押着他走上公路。这时，隐蔽在附近的民兵都心急如焚，不知发生了什么事，眼睁睁看着敌人押着王常和朝村里走去，都十分担心，但一时又无解决办法，只好远远地跟在后面。

王常和把敌人领到自己家以后，敌人略微放心。他把敌人让到屋里，和敌人又指手画脚地套近乎。王常和估计民兵可能进了院内，便从壶里倒了两碗凉水，拿出几个煎饼给敌人吃，并骗敌人说：等你们吃完，就进城去送信。两个敌人饿急了，便用水泡着煎饼狼吞虎咽地吃起来。但他们并没放松警惕，一边吃饭，一边持刀握枪。王常和向门外探了探头，见门外边已埋伏下民兵，一个急转身，大喝一声，右脚踢飞了敌人的冲锋枪，左脚踢在持洋刀的敌人的手腕上，洋刀落地。说时迟那时快，门外的民兵旋风般地冲进来，将两个敌人按倒在地，紧紧地捆了起来。民兵们个个兴高采烈，将两个垂头丧气、狼狈不堪的敌军飞行员押送到区里。

两个日寇飞行员做了民兵的俘虏，这正是人民战争的强大威力。

23.戈山激战及日军暴行

戈山位于泗水县金庄镇，由东、西、南、北四个自然村组成，抗日战争期间，我抗日军民在这里与日寇展开了激烈战斗，日本侵略者在中国领土上犯下了又一桩滔天罪行。

1938 年 1 月，日寇侵占了泗水城。占领泗水城后，敌人先后 5 次进犯戈山，前 4 次均被我顽强的戈山人民击退。1944 年农历腊月二十日，敌人纠集驻济宁、兖州、曲阜等地的鬼子 1500 多名、汉奸 400 多名，携带火炮 30 多门，第 5 次进犯戈山。

当时的戈山村四周修起了高高的围墙，无论白天黑夜，每个进村的路口通道都有民兵轮流站岗放哨，指挥部就设在村子中部的关公庙。那天夜里，北面炮楼上值班的是民兵韩宪金。午夜零时左右，韩宪金听见炮楼下有动静，探头往下看，天黑看不清，只模模糊糊地看到有一个黑乎乎的东西往炮楼上爬，侧耳一听，下面像是有许多人走动。他大呼一声："不好，有敌人！"他举起枪击毙了那名爬上来的敌人，里面值班的另外两个民兵惊醒了，有一人立刻去敲钟集合民兵，另一个马上做好了战斗准备。

几分钟后，战斗打响了，围墙里面站满了愤怒的戈山人民，他们有的操枪，有的架抬杆（自制土炮），有的拿手榴弹，还有的手握大刀、长矛。外边的伪军不住地喊叫："快开门投降吧，你们被包围了！"整个村子北面枪声响成一片，狡猾的敌人前几次吃够了村周围埋设的地雷、石雷的亏，不敢贸然攻围墙，这样一直相持到黎明时分。

天亮以后，停在村北公路上的大炮响了，猛烈的炮火逐渐向南延伸，围墙被炸开了，村外的敌人乘机发动了疯狂的攻击。威武不屈的戈山人民在自卫队长李汉柱、村长张明恩的指挥下，进行了英勇反击。在抬杆、步枪的掩护下，炸开的围墙马上用木料、石头堵上，前面的民兵倒下了，后面的群众冲上来。这样，戈山人民同敌人浴血奋战近 3

个小时，终因寡不敌众，敌人攻进了村子，民兵们一边与敌人展开巷战，一边组织群众迅速转移。民兵陈长德、韩宪金为掩护群众壮烈牺牲。

敌人进村后，实行了惨无人道的杀光、烧光、抢光的“三光”政策，见人就用刺刀挑，遇房子就点火烧，整个村子陷入一片火海之中。

村民李汉吉的母亲抱着李汉吉的弟弟跑到街上，一队日本兵从后面追上来，用刺刀将李汉吉的母亲刺死，又提起他弟弟的两条小腿向石头墙上猛摔。与此同时，进村的日军开始疯狂屠杀没有逃出去的村民。田三和他妻子在西寨里被日军抓住。日军先枪杀了他妻子，又把他踢倒在燃烧着的高粱秸上，烧得他在火堆上乱滚乱爬。他向外爬，日军就用刺刀向他背上捅，直捅得他爬不动了，被火烧成一团死去。李凡志的老伴和二儿媳妇没有来得及逃跑，被日军堵在家里。日军用刺刀刺穿了她们的肚子，婆媳俩在院子里疼得滚来滚去，鲜血流尽而死。日军拿来一把烧着的高粱秸，朝农民田富成身上烧去。田富成的棉裤、棉袄全被烧着了，浑身冒烟，疼得田富成又蹦又跳，惨叫不止。日军的非人行径令人发指，罪行罄竹难书。据统计，在戈山，被日军打死、烧死、刺死、炸死 96 人，打伤打残 132 人。

下午 4 点多钟，日军行凶后，带着掳掠的羊、牛、猪等牲畜 2000 余头撤走了。撤走前，敌人丧心病狂地点燃了剩下的房屋。这场大火烧了两天一夜，2100 余间房屋全部被烧毁，农具及其他生活用品的损失无法统计。日本侵略者对戈山人民犯下了又一桩滔天罪行。

为了铭记历史，纪念死难烈士，1991 年 7 月，泗水县委、县政府在戈山建立了“戈山人民抗日斗争纪念塔”，教育子孙后代，激发人民群众的爱国之心。

泗水戈山人民抗日纪念塔

24.解放泗水城

从1944年开始,中国共产党领导的敌后抗日根据地军民开始局部反攻。

在鲁南地区,八路军的根据地不断扩大与巩固,日伪军控制的地盘逐步缩小。到1944年11月,平邑县里的日本军队和伪军在我军的强大压力下,被迫撤退到泗水县。日本兵大部分从泗水又撤往兖州,伪十军荣子恒妄图凭借工事坚固的泗水城,与靠近津浦路的兖州、曲阜两城相呼应,苟延残喘。

泗水县位于山东省中南部,因泗河发源于此而得名,是山东中部和南部的结合部,战略位置十分重要。荣子恒原为东北军军阀,后投降日寇,成为敌人在鲁南地区的重要帮凶。荣子恒为虎作伥,烧杀掳掠,欺压百姓,剿杀抗日力量,干尽了坏事。群众恨之入骨,纷纷要求铲除此害。

鲁南三团根据山东军区“克复山东第十个县城”的指示，在我地方武装和民兵的配合下，决定于1945年2月1日发起解放泗水县城、消灭荣子恒的战役。

攻城之前，三团参谋长林毅率领团营连三级干部换上便衣，到泗水城外查看地形，并通过地下党与城内的两个人取得联系。其中一个是伪警察田化方。田化方受我党影响，虽当伪警察，但并不是真心降敌，主动向我党汇报了4个城门的兵力部署情况。另一个是我方原香山区文书孔昭然。孔昭然在战斗中被敌人捕去，被迫当了伪军，内心尚未叛变，他主动向我方报告了伪十军在城内各个据点的兵力和武器配备情况。这样，鲁南三团就做到了知彼知已，为攻克泗水城的胜利奠定了基础。

鲁南三团以一营攻城，目标是歼灭城内之敌；二营肃清城南关口的敌人；三营位于城东北负责打击可能出逃的敌人，配合作战的尼山独立营在泗水城与曲阜之间埋伏，准备阻击由西面增援的敌人。

2月1日晚10时，一营发起了攻城战斗。战场上硝烟滚滚，战斗异常激烈。战斗至2日上午12时，我军已占领了城内大部分地区。下午7时，我军对城内的残余之敌发起总攻，激战半小时后，结束了城内战斗，全歼残敌。伪十军军长荣子恒预感末日来临，便化装成伙夫从城东南角坠城逃跑，被击毙。历时22个小时，解放泗水城的战斗胜利结束。

此次战役，击毙伪十军军长荣子恒以下300多人，俘伪军三师师长朱复宁以下1200余人，俘伪县长李香亭以下180余人，毙伤日军35人，缴获大批战略物资。

荣子恒认贼作父，卖国求荣，终于饮弹丧命，人民群众无不拍手称快。有人作儿歌一首，表达鲁南人民的欣喜之情：

李香亭来真无能，东边请来荣子恒。荣子恒更草包，见了八路撒腿跑。荣子恒来大坏蛋，认贼作父当汉奸。费县捡了一条命，来到泗水命归天。

战斗结束后，根据地委指示，为了不使泗水城再成为敌人守备要塞，公安局发动群众扒了墙角，拆掉并烧毁了泗水城内可能作为守备的工事。同时，把日军囤积在城内的粮食一部分运往后方，其余全部分给群众。消息传开，远近百姓扶老携幼，带着口袋、篮子，前来泗水城领取粮食。此时，正值1945年春节来临之际，泗水城的解放给传统的节日增添了喜庆气氛，人民群众敲锣打鼓欢庆胜利，人人欣喜若狂，个个称颂共产党、八路军。

2月11日，罗荣桓、黎玉、萧华通令嘉奖攻克泗水城的参战部队。嘉奖令指出：泗水的光复，为我创造了打击敌人，扩展根据地的极其有利的条件，鲁南、鲁中部队均有崇高功绩。

25.泗水人民支前忙

解放战争时期，泗水县人民不仅输送了数千名优秀青年参加解放军，浴血奋战在第一线，而且全力以赴地投入到支前工作，为解放战争的胜利立下了不朽功勋。其主要有担架团、运输团、筹军粮三个方面的工作。

泗水担架团由县民运部长赵孝亭任团长兼政委，下辖四个营。泗水担架团对伤员的护理令人感动。每当接受任务时，民工便在担架上垫好软草，铺上自己的被褥。在转送途中，急伤员之所急，最大限度减少伤员的痛苦，处处为伤员着想，尽心为伤员服务。有一次，一连从沈港护送伤员转院。路上，伤员要大便，因伤势重不能起立，担架员杜希礼、沈昭坤等同志便用手给伤员接下大便来。伤员感到冷，四位民工不约而同地脱下棉袄给伤员盖上。伤员因伤重流血多，口渴、寒冷，渐渐昏迷不醒。民工们赶忙把伤员抬进村里，在一家房东屋里烧火取暖。民工沈昭坤怕烤火也不济事，又解开自己的内衣，把伤员一双冰凉的脚抱在怀里暖起来。沈昭坤的胞兄沈昭海忙用自带的小米烧了小米汤，用汤匙舀着，一匙匙地喂进伤员的嘴里。经过大伙急救，伤员苏醒了。医院领导得知这一情况深受感动，写信给华东支前司令部，为这副担架的四位同志请了集体功。二连三排九班班长高士连，三连一排一班班长张桂昌，一连头等功臣徐永祥、班长冯殿俊等，都曾用茶缸、水瓢，甚至擦脸用的毛巾等给伤员接擦过排泄物。三连民工杨井林抬伤员过桥时，由于颠簸摇晃，伤员疼痛难忍，在担架上左右翻滚，杨井林慌忙上前扶护，失足掉进河里。时值隆冬，滴水成冰，杨井林上岸后，衣服已冻成了冰块，冷得浑身打颤，但他仍咬紧牙关坚持把伤员送到目的地。

泗水运输团为适应部队快速运动的需要，便将民工分成挑子运输团和车子运输团，让挑子运输团轻装先行。挑子运输团由 4 个营 16 个连共 2500 名民工组成，团长是刘丙忠同志。车子运输团由 4 个营 16 个连共 2200 名民工组成，团长是葛维平同志。

“忍饥不取车上粮，千难万险无阻挡”，这是泗水县车子运输团的誓言。在解放军追歼黄百韬兵团时，车子运输团装载军粮 10 万斤，日夜兼程，飞驰 200 公里，抵达目的地，卸下粮食，又装上油盐等物资奔向前方。一天，夜色如墨，途经毛子庄以南数十里山岭地带，沟壑纵横，崎岖不平，民工们便边填沟修路边推车前进。临近贾汪尢集时，频遭敌机空袭，民工们都有了经验，沉着地伏于公路两侧，敌机飞走，照样前进。

经过某些贫困地区时，因买不到粮食，有时一两天才能吃上一顿饭。但是，他们宁可忍饥挨饿，也决不动用车上的粮油。部队首长得知这一情况后，深为感动，除对他们进行表扬外，还赠送面粉 1000 斤，以示慰劳。

1948 年 11 月 25 日，寒风凛冽，车辆、担架和挑子聚集在黄河岸边，等待过河。河上的便桥是用几十辆大车临时架成的，桥窄人挤，车子队根本没法通过。等下去不仅延误时间，还容易暴露目标，遭到敌机轰炸。三连连长张友桂和指导员李崇洁走到河边，发现河水不很深，冰也不太厚，便当机立断：破冰抢渡。指导员李崇洁身先士卒，脱掉棉裤，用毛巾扎住溃烂的伤口，手持闸车木棒猛砸冰面。张友桂见指导员痛得直打战，便对他说："你不能下水，留在桥上指挥，让我来。"说着，操起木棒，赤脚跳下河去，拼命砸冰。排长张景凤，通讯员刘作谦，文书李延才，民工王云荣、张凯太等见指挥员都下水破冰，也一跃而下，奋力捣冰。岸上的民工也不约而同地脱下棉衣，踊跃争先，将一辆辆满载面粉的车子推进河里，碾冰前进。不少人被冰刀划破了腿脚，血染河面，但车轮依然飞速运转。河水渐深，漫过膝盖，没近车盘，眼看车上的面粉要被浸湿。"抬！千万别湿了军粮！"青年民工杨士友一声喊，众人立即响应，大家喊着号子，硬是将载重700斤的车子一一抬过河去。

筹军粮是泗水人民又一彪炳史册的业绩。全县人民在县支前指挥部的领导下，掀起了碾米、磨面、赶做军鞋的热潮。仅兖州、济南、淮海3个战役，泗水县就供应军粮500万斤，有力地支援了解放战争。

为了保证过境部队的供应，全县共设立军粮站15处，各粮站在支前粮的征集、供应工作中涌现出一批先进单位和个人，北玉沟粮站就是其中的一个先进单位。

北玉沟粮站建于1948年6月，负责人有县财粮科长朱广训，区干部颜廷友、孔令田，城区粮库主任姚全岱，会计周兴甫、李崇生等人。淮海战役打响后，大批干部带领民工随军支前，北玉沟粮站只留下会计李崇生和保管员宋振琪两位同志，后来又抽调联防干部宋振团、芦长春等人到粮站协助收发粮食兼做保卫工作。

建站伊始，粮站人员即投入紧张的筹粮工作之中，除征集粮站驻地联防13个村2000多户农户交纳的军粮60万斤、马草30万斤、烧柴12万斤外，还接受了泗北和城东几个粮站的转运任务。交粮者、转运者络绎不绝，干部过秤昼夜不息。为了使领粮部队和运粮民工夜间好找粮站，便在村外路口上设立岗哨，粮站门口挂上提灯，干部轮流值勤，车夫"枕车待旦"。1948年7月，兖州战役打响，驻守济南的王耀武派兵支援，我打援部队在宁阳东北与敌援兵接火。为保证前线供应，粮站会计李崇生亲自带领200辆二把手车子将12万斤面粉送到宁阳前线。从兖州战役到济南战役，泗水县共供应军粮 2013369 斤。11 月，淮海战役开始，部队在淮海地区高度集中，补给线越来越长，吃粮困难。粮站保管员宋振琪同志尽管脚上长疮，行走不便，仍带领 500 辆独轮车，跋山涉水，忍饥受饿，冒着敌机轰炸的危险，将 35 万斤粮食送到徐州前线。

据不完全统计，仅 1947 年和 1948 年这两年，泗水县就调出军粮 500 余万斤，派出了担架员 4000 余人，其中专职一年以上者 1000 余人，5000 余人参加了各种运输队，自带大、小车辆 1000 余辆，运输了大批的粮食、弹药、军用物资等。

淮海战役纪念馆支前厅的独轮车

26.柘沟妇女运粮队

解放战争时期，泗水县的广大妇女同胞团结在中国共产党周围，在送夫送子参军、反奸除霸、建立政权、搞宣传、救伤员、送情报、摊煎饼、做军鞋等许多方面，都有巨大贡献，表现了无私无畏的革命精神。

柘沟妇女运粮队是泗水妇女同志的典型代表，她们在大敌当前的危急时刻，响应党的号召，积极行动起来，把3万斤粮食迅速转移到安全地带，受到上级表扬。

1947年，蒋介石调集汤恩伯、王敬久、欧震3个兵团和徐州、郑州2个绥靖公署所属部队约四五十万人，向山东解放区发起重点进攻。为控制岚兖公路，全副美式装备的国民党机械化部队十一师于3月间向泗水移动。敌人在所到之处安设据点，扶植国民党杂牌军，重建反动政权，组织“还乡团”，拉夫抓丁，派捐抢粮，残杀革命志士，犯下了滔天罪行。

面对国民党反动派的猖狂进攻，30万泗水人民在中共泗水县委的领导下，遵照上级指示，积极投入到火热的革命斗争之中。泗水人民全力支持解放战争，做到“有人出人，有粮出粮，随叫随到，随要随有”。年轻力壮的男人，一批批参军或组成基干民兵，还有的组成担架团、运输团随军作战；老人、孩子和烈军属撤离转移，留下来的坚持生产，支援前线。

在国民党十一师进驻泗水城前，县委接到上级指示，敌人即将进城，要做好撤离转移工作，实行坚壁清野，特别是粮食，一粒也不能落入敌人之手。

按照县委的部署，中共柘沟区委召开紧急会议，研究如何将仓上村的3万斤粮食转移到圣水峪山区。区委书记宋怀朋严肃地说：“国民党十一师是武装到牙齿的反动军队，即将到咱们泗水，咱们必须把这3万斤粮食转移出去，决不让一粒一颗落到敌人手中。十一师再凶猛，也得吃饭，转移了粮食，就等于削弱了敌人的战斗力。可眼下形势紧张，男人大都上前线了，剩下的也都有安排，这运粮队伍到哪里去找呢？”“是啊，劳力难找啊！”区长郭杰说，“可这一紧迫任务，我们无论如何也要完成”。

同志们都集中思考着这一问题，区妇救会主任、共产党员秋霞站出来，坚定地说：“请区委把这一任务交给我们妇救会吧！咱们柘沟区的妇女是有觉悟的，只要是打蒋介石国民党、翻身求解放的事儿，再苦再难，也能挺得住，我们保证坚决完成任务，人在粮在。"区委分析研究了她的意见，鉴于当时的特殊情况，也就同意了，并决定配备部分男劳力，共同完成这一任务。

短短的几天，区妇救会、村妇救会活跃起来了。经过她们计算，3万斤粮食要运出去，需要100多人、100多头牲口。当时泗水还是个很贫困的山区，人民勤劳朴实，但文化水平较低。中年以上的妇女，还有不少是小脚或"文明脚"(曾裹过脚又放了)。目前牛、马等大牲畜都另有用处，很难找到。区委决定用毛驴拉车。妇救会在秋霞的带领下走遍了柘沟区的柘沟、大厂、老泉等大小十几个村庄寻找毛驴。在大敌压境的情况下，人民群众都积极支持，凑了40多头驴、6辆板车和10辆独轮车。400多妇女积极报名，其中有50多岁的老大娘，也有结婚才几天的新娘子，还有怀抱孩子的小媳妇。区里研究挑选了体力较好的200多人，组成了运粮队。

运粮队队员们积极行动起来，自找工具，自备干粮，投入到抢运粮食的战斗中。柘沟三村的刘元东，那时才17岁，平时在识字班学习，听说要运粮，马上报名，并牵来1头毛驴；魏庄村的妇女主任刘秀兰年近50岁，又是小脚，同志们动员她回去，但她非参加不可，并保证不落在别人后边；李家村严家刚过门的新媳妇，用结婚买的新花布包袱缝成了布袋，装运粮食。

运粮队全体成员在李家村集合，郭区长检查了准备情况，妇救会要求大家要像正规部队一样，发扬吃苦耐劳的革命精神，严格执行"三大纪律、八项注意"。队伍从李家村直奔仓上村粮站，财粮员丛宝亭同志负责发粮，过秤出仓。为保证运输安全，运粮队又把驴按草驴(母驴)、叫驴(公驴)分别排开；妇女们有牵驴的，有拉车的，有挑的，有扛的，趁着黑夜出发了。

运粮队披星戴月，途经芹柏、临泗，来到泗河边。当时虽是春天，但早晚还得穿棉袄，尽管河水只有膝盖深，仍是冰凉刺骨。妇女们不顾自身的生理困难，脱下鞋袜，高卷裤腿，宁可弄湿衣服也不能弄湿粮食。一路跋山涉水，两天后，运粮队来到龙湾套山坡上。敌十一师的飞机发现了他们，进行疯狂的扫射。秋霞指挥大家迅速分散隐蔽。慌乱中，驴群受惊，甩下粮袋，乱跑乱叫；少数队员被震昏，还有的受了伤。敌机走后，队伍重新集合，发现少了几头驴，有些粮食撒在山坡上。大家四处找驴，并到附近村里借来裤子，用针线把裤腰缝死，把散粮装上，扎紧裤腿，扛在肩上，又前进了。

圣水峪终于到了，队员们像卸下了千斤重担，精神抖擞地进了村。群众早在路口迎接他们。当人们看到这些英姿飒爽的妇女队员时，都惊叹不已，赞不绝口，称赞她们个个都是花木兰。

从此，柘沟妇女运粮队的美名传遍了泗水大地。人们还编了首民歌颂扬她们："小毛驴呀耳朵长，吃苦耐劳走四方。不怕山高路又远，驮着布袋送军粮。"通俗的民歌激励着更多的妇女投身革命战争。

柘沟妇女运粮队回来的路上，在徐家林遇到了国民党十一师的少数先头部队。敌人发觉不远处有人马声，便"砰砰"放了几枪。秋霞预感情况危急，究竟有多少敌人，是什么部队，她们也摸不清，心想不管怎样我们也要冲过去。于是她急中生智，憋粗了嗓门高喊："前面发现敌情，各部队密切注意，一连在前，准备冲锋，二连紧跟，三连断后。"运粮队大队人马浩浩荡荡地向前迈进，脚步声、甩鞭声、驴叫声混在一起，因为天黑，敌人摸不清情况，误认为是解放军大队人马经过，吓得龟缩在隐蔽处，不敢轻举妄动。

柘沟妇女运粮队完成了运粮任务，顺利地回到了柘沟，受到区委、县委的表扬。泗水县的妇女同胞用自己的实际行动，有力地支援了解放战争，而她们的伟大贡献正是解放战争中妇女们无私付出的缩影，是她们不可抹去的功勋。

后 记

为贯彻落实习近平总书记的指示精神，充分发挥党史国史“资政育人”的作用，济宁市关心下一代工作委员会（简称“关工委”）组织人员编写了这本书，对全市青少年进行党史国史教育，培养青少年热爱党、热爱祖国、热爱社会主义的感情，提高青少年思想道德素养，促进社会主义核心价值体系建设。

2014年底，济宁市关工委初步决定这本书的编撰方案，确定了编写目的和主要内容，并安排人员撰写提纲；2015年初，撰稿人员开始搜集资料、走访部分亲历者、实地考察，并对提纲进行修改，写出数篇样稿。在此基础上，济宁市关工委组织了座谈会，参加者有市委宣传部、市委党校、市委党史研究室、市教育局、市民政局、市文广新局等单位的领导和专家，对提纲和样稿进行了充分讨论，提出了许多有建设性的意见。到7月初，完成了初稿，送交领导和专家审阅，并继续补充资料，校正史实，润色文字。

本书吸收了许多领导、专家、学者的真知灼见，参阅引用了大量资料，主要包括：中共济宁市委党史研究室编写的《中共济宁地方历史》第一卷《中共济宁市历史大事记》，中共济宁市委党史研究室和济宁市中共党史人物研究会编写的《济宁英模》，济宁市中共党史人物研究会编写的《微山湖色慰征程》和《济宁党史人物》第二、三集，中共济宁市委党史研究室和济宁市教育局联合编写的《济宁革命斗争故事丛书》

（六册），济宁各县市区党史研究室、史志研究室和其他部门编撰的史、志、资料汇编、人物传记，部分同志的自传、回忆录，等等。恕不一一注明。在此，特向一切关心支持这本书编写出版的单位、部门、领导和专家，提供资料的有关人士，相关引文和图片资料的原作者，表示衷心感谢。另外，本书还引用了网络上的一些资料和图片，由于客观条件的限制，未能与部分原作者取得联系，除表示衷心感谢外，请原作者见到本书后与我们联系，略致薄酬。

由于时间关系和编者的水平有限，书中难免有不妥之处，敬请各界人士和广大读者批评指正。

编　者

2015 年 8 月于济宁

再版后记

为进一步贯彻落实习近平总书记在党史学习教育动员大会和庆祝中国共产党成立100周年大会上的讲话精神，教育青少年和广大读者树立唯物史观，旗帜鲜明地反对历史虚无主义，厚植爱党、爱国、爱人民、爱家乡的情怀，使中华优秀传统文化和红色基因薪火相传，我们对本书进行了修订。

修订的主要内容有：增加了济宁历史上几位著名的历史人物，补写了本书出版后党和政府表彰的先进模范，更换了部分图片等。

参加修订工作的主要有邹城市石墙镇中心小学校长胡信波、济宁学院人文与传播学院讲师郑丽娜、济宁市北湖中学校长张国华、邹城市第二实验小学孔毅、邹城高级职业技术学校马运祯、邹城市第九中学韩文霞、邹城市委党校吴旭晗、山东省济宁卫生学校代旭等老师。他们不辞辛劳，查阅资料，访问相关人员，补写某些篇章，订正讹误，为本书增色很多。本书图片由边传华女士、苏洪言女士等提供。

在此，我们要感谢支持本书再版的单位、领导、专家、同事和朋友。

由于编者的学识有限，书中还会有不尽如人意的地方，敬请批评指正，以便改进。

编　者

2022年6月于运河之都济宁